UNE FILLE ADOPTIVE DE NAPOLÉON

Stéphanie de Beauharnais

GRANDE DUCHESSE DE BADE

(1789-1860)

PAR

Joseph TURQUAN

D'APRÈS

Les Témoignages

DES

CONTEMPORAINS

et des documents inédits

PARIS

JEDIEN ET Cᵉ, LIBRAIRIE ILLUSTRÉE

8, RUE SAINT-JOSEPH, 8

Tous droits réservés.

STÉPHANIE DE BEAUHARNAIS

SOUVERAINES

ET

GRANDES DAMES

UNE FILLE ADOPTIVE DE NAPOLÉON

STÉPHANIE DE BEAUHARNAIS

GRANDE-DUCHESSE DE BADE

CHAPITRE PREMIER

La comtesse Fanny de Beauharnais. — Son fils Claude. — Naissance de Stéphanie. — Son enfance. — Le premier consul la fait venir à Paris — Le pensionnat de madame Campan. — Stéphanie y est placée. — Son portrait. — L'empereur songe à des alliances princières pour les siens. — Projet de mariage entre la princesse Auguste de Bavière et le prince Eugène. — La princesse Auguste est fiancée au prince Charles de Bade. — M. de Thiard, envoyé secrètement à Bade, est chargé de faire rompre cet engagement. — Ses négociations. — La princesse Auguste épouse le prince Eugène et Stéphanie, élevée au rang de princesse comme fille adoptive de Napoléon, est fiancée au prince Charles de Bade.

Notre temps est le plus rétrospectif de tous les temps. Plus que jamais nous aimons à étudier dans leurs détails les plus intimes la vie publique et surtout la vie privée des princes du passé. Il semble, par le temps de démocratie qui court, démocratie plus administrative cependant que réelle, qu'ils sont une race à part dans la grande race humaine ; on le croit et peut-être le croient-ils aussi. Et c'est pour cela que nous sommes avides de connaître par quelles supériorités du cœur et de l'esprit, par quel amour du beau, du bien et du devoir ils s'élèvent au-dessus de cette vulgaire et misérable poussière humaine dont chacun de nous est un atome et avec laquelle la hauteur de leur rang, celle de leur orgueil peut-être, les empêche d'avoir le moindre contact. Nous sommes plus avides encore de savoir jusqu'à quel point ces princes partagent nos passions et nos faiblesses, la façon dont ils aiment ou se laissent aimer, dont ils résistent ou dont ils cèdent aux tentations si brillantes et si nombreuses qui viennent d'elles-mêmes étaler leurs plus irrésistibles séductions jusque sous leurs pas. Nous voulons savoir, en somme, comment ces êtres privilégiés, toujours en spectacle, accommodent les passions avec le devoir et s'ils se tirent mieux que nous de l'épreuve. Il est nécessaire, pour cela, de scruter les dessous de leur vie : mais déshabillez-les de leurs manteaux de cour, arrachez le masque officiel qui est comme collé à leur visage, mettez à nu leur vie tout entière : le triomphe du bien et du devoir ne sera pas toujours ce que vous découvrirez, même dans les existences qui paraissent les plus brillantes et ont été les plus vantées.

Plus que celle des princes, la vie des princesses est

l'objet de la plus minutieuse attention. Une curiosité, maligne peut-être, mais au fond bien légitime, nous pousse à connaître jusqu'à quel point ces princesses ont été femmes. Parmi ce brillant escadron, est-il des figures plus curieuses à étudier que celles des femmes de la famille de Napoléon, de ces parvenues du trône, princesses d'occasion et par raccroc, un peu filles de la Révolution, mais qui renièrent bien vite leur mère et apportèrent moins sur leurs trônes les idées nouvelles qu'elles n'en adoptèrent les préjugés séculaires? Dans ce cercle déjà restreint, est-il une destinée plus extraordinaire que celle de cette petite créole de la Martinique, sans instruction, sans esprit, sans caractère, sans cœur non plus, que les hasards des temps, ceux d'une existence plus aventurière encore qu'aventureuse, et un surprenant mépris de l'honneur, de la morale et des convenances amenèrent à partager la vie, la fortune surtout, de l'un des hommes d'action les plus étonnants qui aient paru sur terre? La destinée de sa fille Hortense, devenue sa belle-sœur, puis reine de Hollande et mère de cet aventurier qui sut se faire acclamer de presque toute la France sous le nom de Napoléon III, empereur des Français, ne fut-elle pas à peu près aussi extraordinaire?

Une nièce de l'impératrice Joséphine, cousine de la reine Hortense et du prince Eugène, vice-roi d'Italie, Stéphanie de Beauharnais, eut, dans des proportions moindres, mais dans le même cadre grandiose d'évènements, une fortune à laquelle ses parents n'avaient point songé pour elle, et qu'elle-même, dans ses rêves les plus extravagants de petite fille, n'aurait jamais osé concevoir. Le temps n'était plus où les jeunes princes épousaient des bergères. Ce temps revint cependant pour Stéphanie.

Mademoiselle Stéphanie-Louise-Adrienne de Beauharnais était fille de M. Claude de Beauharnais, fils lui-même de cette vieille toquée qui avait été connue plus ou moins avantageusement dans les salons de la seconde moitié du dix-huitième siècle sous le nom de Fanny de Beauharnais. Françoise-Marie-Mouschard de Chaban, comtesse de Beauharnais et des Roches-Baritaut, était née en 1738. Elle se piquait de littérature et cherchait à attirer chez elle les gens de lettres. Assez intrigante, elle s'était efforcée, sous Louis XV, de se faufiler dans la société la plus distinguée de Paris. On la voyait souvent alors chez la comtesse de la Tour-d'Auvergne et chez la maréchale d'Aubeterre, qui étaient ses cousines germaines. Elle posait pour l'esprit, mais madame du Deffand, qui en avait à revendre, ne lui en avait jamais trouvé l'ombre : parlant d'un personnage des *Lettres* de Crébillon, elle écrit à Horace Walpole : « C'est un petit esprit que cette marquise, qui se donne des airs, qui fait la jolie femme, qui n'a ni sentiment ni passion, et de la tournure des dames de Beauharnais et de toutes nos prétendues spirituelles qui n'ont pas le sens commun » (1). Madame de Beauharnais se croyait cependant plus d'esprit qu'à personne. Pour s'en faire honneur et ne pas priver les connaisseurs du plaisir de l'entendre, elle avait su attirer chez elle Dorat, cet

(1) *Correspondance complète de madame du Deffand* (Éd. Lescure), t. II, p. 598.

éternel raisonneur d'amour, Bitaubé, ce savant si ignoré à présent, qui a traduit Homère, Restif de la Bretonne, qui était sans doute plus convenable dans le monde que dans ses livres... C'étaient là les pièces de résistance de son salon, celles qu'elle mettait sur l'affiche : beaucoup d'autres, mais de plus petite grandeur, avaient aussi gravité autour d'elle. On la disait d'ailleurs fort aimable. « Elle avait la délicatesse et l'habileté de ne point seulement recevoir, mais encore d'accueillir. Elle savait écouter et paraître écouter quand elle n'écoutait pas. Elle avait dit dans sa vie deux ou trois jolis mots et ne les redisait que de loin en loin » (1). Si la maîtresse de maison était bonne, sa table l'était davantage et l'on venait moins chez elle pour le salon que pour la salle à manger. Mais elle s'était donné un ridicule capable de les faire déserter l'un et l'autre et pour lequel elle n'avait point d'excuse : la malheureuse s'était mise à écrire ! Elle a publié quelques romans, des comédies, des poésies, qui rivalisaient de médiocrité avec ceux de madame de Montesson. A en croire Lebrun, elle n'aurait pas eu que ce ridicule, et tout le monde se rappelle la spirituelle épigramme dont il la cingla, et que Champcenetz se laissait, au dire du comte de Tilly, si complaisamment attribuer : « *Eglé, belle et poète...* » Grâce à Dieu, les œuvres de madame Fanny de Beauharnais sont depuis longtemps oubliées, mais, grâce à Lebrun, ses ridicules ne le seront jamais.

(1) De Goncourt, *La société française pendant la Révolution*, p. 9.

Si encore elle avait eu du cœur ! Mais non, elle n'en avait pas. Son fils Claude encore moins. Celui-ci avait épousé mademoiselle de Lezay-Marnésia, et, le 28 août 1789, la petite Stéphanie était née de ce mariage. Devenu veuf, M. de Beauharnais s'était remarié (1), et, trop occupé de sa nouvelle femme, avait complètement oublié sa petite fille. La comtesse Fanny, de son côté, planant dans les hautes sphères de la poésie, ne pouvait s'abaisser, n'est-ce pas, jusqu'à songer aux choses de la terre, à une petite fille ! Et puis, cela l'aurait vieillie de se savoir grand'-mère, encore plus qu'on le sût ; il fallait l'oublier et surtout le faire oublier : aussi ne pensa-t-elle plus à cette enfant. Heureusement qu'une respectable dame anglaise avait recueilli la petite abandonnée et l'avait mise en pension chez d'anciennes religieuses qui tenaient une maison d'éducation à Montauban.

Pour grandir tout ce qui touchait de près ou de loin à sa personne et à ses parents, et aussi dans ce sentiment de solidarité de famille si heureusement développé chez les Corses, le général Bonaparte avait une grande bonté pour les parents et alliés des siens. Il n'en est pas un parmi eux, de son côté comme du côté de sa femme, qui n'ait eu à se louer de lui, et il est juste de reconnaître qu'il n'attendait pas, pour s'occuper d'eux, que l'on vînt l'en prier.

Un jour que le premier consul était allé passer quelques moments dans l'appartement de sa femme,

(1) Sa seconde femme fut plus tard dame d'honneur de la princesse Caroline Murat, reine de Naples.

celle-ci lui remit un quatrain que sa tante Fanny avait composé en l'honneur du vainqueur de Marengo. Les années ne l'avaient pas guérie de sa folie littéraire. Ce quatrain était une sorte de jeu de mots bardé de rimes roulant sur le mot Bonaparte, (*buona parte*, bonne part) et dont le dernier vers était :

La bonne part sera la nôtre.

Bonaparte, qui n'était pas habitué à voir des femmes savantes dans sa famille, loua fort l'habileté de la vieille comtesse. Il reconnut que l'intention était bonne, si la poésie ne l'était pas, et eut la bonté de ne pas dire que, si le quatrain était dénué d'esprit, il ne l'était pas de prétention. Il vit que c'était là, de la part de la tante Fanny, une manière économique de lui marquer sa reconnaissance pour les bienfaits dont il l'avait comblée, et lui sut gré de sa bonne intention. Il le témoigna à Joséphine et ajouta quelques paroles gracieuses sur la douceur du caractère et la bienveillance constante des propos du vieux bas-bleu. La conversation s'engagea sur elle, sur son fils Claude, et enfin Joséphine parla de la petite Stéphanie. Tout aussi Beauharnais qu'eux, bien que La Pagerie, elle dit négligemment : « Oui... son père l'a abandonnée... sa grand'mère a, ma foi, avec sa littérature, bien autre chose à faire que de perdre son temps à s'occuper de sa petite fille... d'ailleurs, dans le midi, où elle est, une Anglaise l'a recueillie et l'a mise en pension. » Et elle semblait en même temps dire à son mari, avec étonnement :

Il est vraiment trop tôt pour parler déjà d'elle.

Mais le premier consul, chez qui les sentiments de famille étaient fort vivaces, se montra révolté de la parfaite indifférence de Joséphine pour sa nièce. Si les Beauharnais, père et grand'mère, l'abandonnaient, n'était-ce pas à elle de la recueillir ? « Comment pouvez-vous, s'écria-t-il, permettre une pareille chose ? Quelqu'un de votre nom à la charge d'une étrangère, d'une Anglaise, en ce moment notre ennemie !... Ne craignez-vous pas que votre mémoire en souffre un jour ? » (1)

En effet, il n'était pas beau à madame Bonaparte, femme du premier consul de la République française, à elle qui dépensait pour sa toilette plus d'un million de francs par an et ne se refusait aucune fantaisie, de laisser une de ses nièces dans la misère et à la charité d'une Anglaise : c'était d'autant plus humiliant que la France était alors en guerre avec l'Angleterre. La conduite du comte Claude de Beauharnais était, il est vrai, bien moins pardonnable. Il était le père, lui ! Comment pouvait-il oublier à ce point et sa fille et ses devoirs envers elle ? Ils sont cependant si doux, et c'est un si grand bonheur que de les remplir ! Mais il s'était remarié, et, soit par manque absolu de cœur, soit par un manque non moins absolu de caractère devant sa seconde femme, sa fille n'était pas pour lui ce qu'il avait de plus précieux. Assurément, une telle conduite n'eût pas mérité le prix Monthyon. Mais, pas plus que son fils, la comtesse Fanny ne s'en doutait. Tirée elle-même d'embarras par les lar-

____

(1) *Mémorial de Sainte-Hélène.* (Ed. Garnier, t. II, p. 341.)

gesses de Bonaparte, elle pensait comme Sganarelle et se répétait peut-être : « Quand j'ai bien bu et bien mangé, je veux que tout le monde soit saoul dans ma maison. » Elle ne songeait qu'à jouir du présent, sans que son cœur se préoccupât le moins du monde de suppléer au manque de cœur de son fils. En vérité ces Beauharnais sont stupéfiants d'égoïsme.

« Ne craignez-vous pas que votre mémoire en souffre un jour ? » avait dit le premier consul justement indigné. Si la mémoire de la *bonne* Joséphine n'avait eu à souffrir que de cette indifférence pour sa nièce, nièce d'un premier mari, après tout, et qui avait père, belle-mère et grand'mère, le mal n'eût pas été grand : connaissant le passé fort chargé de fredaines et de vilenies qui était le sien et que son mari connaissait aussi, mais non entièrement, on ne peut s'empêcher de trouver naïve la réflexion du général.

Enfin Bonaparte, qui n'avait pas l'habitude de perdre son temps en récriminations et en paroles inutiles et qui passait immédiatement à l'exécution des choses dès qu'il les avait décidées, Bonaparte expédia sur l'heure un courrier à Montauban, avec ordre au préfet de faire conduire sans délai la jeune enfant aux Tuileries. Mais les religieuses à qui elle avait été confiée refusèrent d'obéir à l'ordre du consul. Cet ordre, paraît-il, n'était pas accompagné d'une autorisation du père de l'enfant. Bonaperte, informé, fit prendre de plus amples renseignements, se munit de l'autorisation du comte Claude de Beauharnais et envoya bientôt un second courrier au pré-

fet. Cette fois, toutes les pièces étaient en règle.
M. de Lezay-Marnésia, oncle de la petite, se la fit
délivrer et la conduisit à Paris.

Il paraît que la jeune Stéphanie ne se laissa pas
faire sans pleurer beaucoup. Elle se trouvait heureuse dans la maison d'éducation où l'avait mise la
bonne dame anglaise sa protectrice ; elle aimait les
religieuses qui s'occupaient d'elle et jouaient avec
leurs élèves pendant les récréations. Aussi regretta-t-
elle fort d'en être séparée. Surtout pour aller à
Paris, auprès d'une tante qu'elle n'avait jamais vue,
qui ne s'était jamais occupée d'elle, et qui, à ce
qu'on venait de lui dire, avait épousé un général
républicain qui était devenu le chef du gouvernement. Ce général ne pouvait être que le dernier
des hommes puisqu'il était le premier de la République. Tant de contes ineptes couraient alors la
province et les campagnes, surtout parmi le peuple
naïf des couvents, sur les excès de la Révolution, qui
se recommandaient cependant assez d'eux-mêmes
pour qu'on n'eût pas besoin de les travestir, que la
pauvre petite, avec son imagination d'enfant, redou-
tait de se voir transportée dans un milieu dont les
récits des religieuses lui avaient fait un épouvantail.

Arrivée à Paris, amenée aux Tuileries, elle fut em-
brassée sur les deux joues par le premier consul et
comblée de jouets et de cadeaux par sa tante Joséphine « qui la trouva jolie et fine dans toutes ses manières. » (1) Alors les idées de l'enfant passèrent su-

(1) Madame de Rémusat, *Mémoires*, t. II, p. 256.

bitement du noir au rose. Et si elle regrettait encore ses religieuses de province en se trouvant parfois un peu seule dans la foule qui remplissait les grands appartements dorés des Tuileries, elle y voyait des choses si nouvelles pour elle, des factionnaires en grande tenue aux portes, des généraux et des officiers allant, affairés, à la recherche de son oncle, un luxe et un cérémonial si imposant, qu'elle en était intimidée, mais flattée aussi dans sa vanité naissante. Elle y entendait des paroles douces et aimables qui lui faisaient oublier les petites gronderies de la pension. Et puis sa tante lui faisait faire de jolies robes, de jolis chapeaux ; elle lui donnait des colliers, des rubans, des poupées... Le moyen de penser encore à Montauban et à des religieuses devant des poupées et devant tant de belles choses? Aussi oubliait-elle tout, parfois même d'être raisonnable et elle laissa même voir trop facilement qu'elle avait le caractère difficile.

Au bout de quelques semaines, quand son petit trousseau fut complet, on lui dit qu'elle s'était assez reposée, qu'il ne fallait pas perdre son temps, et qu'on l'allait mettre en pension pour terminer son éducation. On ajouta qu'il lui faudrait s'y bien tenir, car elle se trouverait là au milieu de jeunes filles appartenant aux familles les plus distinguées ; que sa cousine Émilie, fille du marquis François de Beauharnais, qui avait épousé M. de Lavalette, était une ancienne élève de cet établissement ; que sa cousine Hortense s'y trouvait, que celle-ci était très gentille, qu'elle ne manquerait pas de l'aimer beaucoup et de devenir son amie. Et c'est ainsi que la petite Stéphanie fut mise au pensionnat de madame Campan.

Ce pensionnat était encore d'assez fraîche création. La Révolution, en dispersant les congrégations qui, jusque-là, avaient eu le monopole de l'éducation, surtout de celle des jeunes filles, avait amené la fermeture de leurs maisons. Madame Campan, tout comme madame de Genlis, avait la vocation de l'enseignement ; mais son existence privée avait été infiniment plus digne. Après la mort de la reine Marie-Antoinette, complètement ruinée par les bouleversements politiques, elle s'était vue réduite à chercher un moyen de gagner sa vie ainsi que celle de beaucoup de membres de sa famille que les événements de la Révolution avaient mis à sa charge. C'est ainsi qu'elle eut la pensée de créer un pensionnat. Mais, en femme très avisée, elle le créa pour les jeunes filles de familles riches. Elle ne possédait, quand elle se mit à l'œuvre après le 9 thermidor, qu'un assignat de cinq cents livres. Cela ne la découragea point. Elle choisit, pour l'entreprise industrielle qu'elle rêvait, la petite ville de Saint-Germain-en-Laye qui, par sa proximité de Paris et de Versailles, par sa situation salubre sur un plateau dominant la vallée de la Seine, par son bon air, son parc et sa forêt, devait lui amener beaucoup d'élèves. Pour attirer les enfants des familles catholiques, elle avait eu soin de s'adjoindre une religieuse. Elle se chargeait elle-même de professer les cours les plus importants et de diriger l'administration. Mais ce n'était pas tout que de créer une maison d'é-

ducation : il fallait la faire connaître, il fallait y attirer des élèves. Comment y arriver, sans argent ? Madame Campan surmonta toutes les difficultés. Ne
pouvant faire les frais d'impression des prospectus,
elle passa ses journées, ses nuits même, à les écrire
de sa plus belle main ; puis elle les envoya, au fur et
à mesure, aux familles qu'elle avait connues lorsqu'elle était femme de chambre de la reine et qui,
restées en France ou revenues de l'émigration,
avaient échappé aux nombreux naufrages de la bour-
rasque révolutionnaire.

Elle ne tarda pas à voir affluer les élèves. A la fin
de l'année elle en avait soixante, bientôt après cent.
Habile à faire mousser son œuvre, elle sut répandre
partout, tant à Paris qu'en province, le bruit que les
familles les plus aristocratiques de France lui con-
fiaient leurs filles ; elle mit des noms en avant, et
cette adroite réclame lui valut plus de pensionnaires
qu'elle n'avait osé en rêver. Si les vieilles et distinguées familles lui envoyaient des élèves, les fournis-
seurs, les banquiers, les agioteurs, tous plus ou moins
fripons, mais tous enrichis et qui tenaient à décrasser
leurs enfants des tares paternelles ou maternelles, lui
amenèrent leurs filles. Dans leur orgueil de parvenus,
n'était-ce pas une manière de faire voir qu'ils étaient
riches et qu'ils savaient l'être ? Et puis, en les mettant dans un pensionnat aussi distingué, leurs filles
ne contracteraient elles pas de brillantes amitiés qui
les pousseraient plus tard dans le monde, en attendant qu'elles leur fassent faire de non moins brillants mariages ?

Le nom de madame Campan donnait une confiance pleine et entière aux familles. Cette femme, jeune encore, avait vu de près la cour la plus éclatante, la cour qui donnait le ton de toutes les élégances, la cour de France enfin, sur laquelle se modelaient toutes les cours de l'Europe. Aussi, à peine fondée, la maison de Saint-Germain fut-elle en pleine prospérité.

Madame Campan donnait à ses élèves une instruction assez soignée pour l'époque ; mais on lui a reproché, — bien qu'elle prétende le contraire, avec preuves à l'appui, dans ses lettres, — de s'être occupée avec une préférence trop marquée des élèves appartenant à des familles riches, ou puissantes, ou en vue. Il est certain qu'elle avait pour celles-ci une indulgence inexprimable et qu'elle aimait mieux les laisser dans une douce oisiveté que les contrarier par des réprimandes ou en les obligeant à travailler. Elle avait ainsi établi, malgré elle assurément, une sorte d'aristocratie dans une maison où il aurait dû exister une égalité absolue entre toutes les élèves. De plus, l'éducation rappelait peut-être trop la cour de Marie-Antoinette et avait une sorte d'arrière-goût royaliste qui, d'ailleurs, ne déplaisait pas au premier consul. Malgré quelques travaux d'aiguille destinés aux pauvres, — travaux faits pour la montre plutôt que travaux véritables, de même que les fermes et les moulins de Trianon ne rappelaient que de très loin de vrais moulins et de vraies fermes — cette éducation était trop futile, trop dénuée de sérieux et ne préparait guère les jeunes filles aux réalités de la vie et à la gravité du rôle de mère de famille. On y donnait, entre autres choses, une trop grande place aux arts dits d'agrément, et particulièrement à la danse : mais c'était un défaut dont le goût du temps était peut être plus responsable que madame Campan. En somme, cette éducation tendait plus à mettre la jeune fille en situation de se distinguer et de réussir dans la chasse aux maris, qu'à faire, pour le gibier qui se laisserait prendre, une femme agréable, douce, bonne mère de famille, attachée à ses devoirs, c'est-à-dire à son mari, à ses enfants et à son intérieur.

La maison d'éducation de Saint-Germain était devenue l'établissement à la mode. A quelques exceptions près, les élèves, comme nous l'avons dit, appartenaient à des familles de l'ancienne noblesse, de la finance et de la génération nouvelle arrivée aux affaires depuis la Révolution. Sous une apparence d'égalité entre elles, le ton général était au plus haut point aristocratique. Outre mademoiselle Hortense de Beauharnais, belle-fille du premier consul, sa cousine Stéphanie devait y rencontrer mademoiselle Zoé Talon, fille du célèbre président Omer Talon, qui devint plus tard la comtesse du Cayla, la célèbre favorite de Louis XVIII (1) ; mademoiselle Aimée Leclerc, sœur de l'adjudant général Leclerc, qui devait devenir avant peu la maréchale Davout ; mademoiselle de Syré, qui épousa M. de Nicolaï ; mademoiselle Hulot, qui quittait en ce moment le pensionnat pour se marier avec le général Moreau ; ma-

____

(1) Voir notre ouvrage sur *Les favorites de Louis XVIII.*

demoiselle Macdonald, fille du futur duc de Tarente ;
mademoiselle Isabey, fille du peintre ; mademoiselle de Faudoas, un peu parente de madame Bonaparte, et qui devait bientôt devenir la générale Sa-
vary, plus tard duchesse de Rovigo ; mesdemoi-
selles de Valence, petites-filles de madame de Genlis,
petites-nièces de madame de Montesson, dont l'une
fut, sous le gouvernement de Juillet, la maréchale
Gérard ; mademoiselle de Marbois, qui devint duchesse de Plaisance. Un peu plus tard, mademoiselle
Caroline Bonaparte, la plus jeune des sœurs du premier consul, celle à qui l'avenir réservait la couronne
de reine de Naples (1), vint grossir l'élégant escadron de ces jeunes filles destinées à régner non seulement sur les salons et sur les cœurs, mais aussi,
quelques-unes — Stéphanie entre autres — sur des
peuples et sur des souverains.

Il ne semble pas, à ce propos, que la morale ait été
l'objet de soins particuliers dans l'éducation que donnait madame Campan à ses brillantes élèves. Il en est
peu, en effet, parmi celles dont on vient de lire les
noms, qui devinrent dans la vie des femmes de devoir,
des honnêtes femmes. Mademoiselle Zoé Talon, qui
fut maîtresse du duc de Rovigo avant de devenir
celle de Louis XVIII, n'a aucun droit au titre d'honnête femme ; mademoiselle de Faudoas, devenue duchesse de Rovigo et qui eut une liaison avec le général Sébastiani, avec l'empereur aussi, à ce qu'on a dit,
ne le mérite pas davantage ; Caroline Bonaparte,

(1) Voir notre ouvrage sur *Les sœurs de Napoléon.*

après avoir épousé Murat, faisait de la diplomatie d'alcôve avec Junot, avec Metternich, avec La Vauguyon, avec Daure, etc., pour assurer la réussite de ses plans machiavéliques ; mademoiselle Denuelle de Laplaigne eut un fils de Napoléon, et Hortense elle-même, l'élève la plus chérie de madame Campan parce que ses parents étaient les plus en vue, montra une aussi déplorable facilité de mœurs (1).

On voit quel était le ton de la maison d'éducation où la jeune Stéphanie se trouva jetée tout à coup. Elle ne s'y déplut pas. Il ne déplut pas surtout à madame Campan qu'elle y vînt. Il fallait voir comme elle entourait de soins particuliers une élève de si haute importance ! Comme elle savait la mettre en évidence, dans les comédies enfantines qu'on jouait à la pension, ainsi que dans certaines exhibitions théâtrales de charité qui avaient cependant du bon en soi, puisqu'il en résultait toujours un peu de bien pour quelques êtres souffrants ! Ainsi, l'on recourut un jour à la bonté de madame Campan pour une malheureuse femme de Saint-Germain qui venait d'accoucher de trois jumeaux et se trouvait dans la misère la plus complète. La directrice du pensionnat eut la très louable idée d'envoyer aussitôt quatre jeunes élèves visiter la pauvre femme dans son taudis. Stéphanie était une des quatre et madame Campan écrivait à son ancienne élève Hortense, qui avait quitté la maison bien avant d'avoir terminé son éducation : « Si votre maman accordait quelques louis,

____

(1) Voir notre ouvrage sur *La reine Hortense.*

nous pourrions meubler cette pauvre femme ; mademoiselle Stéphanie en serait chargée (1) ». Madame Campan écrit fort souvent à Hortense : elle a pour elle une tendresse toute particulière. Mais aussi, le général Bonaparte, premier consul de la République française, est son beau-père, et l'ancienne femme de chambre de la reine, qui a développé aux Tuileries ses instincts courtisans, n'est pas femme à négliger une pareille relation. Elle lui mande le 9 octobre : « Je suis très contente de Stéphanie ; elle va bien pour son travail, infiniment mieux pour son caractère ; avec de la persévérance, j'en recevrai des compliments ». Et, le 4 février 1804 : « Je suis fort contente de mademoiselle Stéphanie de Beauharnais ». Un peu plus tard encore : « Je suis bien contente de Stéphanie Beauharnais ; priez qu'on la détourne le moins possible ». Mais on la détourne encore trop, car l'institutrice écrit, le 10 juillet 1805 : « Mademoiselle de Beauharnais travaille beaucoup et avec succès, surtout depuis qu'elle n'a plus à faire société avec mademoiselle de Tascher, dont la faible santé empêchait le travail ; si l'impératrice veut bien ne pas la détourner, dans un an ce sera un charmant sujet ».

Enfin, toujours prête à flatter, sans cesser de montrer sa sollicitude d'institutrice zélée, elle mande à Hortense, six jours après cette lettre, le 16 juillet : « C'est certainement étonnant ce que j'ai obtenu de mademoiselle Stéphanie depuis son retour de Saint-Leu. Il y a de quoi faire un charmant sujet dans

(1) *Correspondance de madame Campan avec la reine Hortense*, t. I, p. 217. Lettre du 26 mars 1803.

cette jeune personne, mais non pas si on la garde à Saint-Cloud. Jamais les palais des rois n'ont été de bonnes écoles; les plaisirs, le goût des choses bruyantes et les flatteries y corrompraient non seulement celles qui y sont très jeunes, mais celles qui y arriveraient déjà formées, si elles ne sont garanties par les principes les plus solides. Tâchez donc, si vous en avez le pouvoir, de faire laisser Stéphanie avec moi jusqu'à son mariage (1), vous lui rendrez un grand service; vous m'en rendrez un à moi-même, car c'est encore une éducation qu'on me fera manquer net sous les yeux de l'empereur, qui, avec son regard pénétrant, dit : *C'est mal*, ou *c'est mauvais*, mais ne peut avoir le temps de chercher à en trouver la raison. Je vous préviens que mademoiselle Tascher m'a paru très disposée à la demander avec elle, et qu'elles se nuiront réciproquement. Je puis vous assurer que, dans un an, elle sera charmante, si je la dirige encore. »

Il est intéressant d'avoir l'opinion de madame Campan sur son élève : cette opinion servira à expliquer certaines singularités qui éclateront chez la jeune Stéphanie dès sa sortie de pension, où elle aurait dû, pour son bien et celui de son mari, rester deux ou trois années de plus.

Dans la même lettre, madame Campan analyse ainsi le caractère de la jeune fille : « C'est un composé bizarre de faculté pour apprendre, d'amour-

______

(1) Hortense, elle, avait quitté le pensionnat bien avant de se marier; ce n'est pas ce que sa mère avait fait de mieux que de l'en retirer avant la fin de son éducation.

propre, d'émulation, de paresse, d'amabilité, de jeunesse d'esprit, de légèreté, d'orgueil, de piété. Voilà bien des choses à mettre à leur place ; bien rangées ou mal rangées, elles produiront un effet bien différent pour son bonheur ou son malheur, pour ma gloire ou pour le contraire. Enfin, il faut prendre garde de peupler cette cour de jeunes têtes inconsidérées, que des maris auraient peine à contenir. »

Une « jeune tête inconsidérée? » Mais c'était justement Stéphanie : on ne la pouvait mieux définir et madame Campan prévoyait déjà que sa légèreté, ses caprices et un orgueil mal entendu donneraient bien du fil à retordre à un mari. En fait, Stéphanie était, dans toute la force du terme, une enfant gâtée : elle avait vu tant de grandeurs aux Tuileries, on avait tant de prévenances pour elle à Saint-Germain, maîtresses et élèves, qu'elle pensait sûrement en son for intérieur qu'elle aurait bien tort de s'ennuyer à apprendre quoi que ce fût, si ce n'est la danse. A la bonne heure ! Voilà une science : on ne se fatigue pas le cerveau à l'apprendre, et parlez-moi de cela pour vous mettre en valeur une femme ! Quant au reste, à quoi bon?... Aussi Stéphanie n'apprit-elle pas grand'chose dans ses classes, si ce n'est à se préparer à faire la coquette quand elle en serait sortie. Et cet apprentissage, elle le faisait gaiement parmi ses compagnes, vive, évaporée un peu, espiègle à l'occasion et rieuse toujours. Bref, elle était devenue une grande fillette, gentille assurément et séduisante, surtout si l'on s'en tient seulement, comme dans le monde, aux apparences et à la surface. Elle était blonde, d'un blond doucement doré, et ses yeux étaient comme des saphirs vivants. « J'ai rencontré peu de femmes, a écrit la duchesse d'Abrantès, qui m'aient paru aussi agréables que mademoiselle Stéphanie de Beauharnais l'était à cette époque. Tout ce qui peut plaire comme bonne grâce, comme bonnes manières, charmant visage, tournure élégante, elle réunissait les avantages qu'une femme peut souhaiter au milieu du monde, et, dans une fête, elle était sûre d'y plaire généralement, car elle était bien jolie et bien caressante, ce qui la faisait admirer des hommes; et cependant les femmes le lui pardonnaient parce qu'elle était bonne et prévenante pour toutes (1) »

Ce qui veut dire que mademoiselle Stéphanie était une petite coquette, et que, si elle était jolie, malgré un menton qui eût gagné à être un peu moins fuyant, et quoiqu'elle portât la tête trop en avant, les femmes ne lui pardonnaient guère des succès qu'elle devait autant à sa coquetterie et à son rang de famille qu'à sa beauté. Car elle était maintenant sortie de pension, l'élève Stéphanie; elle habitait les Tuileries, on savait qu'elle allait être adoptée par l'empereur, qu'elle serait princesse impériale, et l'on commençait à s'apercevoir que le plus clair de ce qu'elle avait appris au milieu de ses compagnes était l'art de la coquetterie. Pas mauvaise au fond, bonne plutôt, mais par l'esprit plus que par le cœur, et encore pas pour tout le monde, quoiqu'en dise la duchesse d'Abrantès. Ignorante de tout devoir, passablement

(1) Duchesse d'Abrantès, *Mémoires*, t. V, p. 542.

orgueilleuse, fantasque et ne suivant jamais que son caprice, la nièce de Joséphine marchait un peu trop sur les traces de sa tante et de sa cousine Hortense. C'était décidément un patrimoine de famille. Le vulgaire et les naïfs adorent ce genre de femmes et prennent volontiers leur coquetterie, leur effronterie même souvent, pour des qualités de plus. Point n'est besoin qu'elles appartiennent aux classes élevées de la société. Ils poussent l'obstination dans le faux et dans un aveuglement plus ou moins involontaire jusqu'à continuer d'adorer ces jolis petits animaux quand ils ont découvert qu'ils en sont dupes et victimes, et quelque chose encore par-dessus le marché. Mais ils pardonnent toujours, comme si la femme dont ils souffrent était d'une essence supérieure. — et ils ne s'aperçoivent même pas, tant ils la voient à travers le prisme de leurs rêves, prisme qu'ils ne veulent pas briser par un examen brutalement impartial, que le propre des coquettes est justement une nature vulgaire et menteuse. Mais quelle déception, quelle douleur pour un homme de cœur que son inexpérience de la vie a fait la proie d'un de ces mannequins à toilettes, d'une de ces boîtes à minauderies, quand il s'aperçoit que celle qu'il aime n'a décidément pas l'ombre de cœur et que ce qu'elle peut avoir de cervelle ne travaille qu'à renouveler auprès des autres hommes le manège auquel il s'est laissé engluer, manège que, dans sa naïve fatuité d'inexpérimenté, il avait pris pour un amour insurmontable pour sa personne. Le général Bonaparte en avait su quelque chose après s'être laissé embobeliner par l'ancienne maîtresse de Barras qu'il avait épousée. Le jeune prince de Bade, que les hasards de la politique allaient donner comme fiancé à la coquette Stéphanie, ne devait pas tarder à en faire lui aussi, et dès avant son mariage, la cruelle expérience.

Il est difficile de connaître le moment exact où l'empereur conçut le projet d'allier des membres de sa famille et, faute d'en avoir immédiatement de disponibles, des membres de la famille de sa femme, aux Maisons régnantes de l'Europe. Mais cette idée de rattacher la dynastie qu'il voulait fonder aux autres dynasties européennes était éminemment politique, bien qu'elle ait tourné plus tard contre lui ; elle dut germer dans son esprit vers les premiers temps qui suivirent la proclamation de l'Empire, vraisemblablement pendant le voyage qu'il fit avec l'impératrice sur les bords du Rhin, lorsqu'il vit de près les princes et princesses d'Allemagne (1).

Il chargea d'abord M. Otto de négocier auprès de

(1) On en trouverait un indice, principalement en ce qui concerne les projets bienveillants qu'il formait dès ce moment sur le prince Charles de Bade, dans ce petit épisode raconté par le général de Ségur : « Ce fut à Mayence que, au milieu d'un nombreux concours des princes allemands, nous entendîmes à un lever le jeune duc héréditaire de Bade, interpellé par Napoléon sur ce qu'il avait fait la veille, lui répondre avec embarras qu'il s'était promené de rue en rue ; et l'empereur l'en gronder ainsi : « Vous avez eu tort ; ce qu'il fallait faire, c'était le » tour des fortifications, et les bien examiner. Que savez-vous ? » Peut-être devez-vous l'assiéger un jour. Qui m'eût dit à moi » lorsque, simple officier d'artillerie je me promenais dans Tou-» lon, qu'un jour il serait dans ma destinée de reprendre cette » ville ? » (Général de Ségur, *Mémoires*, t. 1, p. 140. — Ed. Firmin-Didot, 1895.)

l'électeur de Bavière le mariage de la princesse Auguste, sa fille, avec le prince Eugène, fils de Joséphine. Mais les négociations n'avançaient pas. La princesse était fiancée au prince Charles de Bade, petit-fils de l'électeur régnant, qui, par suite de la mort de son père, était devenu l'héritier immédiat de la couronne électorale de Bade. Il ne paraissait pas facile, aux yeux de l'électeur de Bavière, de rompre un tel projet. La vérité est qu'il ne se souciait que très médiocrement de donner sa fille au fils de Joséphine. Quoiqu'il en soit, impatienté des lenteurs auxquelles il se heurtait, Napoléon fit appeler un jour, le 21 juillet 1805, M. de Thiard, un de ses chambellans, alors très en faveur, et, s'ouvrant à lui de ses projets, il lui exposa les négociations déjà faites, le point auquel elles étaient parvenues et le chargea de mener le reste à bonne fin.

M. de Thiard était un ancien émigré à peine rentré en France. Il avait servi avec distinction dans l'armée de Condé pendant dix ans et, tout en combattant les soldats de la République, il avait fini par adopter en partie leurs principes politiques. Nommé chambellan de l'empereur le jour même du couronnement, il plut vite à son nouveau maître par le tact de sa conduite, la correction de ses manières, l'esprit et l'à-propos de ses répliques. C'est pour ces qualités, et aussi parce qu'il savait que M. de Thiard parlait l'allemand couramment et avait conservé dans les petites cours de la rive droite du Rhin des amitiés nouées pendant l'émigration, que Napoléon avait pensé à lui pour ces négociations délicates.

UNE FILLE ADOPTIVE DE NAPOLÉON

Stéphanie de Beauharnais

GRANDE-DUCHESSE DE BADE

(1789-1860)

LA DUCHESSE DE CHEVREUSE

DAME DU PALAIS DE L'IMPÉRATRICE JOSÉPHINE

(1780-1813)

PAR

JOSEPH TURQUAN

PARIS

MONTGREDIEN ET Cie, LIBRAIRIE ILLUSTRÉE

8, RUE SAINT-JOSEPH, 8

Il n'était pas aisé, au premier coup d'œil, de faire aboutir ce projet de mariage. Il fallait, avant tout, faire renoncer l'électeur de Bavière au gendre que sa femme lui avait choisi. Il n'y avait pas encore eu de fiançailles officielles, c'est vrai, mais il y avait eu engagement. On pouvait pour rompre, mettre en avant la différence de religion des promis, puisque le prince Charles était protestant, tandis que la princesse Auguste était catholique, comme le prince Eugène. Mais cet argument n'avait au fond qu'une pauvre valeur puisqu'une autre conséquence de la rupture de ce projet de mariage devait être, dans la pensée de Napoléon, l'union du prince Charles avec une nièce de l'impératrice Joséphine, princesse catholique. Aussi n'est-ce pas sur ce terrain que devaient porter les négociations. Le point difficile était, avant tout, d'obtenir de l'électeur de Bavière la renonciation de sa fille au projet formé pour elle et qu'elle avait accepté. Ensuite, — et ce devait être tout aussi malaisé, — il restait à vaincre chez ce prince appartenant à l'une des plus anciennes maisons régnantes de l'Europe, les préjugés que sept ou huit siècles d'exercice avaient transformés en une loi inviolable. La pensée de marier l'un de ses membres à quelqu'un qui ne fût pas de sang princier, au beau-fils de l'homme qui personnifiait aux yeux de l'Europe la Révolution triomphante, ne pouvait se faire jour que très difficilement à travers le maquis des préjugés et préventions d'un souverain de vieille souche. Il y avait bien quelques taches de boue dans la vie de la mère d'Eugène de Beauharnais,

ce prince de si fraîche date ; il y en avait une plus
grave chez l'empereur, une tache de sang, tout
aussi fraîche que le principat d'Eugène : l'assassinat
juridique du duc d'Enghien. Mais qu'était-ce que ces
vétilles à côté de la question du préjugé ? Avant tout,
on ne voulait pas déroger. Fallait-il que les bénéfices
à recueillir d'une pareille capitulation fussent grands,
pour amener ces princes à mettre leur amour-propre
dans leur poche et à accepter des mariages avec les
Beauharnais, et cela à si petite distance de la Révolution !

On s'est extasié, pour expliquer le consentement
de la maison de Bavière à retirer la parole donnée à
la maison de Bade et à accorder la princesse Auguste
au fils de Joséphine, sur la force du prestige qu'exer-
çait alors Napoléon ; ce prestige seul, à en croire quelques historiens, aurait eu raison de préjugés séculaires. On a eu tort. La fascination de la gloire de
Napoléon n'y était pour rien, ou plutôt cette fascination n'était que la résultante de sentiments fort divers,
mais tous intéressés. Le premier mobile qui détermina
l'électeur était la ferme espérance que l'empereur
agrandirait le territoire de la Bavière, — et cette espérance se trouva, six mois après, réalisée au delà
des vœux les plus ambitieux, avec le don d'une couronne royale par-dessus le marché. Le second mobile était la peur : en effet, à quoi ne pouvait-on pas
s'attendre de la rancune de Napoléon en cas de refus ? Ces deux sentiments, l'intérêt et la crainte, qui
ne sont assurément pas les plus recommandables
parmi ceux qui font agir les hommes, princes ou

peuples, ne méritent ni grande estime ni grands éloges, au contraire ! Napoléon savait que ces deux sentiments sont irrésistibles et il a plus tard érigé cette remarque en un vilain axiôme qui, Dieu merci, n'est pas toujours vrai, à savoir que l'homme n'obéit qu'à eux. Mais il ne voulut pas que son ambassadeur laissât percer la moindre idée de récompense ou de menace. Eh ! pardieu, il savait bien que la chose n'irait pas toute seule, qu'on se ferait prier pour donner plus de prix au consentement. Mais il prétendait ne rien obtenir que par la persuasion. C'était habile à lui, car son nom seul n'était-il pas à la fois un gage de récompense et une menace ? Et l'électeur de Bavière savait très bien que, sous la patte de velours de Napoléon, il y avait une terrible griffe.

Après avoir donné à M. de Thiard ses instructions générales, il lui dit quelques mots sur les dispositions de la cour de Carlsruhe et ajouta que M. de Talleyrand, ministre des relations extérieures, lui donnerait de vive voix et par écrit des détails complémentaires (1).

Les influences qui menaient alors la politique de Bade étaient fort complexes, partagées qu'elles étaient entre le vieil électeur, la comtesse de Hochberg, sa femme morganatique, la margrave, veuve du fils aîné de l'électeur et mère du prince Charles, héritier de Bade, et le prince Louis, beau-frère de la margrave et oncle du prince Charles.

L'électeur de Bade était un vieillard de soixante et

(1) Voir à ce sujet les *Mémoires diplomatiques et militaires du général Thiard.*

quinze ans. Il avait épousé en 1751 la princesse Char-
lotte-Louise de Hesse-Darmstadt, remarquable par
son esprit et sa beauté. Devenu veuf en 1783, il
se remaria morganatiquement avec celle qui reçut
un peu plus tard le titre de comtesse de Hochberg.
De ses deux femmes il avait eu quatorze enfants qui
furent élevés ensemble et vécurent dans l'union la
plus parfaite. A cause de son grand âge, il avait peu
à peu laissé la direction des affaires à son entourage,
ce qui, par suite de la divergence des intérêts, avait
singulièrement compliqué, à la cour, l'écheveau des
influences.

Née Geyer de Geyersberg et fort avant dans les
bonnes grâces de l'électeur (alors margrave de Bade)
depuis qu'il était devenu veuf, la comtesse de Hochberg, qui avait reçu ce titre en récompense sans doute
de ses vertus, n'avait pas plus de vingt ans quand
elle épousa l'électeur de Bade, qui en avait soixante.
C'était évidemment un mariage d'amour, tout au
moins du côté du prince : ce n'en était assurément
pas un de convenances puisqu'un enfant était né de
cette union plus d'un an avant qu'elle n'ait été morganatiquement régularisée. Ambitieuse, madame de
Hochberg l'était certainement : son élévation au rang
de princesse de la main gauche avant qu'elle n'ait
réussi à l'être aussi de la main droite, le prouve; elle
prouve aussi son habileté. Au fait, c'était son influence
qui dominait à la petite cour de Bade. Maîtresse
épousée... n'était-ce pas dans l'ordre ?

La margrave, veuve du fils aîné de l'électeur, mère
du prince électoral Charles, avait trop de faiblesse

dans le caractère — pas de la douceur, de la faiblesse — pour ne pas être un peu annulée par madame de Hochberg. Tenace dans ses préjugés princiers qui étaient par elle révérés à l'égal de dogmes, son esprit était passablement rétréci, mais elle n'avait pas assez de caractère pour imposer en quoi que ce fût sa manière de voir : sa faiblesse capitulait toujours devant une volonté plus forte que la sienne, — quitte à s'embosser ensuite dans la rancune et à détester ceux devant qui elle avait cédé.

Le prince Louis, frère de son mari défunt, et qui était né en 1763, avait, avec la comtesse de Hochberg, la plus puissante influence à cette cour. C'était un homme de jugement, plein de douceur et de bonté, un peu timide même. Très appliqué à l'étude, il avait servi d'abord dans l'armée autrichienne, puis dans l'armée prussienne, avec laquelle il fit la campagne de 1792 et combattit jusqu'à la paix de 1795. Devenu passablement prussien de tendances, il n'avait pas assez de hardiesse dans le caractère pour se rallier à la politique de Napoléon, sans avoir pris un temps convenable pour réfléchir. Il avait beaucoup de dettes : on lui promit que l'empereur les payerait : ses réflexions s'en trouvèrent alors singulièrement activées.

Quant au prince Charles, il était encore bien jeune pour qu'on le consultât beaucoup ; il aurait plutôt eu besoin de conseils, et l'on n'était pas fâché, à la cour, de le voir se dissiper en amusements plutôt que de prendre intérêt aux affaires. Bien qu'au fond il ne s'agît absolument que de lui dans les projets de mariage formés par l'électeur de Bavière pour sa fille et par Napoléon pour la nièce de sa femme, c'est son propre avis qui devait compter le moins.

A Bade, le projet de mariage du prince Charles avec la princesse Auguste de Bavière n'avait eu d'abord pour l'appuyer que la margrave, mère du prince. L'électeur, son grand-père, n'en était pas très partisan : il trouvait que la présence d'une princesse catholique au sein de sa cour protestante ne pouvait avoir que des inconvénients, ne fût-ce que celui de froisser certaines susceptibilités religieuses de son entourage et les siennes propres. La comtesse de Hochberg, qui ne s'arrêtait pas à des scrupules de religion ou de conscience, en était plus ennemie encore. Elle avait pour cela des raisons sérieuses : l'arrivée d'une princesse jeune, belle et pleine de qualités à la cour de Bade, ne serait-ce pas pour elle une concurrence bien fâcheuse? Toute l'influence qu'elle avait laborieusement acquise au prix de nombre d'humiliations depuis plus de quinze ans, risquait fort de sombrer devant les agréments, le charme de bon aloi et les vertus de celle qui serait alors appelée à régner après la mort du vieil électeur, demain peut-être... Oh! non : tout plutôt que cela.

Mais la margrave, qui voulait cela plutôt que tout, et qui connaissait trop l'influence de madame de Hochberg pour ne pas chercher à la mettre dans son jeu, se mit à lui faire mille avances gracieuses afin de l'amener à partager ses vues. Elle eut aussi l'idée de se donner un auxiliaire dans le prince Louis, son beau-frère : à force de cajoleries, elle finit par le convaincre de tous les mérites et avantages de l'alliance bavaroise. A vrai dire, il y avait les meilleures raisons du monde pour rendre ce mariage désirable.

Le prince Louis avait un certain crédit auprès de son père. Comme il avait aussi de l'attachement pour madame de Hochberg qui l'avait comblé d'amabilités depuis qu'elle avait eu besoin de lui, il l'entreprit habilement, lui rendit ses amabilités avec accompagnement de cadeaux et de promesses pour elle et ses enfants et l'amena ainsi à partager sa manière de voir. Tous deux alors, joints à la margrave, ne furent pas longs à faire changer d'idée au vieil électeur et à lui faire trouver fort souhaitable le mariage auquel il avait vu tant d'inconvénients tout d'abord.

Les quatre girouettes, poussées par le même vent, étaient donc en ce moment tournées avec ensemble vers Munich.

Toutes ces intrigues s'étaient passées, nous apprend M. de Talleyrand dans la note qu'il remit à M. de Thiard à la suite de l'entrevue de celui-ci avec l'empereur (1), avant un voyage que fit le prince Louis à Paris, en 1804. Mais, depuis, les circonstances étaient bien changées par suite de l'établissement d'une monarchie impériale en France ; les intérêts devaient l'être aussi. Et c'est ce qu'il s'agissait, pour M. de Thiard, de démontrer au prince Louis, à madame de Hochberg, à la margrave, à l'électeur et

____

(1) Archives du ministère des affaires étrangères, *Bade, Correspondance politique, supplément I, f° 304.* — Les instructions, entièrement de la main de M. de Talleyrand, sont datées du 4 thermidor an XIII — 23 juillet 1805.

enfin au prince électoral son petit-fils. Comme c'était de son mariage, en somme, qu'il s'agissait, il fallait bien, n'est-ce pas, prendre aussi son avis, ne fût-ce que pour la forme.

Le prince Louis n'avait besoin que de surmonter sa timidité pour reconnaître et déclarer que, la situation étant changée, il fallait aussi changer l'orientation de la politique de Bade : il n'y avait qu'à l'enhardir en lui montrant de quelle importance était dorénavant, pour sa maison, la protection du puissant empereur des Français : on lui donna donc la nouvelle assurance que l'empereur payerait ses dettes. La comtesse de Hochberg devait être très facile à conquérir : « Par sa position précaire, dit M. de Talleyrand par l'incertitude où sont ses enfants, par la jalousie qui s'attache naturellement aux élévations soudaines et imprévues, elle doit sentir qu'elle a besoin d'un appui, de considération pour le présent et de sauvegarde pour l'avenir. Il faut lui promettre que le ministre de Sa Majesté Impériale sera toujours chargé de seconder ses vues personnelles, et la reconnaissance et l'établissement de ses enfants. » (1)

A Munich, les choses pouvaient offrir plus de difficultés. Non de la part de l'électeur : ayant été dans sa jeunesse, au service de France comme colonel du régiment d'Alsace, où il avait été connu, surtout pour ses folies, sous le nom de « prince Max », il était d'un caractère très malléable et avait, au fond, une prédilection secrète pour les Français; mais l'électrice, sa

(1) Archives du ministère des Affaires Étrangères, *Bade, Correspondance politique, supplément 1, f° 304*.

seconde femme, avait des sentiments tout contraires et, comme dans un ménage bourgeois, c'est elle qui menait son mari. Sœur du prince Charles de Bade, elle cherchait surtout, en donnant en mariage à son frère la fille de son mari, à étendre son influence, tant en Bavière que dans le pays de Bade. Ce n'était là qu'une politique de famille, assez habile, c'est vrai, mais étroite et limitée à un champ d'action assez restreint. Elle devait être emportée comme un fétu par la large politique de Napoléon appuyée sur une puissante armée exécutrice de toutes ses volontés. Aussi, les raisons qui devaient, à Bade, faire désirer une alliance avec une princesse française, existaient à Munich pour faire rechercher un prince français comme mari de la princesse Auguste. Ne se met-on pas toujours du côté du plus fort ?

Il ne s'agissait donc, pour M. de Thiard, que d'obtenir à Bade le désistement de la candidature du prince Charles, et le reste irait tout seul.

« Votre intervention, concluait M. de Talleyrand dans ses instructions, est toute de prudence, d'insinuation et de dextérité ; elle doit être infiniment voilée. Vous devez partir comme voyageur, aller d'abord en Bourgogne et arriver à Carlsruhe par la suite... Vous vous ferez présenter à la cour de Bade par M. le baron d'Edelsheim pour qui je vous donne une lettre vague, mais pourtant engageante de recommandation ; vous vous introduirez par les moyens naturels dans la société du prince Louis et de la comtesse de Hochberg ; vous chercherez à obtenir la confidence de l'embarras dans lequel il se trouve ;

vous ferez désirer votre opinion et ferez agréer vos conseils par la confiance que vous saurez inspirer; vous arriverez ensuite à Munich et vous vous y conduirez avec la même circonspection. »

L'empereur avait bien recommandé le secret à M. de Thiard : « Si cette négociation venait à se découvrir, lui avait-il dit, je la désavouerais; je vous en ferais endosser la paternité et tout serait mis sur le compte d'un zèle inconsidéré de votre part. »

Il y avait en effet une grande importance pour l'empereur à ce que le secret de cette double négociation fût bien gardé. Un échec était peu de chose, si son nom n'y était pas mêlé officiellement. Si les démarches, au contraire, se faisaient avec pouvoirs écrits de lui, l'échec serait public et jetterait un grand éclat de ridicule sur ce parvenu d'hier qui osait élever ses prétentions jusqu'à songer à allier un fils et une nièce de sa femme aux plus vieilles maisons princières de l'Europe; il pourrait même avoir pour conséquence d'empêcher à tout jamais la réussite des projets analogues que pourrait former l'empereur dans l'avenir pour les membres de sa famille : les hommes sont si bêtes et si moutonniers qu'ils se reportent toujours à des précédents pour savoir ce qu'ils doivent faire; et puis, on est sévère toujours pour ceux qui ne réussissent pas. D'un autre côté, les républicains verraient de mauvais œil que l'empereur, dont l'effigie était frappée sur les pièces de monnaie qui portaient encore ces mots : *République française*, trahît ses principes et ses origines révolutionnaires en sollicitant pour les siens des alliances princières : ils seraient pour lui plus durs que personne en cas de non réussite. Aussi Napoléon prenait-il ses précautions pour que rien de ses projets ne pût transpirer. Si les cours de Bade et de Bavière divulguaient les négociations, après échec, eh ! mon Dieu, il n'en était pas à un mensonge près et, en politique, dans les chancelleries, les mensonges ne sont-ils pas monnaie courante ? Il se bornerait donc à nier et, comme tout devait se passer oralement, le lendemain on n'y penserait plus.

En attendant, le prince Charles semblait songer moins à sa belle fiancée qu'à ses plaisirs : on lui connaissait des liaisons sur lesquelles la politique des principaux personnages de la cour de Carlsruhe fermait complaisamment les yeux, chacun croyant y trouver son avantage. Ceci explique pourquoi le prince, qui croyait surtout y trouver le sien, ne se préoccupait pas autant que ses parents du choix d'une fiancée. Il s'amusait et, pour le moment, cela lui suffisait.

Cependant, la guerre était imminente. L'Autriche, bien stylée et bien soudoyée par l'Angleterre, voulait profiter de ce que Napoléon était au camp de Boulogne pour prendre sa revanche des échecs qu'elle avait essuyés depuis le commencement de la Révolution. M. de Thiard venait d'obtenir le désistement du prince Charles lorsque les négociations matrimoniales durent être suspendues pour faire place à des négociations politiques dont le résultat fut l'alliance militaire des États de Bavière, de Wurtemberg et de Bade avec l'Empire français pour la campagne qui allait s'ouvrir (1). La victoire devait avoir pour conséquences nécessaires les mariages que rêvait Napoléon pour sa famille.

L'empereur, en entrant en Allemagne pour commencer cette immortelle campagne de 1805 dont il avait dicté le plan détaillé à Boulogne et qui devait se terminer par le coup de tonnerre d'Austerlitz, avait eu particulièrement à se louer de la conduite de l'Électeur de Bade à son égard. Il arriva le 1er octobre au château d'Ettlingen : ce prince, à qui il appartenait, s'était empressé de s'y rendre avec son petit-fils pour lui présenter ses hommages et sceller avec lui son alliance.

Il faut dire que l'Électeur de Bade avait eu, l'année précédente, de bien grands ennuis à cause de l'empereur. L'incursion des dragons du colonel Ordener qui étaient venus, sur son territoire, s'emparer de la personne du duc d'Enghien, au mépris du droit des gens et en violation de ses droits de souveraineté, l'avait jeté dans une série d'extrêmes difficultés. Mais il avait tout supporté patiemment parce qu'il y trouvait son avantage. L'année précédente, son margraviat n'avait-il pas été agrandi et érigé en Électorat? Une

----

(1) « L'avenir n'était pas suffisamment clair aux yeux de ces petits princes et ceux qui pouvaient gagner du temps avant de se déclarer hautement, ne négligèrent rien pour y parvenir. Ainsi les secours promis et annoncés se réduisirent à peu de chose.

» Un mois plus tard, tout le monde était à nos pieds et ne parlait que de dévouement. » (Duc de Raguse, *Mémoires*, t. II, p. 304.)

docile servilité étant, plus que la dignité et une fière
indépendance, récompensée par les puissants, il
n'avait point protesté pour la violation de son territoire. Des excuses, il est vrai, lui avaient été pré-
sentées, par le colonel Caulaincourt en même temps
qu'Ordener s'acquittait de sa vilaine mission, et la
comédie politique s'était dénouée gentiment à Carlsruhe, tandis que le drame avait été odieusement
brusqué à Vincennes. Mais l'exécution du duc d'Enghien étant la cause spécieuse alléguée par la Russie
pour s'allier à l'Autriche dans la guerre qu'elle enta-
mait contre Napoléon, l'Électeur de Bade, en demeurant fidèle à celui-ci, s'assurait, en cas de succès, de sérieux dédommagements. C'était un peu
jouer à quitte ou double, mais le jeu lui réussit.

Déjà, sous le consulat, méditant une alliance avec
la Prusse, Bonaparte avait envoyé, pour la négocier,
le général Duroc à Berlin. C'était un projet dirigé
contre l'Autriche. Les cours de Munich, de Stuttgart
et de Carlsruhe avaient poussé à cette politique. Dans
une diminution de l'Autriche, elles ne pouvaient que
voir grandir leur territoire, par conséquent leur
importance. Napoléon flattait ces pensées mauvaises
mais naturelles; il ne les flattait d'ailleurs que parce
qu'il y trouvait lui-même son avantage. En cas de
succès, en effet, son influence serait prédominante
dans ces trois pays. Et c'est pour cela que, en négo-
ciant leur alliance, il avait promis d'élever à la dignité
royale les Électeurs de Bavière et de Wurtemberg.
L'alliance aussitôt s'était faite. De son côté l'Electeur
de Bade, pris de la fièvre d'avancement, s'était

emparé, dès le 3 décembre 1805, des terres de l'Ordre teutonique et de la noblesse immédiate, situées dans ses États de Bade, que protégeait l'empereur d'Autriche.

Ce fut, après les remaniements de la carte des petits États des bords du Rhin, ratifiés par la Diète de Ratisbonne (recès du 25 février 1803), le premier pas de cette marche en avant de l'Allemagne vers son unité, et, ce pas, c'est Napoléon qui le lui fit faire. Il lui en fit faire quelques autres, sans penser que cet ouvrage se retournerait un jour contre lui, ou croyant qu'il serait toujours assez fort pour maintenir ce pays sous sa domination : Napoléon III, plus dupe et plus aveugle encore, fit le reste.

Les succès de la campagne avaient été foudroyants. Les princes alliés de Napoléon s'étaient mis du bon côté. Napoléon avait bien joué. La partie gagnée, ils devaient avoir leur part du butin. Ils ne l'attendirent pas longtemps.

Quelques jours après la victoire d'Austerlitz, le 7 décembre, l'empereur fit appeler M. de Thiard, qui avait pris part à la campagne en qualité de capitaine dans les chasseurs à cheval de la garde et lui dit: « Rendez-vous à Carlsruhe ; vous avez démarié le prince héréditaire ; il faut le remarier. Je n'ai ni sœur ni princesse de mon sang ; j'en ferai une. Proposez-leur mademoiselle Tascher ou la petite Beauharnais. Je leur en laisse le choix ; je l'adopterai et la ferai princesse ; elle leur apportera le Brisgau en dot... et tout ce qui reste à l'Autriche en Souabe. Mais surtout point de menaces, point de violences. Rappelez-vous ce que je vous ai dit quand je vous ai envoyé à Carlsruhe. Employez les mêmes moyens. Ils sont libres ; mais moi aussi je suis libre de disposer du Brisgau à mon gré ; s'ils refusent, je me ferai sur le Rhin un allié qui me sera plus soumis. Ainsi l'alliance, ou point de Brisgau... (1). »

Tandis que M. de Thiard galopait sur les routes couvertes de neige — et il avait quatre cents lieues à faire, par un froid très vif, pour aller remplir sa mission — des conférences pour la paix étaient entamées à Brunn, puis transportées à Presbourg.

A peine arrivé à Carlsruhe, M. de Thiard, qui avait fait le trajet en quatre jours et quatre nuits, ce qui était un véritable tour de force, alla, sans prendre un instant de repos, ce qui en était un autre, trouver le prince Louis. Il lui exposa franchement les propositions de l'empereur et l'assura encore que Napoléon se chargeait de payer ses dettes. Le lendemain, il avait une audience du vieil électeur : à lui, M. de Thiard donna la certitude que l'empereur reconnaîtrait les enfants qu'il avait eus de sa seconde femme ; à madame de Hochberg, il donna la même assurance et dès lors il eut partie gagnée.

On négocia les avantages de territoire qui seraient faits à l'électeur et l'on tomba promptement d'accord. On discuta ensuite sur la princesse qui apporterait cette belle dot à la maison de Bade. Serait-ce mademoiselle de Tascher ou mademoiselle de Beauharnais ?

(1) Général Thiard, *Souvenirs diplomatiques et militaires*, p. 248-249. Le général a reproduit les propres paroles de l'empereur.

La comtesse de Hochberg opinait pour mademoiselle
de Tascher parceque, disait-elle, elle touchait de plus
près au sang de l'impératrice, tandis que mademoiselle de Beauharnais n'était, après tout, qu'une nièce
de son premier mari. Mais M. de Thiard fit observer
que l'empereur adopterait mademoiselle de Beauharnais et en ferait ainsi une princesse impériale. On
accepta cette disposition ainsi qu'une autre prescri-
vant que la cour de Bade adresserait à l'empereur
une demande en règle de la main de la princesse Stéphanie de Beauharnais pour le prince Charles, et une
troisième établissant que M. de Thiard déclarait de la
part de l'empereur que la princesse Auguste devait
épouser incessamment le prince Eugène, ce qui annu-
lait tout engagement vis-à-vis de la maison de Bavière. M. de Reizenstein, plénipotentiaire de l'électeur de Bade, mit tout cela par écrit et le grimoire fut
approuvé le 26 décembre 1805. Le même jour était
annoncé officiellement le mariage du prince Eugène,
élevé au rang de fils adoptif de l'empereur et fait
vice-roi d'Italie, avec la princesse Auguste de Bavière.
Le même jour aussi se signait le traité de Presbourg,
qui mettait fin à la guerre et érigeait l'électorat de
Bavière en royaume et l'électorat de Bade en grand-
duché.

Ces deux mariages avaient beau être décidés et
annoncés, ceux à qui ils ne plaisaient pas faisaient
leur possible pour y apporter des entraves et espéraient encore les faire manquer. A Munich, l'électrice
cherchait à influencer la fiancée du prince Eugène et
à la faire revenir sur l'engagement pris en son nom

par son père ; à Bade, c'était la margrave qui se dé-
battait comme un beau diable contre le mariage qu'on
avait, malgré elle, décidé pour son fils. Mais que
pouvait-elle faire ? La petite Stéphanie était le prix
obligatoire de l'agrandissement des États de Bade,
le prix plus subi qu'accepté de la couronne grand-
ducale, peut-être un peu aussi le prix du silence lors
du rapt à main armée du duc d'Enghien à Ettenheim,
et cette couronne paraît comme éclaboussée d'une
goutte de son sang. Après tout, c'était peut-être un
fleuron de plus. Mais le sang appelle le sang, et qui
sait si les deuils mystérieux qui frappèrent plus tard
la maison de Bade ne germèrent point de cette goutte
de sang ?

Les préjugés princiers sur les alliances, préjugés
fort respectables d'ailleurs et qui ont leurs raisons
d'être, avaient été obligés de baisser pavillon devant
le « je veux » de Napoléon, quelque douceur qu'il ait
mis à le faire entendre. Le nouveau grand-duc, par
exemple, ne pouvait s'empêcher de trouver que l'empereur imposait une bien lourde contribution à sa
reconnaissance ; il est même probable que si le vent
était venu tout à coup à souffler en tempête contre
Napoléon, comme cela arriva sept ans plus tard, cette
reconnaissance aurait été emportée comme un fétu
par les courants nouveaux et aurait trouvé une
excuse facile à sa défaillance dans la « raison
d'État », manteau si commode pour couvrir les abus
de la force et de l'arbitraire ou le manque de caractère chez les princes comme chez les peuples. L'électeur n'était pas plus flatté que cela, au fond, de vo'r

son petit-fils s'aller encanailler avec cette petite Beauharnais, et, s'il avait à compter avec Napoléon, il avait aussi à compter avec les dispositions d'une partie de son entourage, toujours hostile à l'alliance française malgré l'habileté des négociations menées six mois auparavant par M. de Thiard et malgré les brillants et solides avantages que la paix de Presbourg, grâce au mariage français, valait au pays de Bade. Le prince électoral, par exemple, était maintenant acquis sans réserve au projet d'alliance que l'empereur avait formé pour lui.

La preuve ? Elle se trouve dans cette lettre écrite par M. Massias, chargé d'affaires de France à Bade, à M. de Talleyrand, ministre des relations extérieures.

6 janvier 1806.

« Monseigneur,

» Depuis quelques jours le bruit circulait sourdement parmi les premiers personnages de la cour de Carlsruhe que le but du dernier voyage de M. de Thiard était d'obtenir en mariage pour la fille de M. le sénateur Beauharnais le prince électoral de Bade. Hier au soir est arrivé à Madame la margrave, mère de ce prince, un courrier de Madame l'électrice de Bavière. Ce hasard m'a fourni les moyens de savoir ce qu'elle a écrit à sa mère. Elle lui dit en substance qu'elle a eu une conversation de plus d'une heure avec l'empereur Napoléon ; que Sa Majesté lui a promis que le mariage du prince électoral de Bade avec mademoiselle de Beauharnais n'aurait jamais lieu sans le consentement de Madame la margrave ; qu'en supposant le refus de ce consentement, il se réservait seulement d'être consulté sur le choix de la femme qui serait donnée à ce jeune prince ; que, son mariage une fois arrêté, l'Électeur de Bade n'en serait instruit qu'après elle et Madame la margrave. Le prince électoral entra chez sa mère après qu'elle eût lu cette dépêche ; il resta seul avec elle pendant deux heures, et en sortit dans le plus grand abattement. Étant descendu chez son grand-père, il s'écria involontairement : « Cette femme se perd ! elle veut se perdre ! »

Voilà qui montre bien que Madame la margrave de Bade était demeurée absolument opposée à ce projet de mariage. Son fils n'en avait pas été d'abord plus enthousiaste qu'elle, mais, comme son grand-père, il se rendait à la « raison d'État » et trouvait que, une fois le sacrifice de ses préjugés fait, il était inutile de se laisser aller à d'irritantes récriminations et de s'y complaire comme le faisait sa mère. Les femmes sont extrêmes en tout et, en fait de mariage, elles ne se décident à marcher sur les préjugés et sur l'étiquette que lorsqu'elles sont amoureuses et que c'est leur propre amour qui est en cause. Quand ce n'est que l'amour d'un autre, elles sont férocement tenaces. Il est vrai qu'en cette affaire, il ne s'agissait nullement d'amour ; il ne s'agissait que de mariage. Mais la mère du jeune prince se montrait intraitable sur le chapitre des Beauharnais : entrer en cousinage avec ces gens-là !... Oh ! non, jamais ! La philosophie du dix-huitième siècle et les principes de la Révolution n'avaient eu aucune prise sur cette nature peu malléable et elle ne voulait point d'une telle mésalliance dans sa famille; n'était-ce pas assez d'y avoir une Hochberg? Voici du reste le portrait que M. Massias, dans la même lettre, faisait de la princesse mère :

« Je connais depuis six ans Madame la margrave, disait-il, et crois pouvoir répondre que si elle juge le mariage dont il s'agit contraire à l'orgueil des premières idées que lui a données son éducation, il est au-dessus de toute persuasion d'en triompher. Elle a, au plus haut degré, la confiante opiniâtreté des âmes faibles et timides. Elle n'ose renvoyer un valet qui lui manque, et lorsqu'elle a pris son parti, ce dont elle n'est capable que dans les occasions qui intéressent les opinions dans lesquelles elle a concentré son existence, ni la force, ni la séduction ne peuvent l'en arracher. Tel est le jugement que je porte de son caractère et que je crois véritable.

« Le prince électoral de Bade épouserait sans peine mademoiselle Beauharnais; son intérêt qu'il connaît, son admiration pour l'empereur détermineraient facilement son inclination (1). »

Il était difficile, en effet, de vaincre les préjugés de a margrave. On l'essaya cependant. Son fils était très malheureux de la voir réfractaire à une politique qui avait déjà considérablement ajouté à la puissance de sa maison et pouvait laisser espérer que son dernier mot n'était pas dit. Enfin, on fit donner la grosse artillerie de la « raison d'État », et celle-ci emporta

(1) *Archives du ministère des affaires étrangères*, Bade, correspondance politique, t. VII, f. 12.

tout. Mais quel crève-cœur de donner son consentement maternel à une union qu'elle réprouvait dans le
fond de son âme ! Si encore ç'avait été pour un mariage avec une fille de Napoléon, s'il y en avait eu
une ! (1) Tout parvenu qu'il était, on ne pouvait lui
refuser le mérite de la gloire militaire : il n'y avait
qu'un malheur, et non petit : c'est que, cette gloire,
c'est lui qui l'avait acquise, et non un de ses ancêtres,
cinq ou six cents ans auparavant. Cela changeait
singulièrement les choses et, aux yeux de la margrave, cela faisait le plus grand tort à Napoléon. Le
mérite militaire avait été l'origine de la noblesse :
mais, maintenant, ce mérite, il n'était pas de bon ton
de l'avoir soi-même : il fallait que quelqu'un l'ait eu
jadis dans la famille. Voilà, pour elle comme pour
beaucoup d'autres, en quoi consistaient la véritable
noblesse et l'illustration. Mais s'abaisser jusqu'à
laisser épouser à son fils, au prince qui devait
porter plus tard la couronne grand-ducale de
Bade, une simple demoiselle de Beauharnais, nièce
éloignée (plus éloignée encore n'en eût été que
mieux !) du premier mari de l'aventurière qui avait
su se faire épouser par le petit général Bonaparte
avant sa campagne d'Italie, la pilule était grosse à
avaler. De son côté le vieux grand-duc, quoique décidé au sacrifice, se lamentait et, devant la nécessité,
les bras parfois lui en tombaient. Mais que faire ?
Écouter sa belle-fille la margrave et se refuser
nettement au mariage ? Jamais il ne l'oserait, et puis

(1) Est-ce pour faire taire ce scrupule que Napoléon adopta
la jeune Stéphanie ?

d'ailleurs il avait déjà consenti. Ah! il y avait de quoi
en perdre la tête. Cela valait mieux assurément que
de perdre sa couronne, car avec Napoléon, il était
difficile de prévoir ce dont un refus l'aurait rendu capable. Il était prudent de ne pas exciter le courroux
du vainqueur d'Austerlitz, et l'on savait, par la violation du territoire badois devant laquelle il n'avait pas
reculé, en mars 1804, pour s'emparer du duc d'Enghien, que, de sa part, tout était à redouter. Et pourtant la margrave, les princesses ses filles redou-
blaient d'objurgations; leurs lettres étaient plus que
dures pour la famille de Napoléon. (1)

Enfin, après avoir bien donné carrière à sa mauvaise humeur, après avoir juré que ce mariage ne se
ferait pas, on finit naturellement par accorder officiellement le consentement et échanger des congra-
tulations et des assurances de satisfaction. Mais c'est
une grande erreur de croire, comme on l'a dit, (2)
que « le jeune prince de Bade et son grand-père l'é-
lecteur en désiraient la prochaine conclusion. »

Une lettre de Napoléon, que voici, le prouve : « La
reine de Bavière, écrivait l'empereur à l'électeur de
Bade, m'a fait connaître que le prince Charles se
trouvait contrarié et malheureux des liaisons que le
désir de resserrer les liens qui nous unissent m'ont

<hr>

(1) « Je me rappelle les minutieux détails que contenait la
correspondance de M. de Thiard sur les termes méprisants dont
la margrave, mère du jeune prince, et le margrave Louis, son
beau-frère, se servaient pour désigner les beaux-frères et
belles-sœurs de Napoléon... » (Méneval, *Mémoires*, t. II p. 19.)

(2) Imbert de Saint-Amand. *La cour de l'impératrice Joséphine*, p. 252.

fait concevoir. Mon premier désir est de ne rien faire que ce qui pourra contribuer à la satisfaction du prince Charles, et les idées que j'ai conçues ne me seront chères que lorsqu'elles pourront se concilier avec ses inclinations et son bonheur. » (1) On voit bien, par les termes de cette lettre, que le prince ne manifestait pas tout d'abord un grand enthousiasme pour l'union à laquelle le conviait Napoléon ; le contraire eût été étonnant, et les paroles courtoises par lesquelles l'empereur déclare qu'il ne fera « que ce qui pourra contribuer à la satisfaction du prince Charles, » n'en sont pas moins une mise en demeure polie d'avoir à mettre tous sentiments dans sa poche et à obéir.

C'est ce qu'on fit. Aussi bien eût-il été difficile de se conduire autrement. On s'en tint à la détermination de faire contre mauvaise fortune bon cœur et de paraître regarder comme une insigne faveur le mariage imposé par l'empereur. La preuve en est dans une lettre de M. Massias à M. de Talleyrand, datée du 9 janvier 1806. « S. A. S. le prince électoral de Bade, dit-il, doit partir demain pour aller à Ulm ou à Augsbourg inviter, au nom de son grand-père, S. M. l'empereur et roi à vouloir bien honorer Carlsruhe de sa présence, et accepter un logement au château, lors de son retour en France. Mais le but particulier de son voyage est, m'a-t-il dit lui-même, de convaincre sa Majesté que le mariage dont j'ai eu l'honneur de parler à Votre Excellence, dans une lettre précédente est bien loin de contrarier ses désirs, et

(1) *Correspondance de Napoléon*, t. xi. p. 524, pièce 9649. — Munich, 4 janvier 1806.

il espère dissiper sans peine les doutes qu'on a essayé d'élever à cet égard dans l'esprit de Sa Majesté pour laquelle il a toujours montré un profond dévouement et une sincère admiration » (1).

Enfin, tout fut arrangé. L'empereur vit le jeune prince. Il crut, ou eut la courtoisie de laisser croire qu'il était persuadé de la satisfaction qu'il avait d'épouser la petite Beauharnais, puis on se sépara. L'empereur retourna bientôt après à Paris.

Dès qu'il eût reçu, par une ambassade extraordinaire, la notification officielle du consentement des parents du jeune prince, il écrivit au grand-duc de Bade :

« Les envoyés de Votre Altesse électorale m'ont remis sa lettre. Je leur ai témoigné sur-le-champ le plaisir que j'éprouvais de la commission dont vous les aviez chargés. Je me suis empressé de munir de mes pleins pouvoirs mon grand maréchal du palais, le général Duroc, qui m'apprend à l'instant qu'il a signé le contrat du prince électoral avec ma fille. Les sentiments que je porte au prince Charles changeront de nature, mais ne seront pas plus vrais que ceux que je lui ai voués depuis que je le connais et que le vieil attachement que j'ai pour vous et votre famille. Que Votre Altesse se repose avec confiance dans mon estime, mon amitié et ma constante protection pour elle et sa Maison (1).

» NAPOLÉON. »

____

(1) *Archives du ministère des affaires étrangères*, Bade, *Correspondance politique*, t. VII, f°. 14.

(1) *Correspondance de Napoléon*, t. XII, pièce 9861. A l'électeur de Bade, Paris, 21 février 1806.

Il écrivait en même temps à la margrave de Bade :

« Madame ma cousine, la lettre de Votre Altesse, du 3 février, m'a été très agréable. L'assurance de vos sentiments d'amitié m'est chère au pair du cas que je fais de sa personne. J'ai aimé le prince Charles lorsqu'aucun lien ne m'attachait à lui : aujourd'hui qu'il épouse ma fille, il trouvera en moi une tendresse qui ne cèdera qu'à celle que vous lui portez. Je me flatte que vous avez les mêmes sentiments pour ma fille, et que vous ne doutez pas de mon désir de trouver des circonstances de vous être agréable ; car vous ne sauriez douter de mon estime et de ma sincère amitié. J'ai estimé Votre Altesse pour ses grandes qualités avant de la connaître ; depuis que je l'ai connue, et dans les nouvelles circonstances qui vont unir nos enfants, elle peut compter sur moi comme sur une des personnes les plus désireuses de lui plaire (1).

» Napoléon. »

(1) *Correspondance de Napoléon*, t. XII, pièce 9862. A la margrave de Bade, Paris, 21 février 1806.

CHAPITRE II

Charles-Louis-Frédéric, prince héréditaire de Bade, avait perdu son père en 1801 : ce malheureux prince était mort des suites d'une chute qu'il fit en revenant de Saint-Pétersbourg, où il était allé voir sa fille, femme du grand-duc Alexandre, qui fut bientôt après empereur de Russie. Il avait deux autres sœurs, l'une mariée au roi de Suède, l'autre au roi de Bavière. Toutes ses sœurs étaient charmantes, mais il n'avait pas, lui, été aussi favorisé qu'elles par la nature, du moins en ce qui concerne les charmes extérieurs. « Il était, a dit la duchesse d'Abrantès, le plus désagréable personnage que j'aie jamais vu. L'air boudeur d'un enfant mis en pénitence, pas beau du tout ensuite (1) ».

Comme c'est de l'avis des femmes qu'il faut s'entourer lorsqu'il s'agit de décider de la beauté extérieure d'un homme, bien que leur goût soit souvent fort étrange, nous allons citer l'impression que fit le prince de Bade sur mademoiselle Avrillon, femme de chambre de l'impératrice Joséphine, dont l'opinion peut aussi être recueillie par l'histoire. « Le jeune prince, dit-elle, alors âgé de vingt-trois ans, sans être précisément laid, était d'une figure peu avantageuse ; et son teint blanc et rose, joint à beaucoup d'embonpoint pour son âge, lui donnait l'air un peu poupard ; de plus, comme il était extrêmement timide, on trouvait en lui une certaine gaucherie. Tel était du moins le jugement qu'il était impossible de n'en pas porter à la première vue (2). »

Madame de Rémusat fait chorus avec ces deux dames sur le peu d'attrait et de séduction extérieurs du prince. « Il était jeune, a-t-elle écrit, mais très gros, d'une figure commune et sans expression ; il parlait peu, semblait gêné dans toute son allure et s'endormait un peu partout (3). »

Ce jeune prince, qui était déjà venu à Paris en 1804 pour les fêtes du couronnement, formait, avec la

(1) Duchesse d'Abrantès, *Mémoires*, t. VI, p. 26. (Ed. Garnier.)

(2) Mademoiselle Avrillon, *Mémoires*, t. I, p. 270.

(3) Madame de Rémusat, *Mémoires*, t. II, p. 353.

jeune fille qui lui était destinée, le plus entier contraste. Jolie, Stéphanie l'était assurément, surtout pour une princesse; mais peut-être avait-elle trop l'air de le savoir, trop le désir aussi qu'on le sût et qu'on le lui dît. De plus, elle paraissait trop savoir parfois qu'elle était princesse. Après tout, elle l'était depuis si peu de temps qu'elle n'avait pas encore eu le temps d'apprendre à paraître l'oublier, comme elle avait oublié déjà tant de choses. Si, comme on le prétend, la sympathie naît des oppositions de natures, des contrastes de goûts, d'extérieur et de caractère, l'amour aurait dû jaillir tout de suite du choc de ces deux contraires qu'étaient le prince et sa fiancée. Nous allons voir que ce ne fut pas précisément le « coup de foudre » qui éclata, du moins chez Stéphanie.

Un peu victime de la politique de l'empereur qui, en agrandissant les États qu'il devait être appelé un jour à gouverner comme grand-duc, lui imposait une obligation dont il se serait bien passé, le prince Charles s'était d'abord vu avec chagrin obligé de renoncer à la princesse Auguste de Bavière, à laquelle il était promis. Mais comme ses parents, ceux de sa fiancée, la princesse Auguste elle-même lui donnaient l'exemple de la résignation, du sacrifice de leurs préférences et de leurs sentiments de cœur devant l'intérêt de leurs couronnes et de leurs ambitions, de même que sa fiancée s'était laissée marier à Eugène de Beauharnais, fils de Joséphine, il ne lui était plus resté qu'à se marier de son côté avec la fille du sénateur Beauharnais, à laquelle la volonté du vainqueur

de l'Autriche l'avait assigné, comme prix des agrandissements de son grand-duché. Il s'y résigna d'ailleurs de bonne grâce.

Le prince vint donc à Paris pour prendre livraison
de celle qui était destinée à faire son bonheur et dont,
plus que l'adoption de Napoléon, il était destiné, lui, à
faire une princesse. Le grand âge, les infirmités
n'avaient pas permis à son grand-père de l'y accompagner.

L'impression qu'il produisit tout d'abord à la cour
des Tuileries ne lui fut pas, on l'a vu, très favorable.
Les femmes, qui ne s'attachent guère qu'à des apparences, le jugèrent mal et le prince ne fit pas leur
conquête. Il ne fit pas non plus celle de sa fiancée.
Stéphanie eut pour lui un accueil réservé et qui laissa
percer la déception. Elle s'avisa de ne pas trouver à son
goût ce mari qui lui était ainsi expédié d'office, ce
prince qui lui tombait du ciel : il lui paraissait lourd, un
peu paquet... Ah! s'il avait été mince et élancé comme
M. de Flahaut, comme M. de Ségur, comme M. de
Canouville ! Mais il ne l'était pas ; il ressemblait plutôt
au général Rapp. Et puis, elle l'eût souhaité brun avec
des yeux noirs, tandis qu'il était blond, comme elle,
et avait les yeux bleus, comme elle. Chez une femme,
c'est très bien, mais chez un homme, en vérité, ça
manque un peu de piquant. De même que les autres
femmes, Stéphanie s'en tenait, pour juger un homme,
à la coupe de son nez ou à celle de ses vêtements.
Elle ne s'occupait point de celle du cœur, non plus
que du patron sur lequel était taillé son esprit. Elle
était beaucoup trop frivole, trop Beauharnais, trop

jeune aussi, disons-le, pour s'apercevoir qu'il y avait, sous le prince, un homme plein de cœur, et que la timidité qu'elle lui reprochait comme gaucherie cachait les plus belles qualités et une grande délicatesse de sentiment. Mais Stéphanie, avec son aplomb si éveillé, ne pouvait concevoir la timidité, surtout chez un homme ; elle avait aussi l'esprit trop tourné vers une critique maligne, de même que les autres juges en jupons qui détaillaient impitoyablement le jeune prince, pour s'apercevoir qu'il avait, ce qui leur manquait à toutes, un esprit de bienveillance qui aurait dû, dès le premier abord, lui concilier les sympathies de chacune.

La jeune Stéphanie n'était pas d'une gravité très imposante. Mais c'est justement son attitude dégagée, son verbiage plus dégagé encore, l'imprévu de ses manières, le charme de sa gaminerie qui déconcertaient son fiancé et lui en imposaient. Ce qui ne contribua pas peu à augmenter sa timidité, par conséquent à le faire voir à son désavantage, c'est que le malheureux garçon, dès la première entrevue, la trouva si agréablement mutine, si délicieuse à regarder, si à son goût enfin, qu'il se mit aussitôt, et le plus consciencieusement du monde, à en être amoureux. Il eut tort, par exemple, de le laisser voir. Stéphanie se rendait compte qu'elle avait, de son premier regard, mis le pied sur le cœur de son fiancé : n'ayant plus à en faire la conquête, elle ressentit une légère déception, et c'est peut-être parce qu'elle avait plu si précipitamment que le prince lui déplut non moins précipitamment. Et pourtant, qu'y avait-il de plus naturel, à l'âge du prince Charles, que de trouver à son gré une jeune fille que tout le monde s'accordait à dire charmante, et qui était sa fiancée? L'aimer... mais c'est ce qu'il avait de mieux à faire : lui voyant, encadrés dans toute la fraîcheur de ses dix-sept ans, une figure blanche et rose à faire accourir les papillons, de la gaieté, de l'entrain, des grâces un peu gamines et malicieuses qui allaient bien à sa jeunesse, lui trouvant un timbre de voix enchanteur, à faire ramper un amoureux sur ses pas... En vérité, il y avait de quoi en perdre la tête. C'est ce qui arriva, mais le prince la perdit à sa façon et, au goût de Stéphanie, cette façon n'était pas la bonne. Rêveur de sa nature, prenant tout au sérieux, même les femmes, même l'amour, il se mettait à rêver à sa rieuse fiancée au lieu de rire avec elle, de s'amuser à la faire rire, et, quitte à être plus gamin qu'elle, à la chatouiller pour la faire rire davantage. Car c'est cela qu'il fallait pour plaire à cette petite coquette un peu écervelée, et non des airs de gravité et de passion à la Werther. Il voulait la gagner par la douceur et la patience. Mauvais moyen : les femmes ne l'apprécient pas. L'amour, à Stéphanie, ne devait être présenté que comme un amusement, et si son fiancé avait fait le polichinelle auprès d'elle, comme jadis M. Charles auprès de la générale Bonaparte sa tante, il aurait eu quelque chance de lui plaire. Il faut se mettre au niveau des gens à qui l'on s'adresse et ne leur parler qu'un langage qu'ils puissent comprendre. Mais, pour cela, il ne faudrait pas être amoureux, et le pauvre prince l'était à ce point qu'il n'avait plus sa liberté d'esprit. Il ne devinait pas qu'une jeune tête folle comme celle de Stéphanie ne concevait que l'amour gai, léger, amusant, ou plutôt ne voyait dans l'amour que le cadre : car l'amour vrai n'est pas folâtre de sa nature : comme la mer, comme le désert, comme l'immensité, il est plutôt grave, triste même. Stéphanie aimait les bouquets, les bijoux, les grelots, les parties folles, le carnaval, le bibelot en somme de l'amour, toutes ces misères qui affolent les cœurs de femmes et suffisent à faire la joie de leur âme. Mais l'amour en lui-même, le véritable amour aurait vite fait de l'excéder, l'amoureux encore plus : c'est trop souvent la même chose. Et puis l'amour, chez le prince, n'était-ce pas un ridicule de plus ? N'en avait-il pas une assez jolie collection sans s'aller donner encore celui-là ? Libre à lui de le prendre, mais ce n'était pas elle qui était disposée à lui faire concurrence sur ce chapitre. Aimer son mari ?... Non, elle ne se donnerait jamais ce ridicule. Comme la plupart des femmes, Stéphanie avait beaucoup plus de dispositions pour le plaisir que pour le bonheur. Mais qu'on lui pardonne : elle était encore si pensionnaire, si peu pénétrée, malgré son orgueil et son ambition, de la dignité de son rang futur de grande-duchesse ! L'impératrice, sa tante, n'avait-elle pas eu une indifférence semblable — et elle avait le double de son âge quand elle se remaria ! — pour son fiancé, le général Bonaparte ? Sa cousine Hortense n'avait-elle pas été de même pour son fiancé Louis ? L'indifférence de Stéphanie lui peut donc être pardonnée : elle a trop un air de famille avec celle de ses parentes pour qu'on la rende responsable de ce défaut... ou de cette qualité, comme on voudra.

Le prince de Bade sentait évidemment, devant l'explosion des grâces folles de sa fiancée qu'il voyait si aimable... avec les autres, tout ce qui lui manquait à lui-même sur ce terrain : il se sentait humilié dans le fond de son âme de ne pouvoir descendre à de telles niaiseries et d'échouer piteusement là où le premier imbécile venu, avec un aplomb un peu aisé aurait obtenu tous les succès. Mais que voulez-vous ? On n'est pas parfait. La fatuité suffisante, l'assurance satisfaite d'elle-même, cela n'était pas dans ses cordes. Comme tous les amoureux sincères, il fut gauche, maladroit, à contre-temps : il le sentait, il en souffrait et faisait de nouvelles gaucheries qui ne réparaient pas les anciennes. Il se montrait on ne peut plus empêtré de son amour et de ses vingt-trois ans : il était trop jeune — sa fiancée surtout — pour en connaître tout le prix, et il ne s'entendait nullement à mettre ces avantages en valeur. Mais la timidité, cette épouvantable timidité dont souffrent tant de gens de cœur devant la femme qu'ils aiment, surtout quand celle-ci n'a pas plus de cœur qu'une coquette et ne peut comprendre leurs délicatesses ni deviner leur tendresse sous leurs gaucheries, la timidité tourmentait l'excellent prince de Bade qui, pour employer une expression de Chamfort, était « aux petits soins pour déplaire. » Très affectif de sa nature, il n'y avait pas équilibre, chez lui, entre l'amour qui nous pousse vers une femme et le caractère qui tient cet amour en bride comme un bon cavalier retient un cheval fougueux, le caractère qui empêche le cœur de s'engager à fond avant de bien connaître son terrain, le caractère qui est la sauvegarde de la dignité et de la liberté de l'homme, dans l'amour comme dans l'exercice de toutes ses autres fonctions et facultés. Trop amoureux de sa blonde fiancée, le prince se faisait tout petit, tout humble devant elle, oubliant cette parole si vraie et que devrait méditer tout amoureux : « Celui qui se fait ver de terre n'aura pas le droit de se plaindre ensuite d'être écrasé. » Il n'avait même pas la ressource de mettre, comme tant d'autres, ses illusions à la place de la réalité, car il lui était impossible de ne pas voir, de ne pas sentir la très médiocre sympathie, la véritable aversion même que Stéphanie lui témoignait avec une sorte d'ostentation.

Dans sa jeunesse frivole et légère, elle manquait de ce tact du cœur nécessaire pour débrouiller la complication des sentiments que ses yeux si mutinement bleus avaient fait naître chez son fiancé. Mais comment aurait-elle compris un état d'âme qui n'était pas le sien ? Ne jugeons-nous pas les gens d'après nous-mêmes ? Elle n'était nullement timide puisqu'elle avait été élevée chez madame Campan et, malheureusement, elle n'était pas devenue à première vue amoureuse du fiancé que, de la frontière allemande, l'empereur lui avait envoyé un peu comme butin de guerre. Son caractère n'était pas porté à interpréter avec une bienveillance exagérée les silences, les réticences, les embarras et gaucheries de ce jeune cœur naturel et franc, mais maladroit comme on l'est dans presque

tout amour vrai, et il n'est que trop certain que, sur
le terrain de la galanterie de salon, le brave amoureux
ne pouvait lutter avec les « mangeurs de cœurs » les
plus réputés de l'état-major du maréchal Berthier,
tels que M. de Canouville, M. de Flahaut, M. de
Sainte-Croix, M. de Brack... De plus, Stéphanie
n'avait nulle idée du devoir, et madame Campan
semblait avoir perdu le temps qu'elle consacra à lui
en parler : elle ne songeait pas que, ayant accepté le
prince de Bade pour fiancé, c'était pour elle un devoir absolu de lui faire bon visage et de réserver à
lui seul toutes ses amabilités. Mais elle lui faisait
grise mine et n'avait pour lui aucun bon procédé.
En le voyant si humble et si modeste, elle avait
eu la pensée de mesurer son pouvoir sur lui et
aussi de tourmenter ce pauvre amoureux. Elle ram-
pait sur la terre et lui planait dans le ciel. Il fut
long pourtant à s'apercevoir qu'ils ne voyageaient
pas de conserve, qu'il voyageait seul. Elle, bien terre
à terre, avait toujours l'air de lui dire : « Vous êtes
mon fiancé, c'est vrai ; mais quand je vous ai accepté
je ne vous avais jamais vu, et d'ailleurs j'ai été con-
sultée si peu ! Contentez-vous donc de votre titre de
fiancé, comme je me contente du titre de princesse :
mais laissez-moi tranquille pour le reste ! » Le
reste !... Eh ! c'est de ce « reste » seulement que se
souciait le prince Charles. Mais que de traverses,
bon Dieu, il lui faudrait encore subir avant de prendre
enfin possession de ce « reste », de celle qui allait devenir son bien !

Madame de Rémusat a reproché au prince de Bade

l'habitude de « s'endormir un peu partout. » Elle a
eu tort : cela prouvait simplement que les pompes de
la cour impériale séduisant peu le cœur de poète du
jeune homme, le souvenir de la blonde Stéphanie
l'empêchait de dormir la nuit et que, le jour, la nature reprenait ses droits. Au reste, ces petits sommeils qu'il cueillait par-ci par-là sur une banquette
ou dans quelque fauteuil, on peut être sûr qu'il ne
s'y laissait aller que pour revoir en rêve les deux
yeux — deux portes du ciel ! — de sa capricieuse
fiancée.

Mais la jeune princesse, qui n'avait pas plus l'habitude d'analyser ses sentiments que ceux des autres
et qui était trop jeune encore pour interpréter en
bien autre chose que les sentiments mauvais, trouvait ces sommeils forts désobligeants. Elle aurait dû
les pardonner : elle-même ne vivait-elle pas dans
le rêve ? Sa vie, à présent, ne devait-elle pas lui paraître comme un chapitre détaché des *Mille et une
Nuits ?* Et puis, c'est si bon d'être bon ! Quand on est
heureux, mais c'est un besoin que de semer le
bonheur et la joie autour de soi ! Est-il même possible de goûter le bonheur dans toute sa plénitude
sans faire participer les autres à sa félicité ? Stéphanie aurait donc dû pardonner avec d'autant
plus d'indulgence les petits sommes de son fiancé,
que jamais il ne les prenait devant elle : elle n'en
avait eu connaissance que parce que de bonnes âmes
— il s'en trouve toujours dans les cours — avaient
cru charitable de ne pas les lui laisser ignorer.
Mais son cœur, alors, était inaccessible à la pitié. D'un

autre côté, l'empereur lui témoignant par mille cadeaux et bontés une affection toute particulière, et
lui ayant même déclaré qu'il avait l'intention de faire
pour elle plus qu'il n'avait fait pour Hortense, la petite se crut d'une pâte supérieure à celle de sa cousine, à celle des princes de sang royal, à celle du
prince de Bade particulièrement : dès lors, elle ne
témoigna plus à son fiancé qu'une aversion qui se
manifestait par une attitude des plus désobligeantes
et le pauvre prince connut bien avant le mariage les
amertumes de l'indifférence et du dédain.

C'était fini de rire avec lui, si tant est qu'elle ait
jamais adressé le moindre sourire d'encouragement
à son fiancé. Mais en vint elle à rire de lui ? C'est infiniment probable. Elle était assez dénuée de dignité,
de ce respect de soi et des autres qui provient d'un
cœur droit et fier, pour se permettre une gaminerie
aussi peu séante. En tout cas, elle se laissa aller devant lui à plus d'une vivacité qui ne dut pas précisément lui être agréable ; plus d'une fois la cruelle enfant lui déchira le cœur par des dédains non dissimulés. C'est donc bien bon de faire souffrir un homme
qui vous aime, puisque tant de femmes le font ?

Et cependant, de la part du prince, jamais un reproche, jamais un mot amer : de la tristesse et de la
tendresse, voilà tout. Mais c'était, auprès de Stéphanie, faire tout à fait fausse route.

Napoléon, qui s'amusait des boutades et des gamineries de la méchante enfant, s'aperçut bien vite
que le jeune prince n'avait pas eu l'heur de conquérir ses bonnes grâces ; il vit que le cœur de Sté-

phanie, qui refusait de s'ouvrir pour donner asile au cœur du prince Charles, était en quelque sorte à prendre. Avec une admirable inconscience de tout devoir, il eut l'idée mauvaise de le prendre d'assaut. Au lieu de donner de bons conseils à la jeune fille, au lieu de la rappeler aux convenances, de lui montrer toute la gravité de l'engagement qu'elle allait prendre, tout le sérieux de son rang et celui de la vie, au lieu d'enseigner, en un mot, le devoir à cette pensionnaire dont madame Campan, qui connaissait la fragilité de son étoffe, avait dit avec beaucoup de sens, qu' « il y avait de quoi faire d'elle un charmant sujet, mais pas si on la gardait à Saint-Cloud, » l'empereur s'amusa comme un collégien à approuver et encourager ses légèretés. Voyant son cœur inoccupé, il n'eût pas honte de songer à le crocheter aux yeux du jeune prince. C'était une folie, mais elle fut publique. Il était si *emballé* qu'il n'avait même pas l'idée de dissimuler aux yeux de sa cour cet étrange caprice. Stéphanie lui paraissait si piquante, si amusante avec sa vivacité de jeune pensionnaire, son grand rire et son petit air de se moquer de tout ! Elle avait si bonne grâce à ses impertinences ! Ses yeux bleus, l'or de ses cheveux, le son de sa voix chantante, ses joues fraîches et roses le changeaient tant de sa vieille poupée de Joséphine toute plâtrée, toute maquillée et maintenant toujours *grognon*, avec qui il fallait passer son temps à essuyer des scènes, des lamentations, à se fâcher et à se raccommoder sans cesse ! C'en était devenu intolérable. Cette petite Stéphanie, si étrangement déconcertante avec ses manières d'enfant gâtée, lui donnait comme un regain de jeunesse : jamais il n'avait vu, surtout en Corse où les jeunes filles sont comprimées, terrorisées presque par l'autorité maternelle, et n'ont pas le droit de parler sans permission, une telle insouciante et parlante gaieté. Pas de frein, pas de mesure : Stéphanie lançait à tout propos quelque parole plus ou moins bien trouvée, plus ou moins convenable, et, j'ai regret de le dire, son fiancé fut plus d'une fois le but de ses plaisanteries déplacées. Et toujours elle regardait l'empereur après chaque gaminerie, comme pour obtenir son approbation. Il va sans dire que l'empereur la donnait toujours. Il ne lui donna pas que cela. Comme si de pareilles inconvenances étaient méritoires, et comme elle continuait à se tenir fort mal, pour l'encourager sans doute à aller jusqu'au bout, il comblait de superbes cadeaux sa fille adoptive. C'était un spectacle assez singulier, par parenthèse, que de le voir faire sa fille adoptive de celle dont il semblait désirer faire surtout autre chose. Il oubliait qu'en adoptant cette enfant — et quel besoin avait-il de l'adopter puisque, à défaut de son père qui l'avait abandonnée et ne s'était pas plus occupé d'elle que si elle n'avait jamais existé, elle allait avoir un mari? — il oubliait qu'en l'adoptant il avait contracté à son égard les devoirs d'un père, et ces devoirs étaient en opposition absolue avec le ridicule et coupable sentiment qui le poussait à regarder autrement que d'un œil paternel cette petite Beauharnais.

Celle-ci, très éblouie de tous les honneurs qui pleuvaient sur elle, n'était pas éloignée, dans sa vanité orgueilleuse, de les attribuer pour une bonne part à ses mérites. Elle se montrait on ne peut plus fière d'être devenue la fille adoptive de l'empereur, de l'homme dont la gloire militaire faisait le plus prestigieux, le plus puissant souverain qui fut jamais. Au demeurant, tout cela était bien pardonnable à ses dix-sept ans; c'était même bien naturel. Mais, ce en quoi Stéphanie se trompait complètement, c'est qu'elle s'imaginait maintenant, en vraie parvenue, qu'elle faisait une grande grâce à ce petit prince de Bade, en l'acceptant pour époux. Après le mariage, elle se considéra vraiment comme déchue. Elle, fille de Napoléon (l'adoption ne l'avait-elle pas faite sa fille?) pouvait prétendre à épouser un empereur, un roi, tout au moins un fils de roi, jeune et beau. Et elle le disait. Mais ce prince... Assurément elle était bien contente de l'épouser, puisqu'elle voulait avant tout être princesse, mais bien désolée aussi de le trouver si laid. Elle continuait à faire, sans se gêner le moins du monde, des plaisanteries plus ou moins spirituelles, piquantes parfois, mais déplacées toujours, sur celui qu'elle avait accepté pour époux. Ces plaisanteries la consolaient peut-être de ce qu'elle trouvait de peu séduisant dans l'extérieur du prince, mais celui-ci ne se consolait pas de la voir si peu sérieuse. L'empereur, lui, trouvait tout cela charmant. Voyant ses folies approuvées, Stéphanie n'eut garde d'y mettre un frein. Aussi bien la petite friponne s'apercevait-elle que ces arabesques plus fantaisistes que sentimentales et « comme il faut » plaisaient singulièrement à l'empereur et que son admiration pour elle n'était pas purement esthétique. Elle força la note et y ajouta quelques agaceries à l'adresse de son père adoptif. Du coup, si Napoléon eut la tête tournée, la sienne commençait à être passablement à l'envers et on voyait la jeune folle prendre maintenant vis-à-vis de son fiancé une attitude nettement dédaigneuse, agressive même, comme si elle eût médité une rupture. Pourra-t-on jamais savoir à quels calculs se livrait l'ambition de la téméraire enfant, en se voyant soutenue par l'empereur dans ses fantaisies les plus capricieuses ?

Le titre de fille adoptive du souverain étant nouveau, il fallut chercher dans le code de l'étiquette et du cérémonial quelles prérogatives devaient marcher avec lui. L'empereur, comme tous les amants, se montra magnifique et ne les lui marchanda pas, non plus que les honneurs. Il rendit un décret par lequel il lui donnait un rang très élevé à sa cour. Voici ce décret :

« Paris, le 3 mars 1806.

» Notre intention étant que la princesse Stéphanie Napoléon, notre fille, jouisse de toutes les prérogatives dues à son rang : — dans tous les cercles, fêtes et à table elle se placera à nos côtés, et, dans le cas où nous ne serions pas présent, elle sera placée à la droite de l'impératrice.

» *Signé :* NAPOLÉON. »

C'est à de tels détails d'intérieur qu'un caprice inavouable, qui les lui suggérait, rabaissait le héros d'Italie, le vainqueur d'Austerlitz ! Et, pour plaire à la petite Stéphanie, pour obtenir d'elle un sourire agréablement azuré, pour achever sa conquête, ces détails, il les réglait par décret !

C'était ressusciter les plus futiles occupations de l'ancienne monarchie, et les hommes qui avaient passé la cinquantaine pouvaient se rappeler que Louis XV avait, pour la du Barry, dicté plus d'un article relatif à l'étiquette et au cérémonial. Mais la presse était absolument muselée par le gouvernement impérial et aucun journal ne pouvait se permettre de donner sa façon de penser sur de semblables aberrations du génie. Dans les salons mêmes, on n'osait exprimer franchement son opinion, tant on avait l'éternelle crainte de parler devant quelque agent secret du ministre de la police. Tout au plus se serait-on permis de dire que cela ne tirait pas à conséquence. Assuré ainsi du silence et de l'impunité, l'empereur ne suivait que son caprice et n'agissait que selon son bon plaisir.

Il crut devoir annoncer au Sénat, comme affaire d'État, bien que ce fût plutôt une affaire de famille, le mariage de la nièce du premier mari de l'ancienne maîtresse de Barras. Il le fit par le message suivant, qui déclarait en même temps qu'il avait adopté la princesse pour sa fille :

« Sénateurs,

» Voulant donner une preuve de l'affection que nous avons pour la princesse Stéphanie de Beauharnais, nièce de notre épouse bien-aimée, nous l'avons fiancée avec le prince Charles, prince héréditaire de Bade ; et nous avons jugé convenable, dans cette circonstance, d'adopter la dite princesse Stéphanie-Napoléon comme notre fille. Cette union, résultat de l'amitié qui nous lie depuis plusieurs années à l'Électeur de Bade, nous a paru conforme à notre politique et au bien de nos peuples. Nos départements du Rhin verront avec plaisir une alliance qui sera pour eux un nouveau motif de cultiver leurs relations de commerce et de bon voisinage avec les sujets de l'Électeur. Les qualités distinguées du prince Charles de Bade et l'affection particulière qu'il nous a montrée dans toutes les circonstances, nous sont un sûr garant du bonheur de notre fille. Accoutumé à vous voir partager tout ce qui nous intéresse, nous avons pensé ne pas devoir tarder davantage à vous donner connaissance d'une alliance qui nous est très agréable. »

Voilà ce que Napoléon disait à son Sénat servile et pour la foule imbécile qui, la bouche ouverte jusqu'au gosier, avale toujours avec le même enthousiasme les phrases plus ou moins menteuses et incomplètes de la prose officielle ; voilà aussi comment Napoléon voulait faire enregistrer par l'Histoire la façon dont se faisait le mariage de Stéphanie avec le prince de Bade. Mais l'Histoire est une personne défiante de sa nature ; elle n'accepte pas ces belles phrases sans les contrôler. Grâce aux révélations des mémorialistes, elle découvre, ce que les décrets ne disaient pas, que l'Empereur, en se voyant pour nièce, pour fille adoptive

une jeune personne aussi gentiment appétissante,
par un de ces caprices inavouables dont ne sont
même pas exempts les hommes de génie, était devenu
amoureux d'elle ; elle constate aussi, car il faut tout
dire, que cette brillante mise en scène était destinée
à flatter l'orgueil de Stéphanie, à lui plaire, tandis
que les décrets et message ne tendaient qu'à dissimuler au public les motifs vrais pour lesquels il
lui décernait tant de prérogatives et d'honneurs.
L'Histoire dès lors s'attache à examiner avec la plus
grande attention la comédie singulière qui se jouait
au Palais des Tuileries : l'empereur cherchant à
séduire une enfant dont il avait fait sa fille adoptive,
et cela sous les yeux de son fiancé ; l'impératrice,
tante de cette jeune fille, se prenant de jalousie devant cette manigance et s'efforçant, pour y couper
court et mettre bon ordre à tout cela, de hâter le
mariage de la petite. Celle-ci enfin, gonflée d'orgueil
en se voyant devenue, à peine sortie de pension, une
pièce si importante à la cour et se croyant véritablement le pivot de toute la politique impériale ; semblant disposée à se laisser cueillir par son père
adoptif, dans on ne sait quelle visée d'ambition et,
en attendant, boudant et malmenant son fiancé qui,
seul, en cette affaire l'aimait réellement : voilà le
bel et édifiant spectacle qui se déroulait aux Tuileries devant toute la cour attentive.

Dès que la notification du mariage eût été faite
au Sénat, l'Empereur donna l'ordre de loger la
jeune princesse aux Tuileries. Elle y vint aussitôt,
comme on l'a déjà vu. Un appartement particulier

lui avait été assigné et avait été meublé tout exprès pour elle. C'est alors qu'elle commença, bien pensionnaire encore, son apprentissage du trône. Comme une souveraine, elle reçut sans rire les députations des grands corps de l'État, entre autres celle du Sénat. Les sénateurs, soit par flatterie, soit par malice, avaient nommé M. de Beauharnais, son père, au nombre des délégués chargés de la complimenter. Et ce ne fut pas, en cette comédie, la scène la moins piquante que de voir un père, qui avait si totalement oublié dans les bras d'une seconde femme la fille qu'il avait eue de la première et qui, pour cette belle conduite avait été nommé sénateur (25,000 francs), et pourvu de la sénatorerie d'Amiens, (25,000 autres francs), venir officiellement porter ses félicitations à la petite abandonnée, pour le mariage princier que lui faisait faire l'Empereur. Quant à madame Campan, elle n'avait pas perdu un instant pour lui porter les siennes. Dès qu'elle avait appris la grande nouvelle, vite elle avait couru aux Tuileries pour présenter à son élève ses respectueux compliments. Écrivant le lendemain à Hortense, elle se déclare satisfaite de la façon dont elle a été reçue : « J'ai été charmée hier, dit-elle, de l'accueil de la future princesse de Bade. »

On s'accoutume vite aux grandeurs ; bien des gens seraient incapables de s'y tenir avec simplicité et dignité, mais il est cependant plus aisé de s'y faire qu'à l'adversité. La princesse Stéphanie ne fut pas longue à s'y habituer. Tout en disant couramment, depuis son adoption, que « la fille de Napoléon aurait pu épouser des fils de rois et des rois », elle jouait son rôle à ravir. Elle reçut avec une grâce déjà « grande dame », mais qu'elle s'était étudiée à rendre aussi naturelle que peut l'être cette sorte d'affectation, les compliments qu'on lui apportait ; et cette grâce faisait trouver charmantes les quelques paroles qu'elle adressait ensuite, comme remerciement, à chacun des membres des députations. Mais, courtisans jusqu'au bout des ongles, à quoi ceux-ci n'auraient-ils pas applaudi ? Ne savaient-ils pas, par expérience, que la servilité est toujours récompensée dans les cours par des honneurs et par de l'argent ?

Une fois la jeune Stéphanie établie aux Tuileries, il s'éleva, à son endroit, des questions d'étiquette à résoudre. Le décret du 3 mars n'avait pas tout prévu. Il y eut des tiraillements, des contestations, des froissements de famille... D'un mot, l'empereur sabra l'affaire ; il ordonna que, partout, la petite Beauharnais passerait immédiatement après l'impératrice. Mais que de mécontentements, que de récriminations à cette occasion ! Car l'empereur, par ce caprice, lui donnait le pas sur tous les Bonaparte, sur sa mère, sur ses frères, sur ses sœurs !... Les Corses attachent une grande importance aux préséances ; oisifs et désœuvrés dans leur île, ils ne pensent guère qu'à cela. Voyez-les, sur leurs promenades publiques : c'est avec une ostentation très accentuée, ridicule même, qu'ils prennent soin de donner la droite à la personne qui se promène avec eux et à qui, pour son rang social, son influence ou son âge, ils veulent accorder une marque de déférente considéra-

tion. Qu'on juge un peu, par cela, de la fureur avec
laquelle ces natures plus emportées que réfléchies
durent accueillir une semblable décision! Il y avait
déjà eu, dès les premiers temps du consulat, de fréquents et fâcheux tiraillements sur la question des
préséances entre les Bonaparte et les Beauharnais;
chez Joseph, à Mortefontaine, il avait même failli y
avoir une éclatante rupture. Cette fois, se bornerait-
on à des pleurs et à des grincements de dents? Les
Bonaparte étaient très montés : la guerre entre eux
et les Beauharnais allait-elle se rallumer?

Voilà ce qui faisait l'objet des conversations de
toute la cour, et cela, pourquoi? Parce que le Maître
était amoureux et que, non différent des autres
hommes atteints du mal d'amour, il oubliait dignité,
famille et tout pour plaire à celle qu'il aimait ; parce
que le monde disparaissait à ses yeux dès qu'il
s'agissait de lui être agréable.

C'était là cependant une contradiction flagrante,
chez l'empereur, avec les principes qu'il avait exposés
un jour devant madame de Rémusat, lorsqu'il lui
avait dit que l'amour n'était pas fait pour lui et que,
s'il devenait jamais sérieusement amoureux, il dé-
composerait son amour pièce à pièce pour l'examiner.
L'idée assurément était bonne, et si les hommes
avaient assez de perspicacité pour débrouiller les
complications de leurs sentiments, assez de caractère
pour s'astreindre à cette tâche, ils devraient bien eux
aussi faire *l'autopsie* de leurs amours avant qu'elles
ne soient bonnes à jeter à la fosse commune de l'oubli : bien peu de ces amours résisteraient à un examen

où la raison aurait voix délibérative. Le moment était donc venu, ce semble, pour Napoléon, d'examiner ses sentiments, d'analyser son amour pièce à pièce, de le disséquer jusque dans ses fibres les plus secrètes... Mais qui donc a un caractère assez ferme pour renoncer à un amour avant d'en avoir tiré tout ce qu'il en espère de bonheur?... On dit ces choses-là quand on est de sang-froid et qu'on n'est pas amoureux ; on est alors très fort contre les entraînements, surtout ceux des autres ; on se moque des malheureux qui ne savent pas s'en défendre, on les tourne en ridicule, on les prend en pitié, selon qu'on a l'esprit sarcastique ou compatissant. Mais ces fanfarons d'indépendance de sentiments, ces hommes qui se croient si forts et si sûrs d'eux-mêmes quand ils haussent les épaules devant les ridicules et les défaillances que l'amour provoque chez les autres, ces hommes sont souvent les plus humbles devant la femme, les plus esclaves de ses caprices lorsqu'ils se trouvent pris à leur tour dans l'engrenage de l'amour.

Si Napoléon avait eu le courage de la franchise vis-à-vis de lui-même, il aurait conservé assez de caractère pour faire une analyse sévère de ses sentiments, les décomposer « pièce à pièce » comme il disait, jeter ces pièces dans un plateau de balance, dans l'autre le devoir, et juger en toute conscience. Mais il était trop flatté dans sa vanité en voyant la jeune et piquante Stéphanie, avec ses lutineries plus enfantines que mystiques, se livrer auprès de lui à un *flirt* en règle, pour ne pas chasser toute pensée

qui eût pu le détourner de poursuivre un dénouement qui lui paraissait aussi prochain qu'assuré.
Cette aventure est un exemple curieux des entraînements que le génie lui-même peut subir quand il
n'est pas guidé par le devoir, mais un devoir qui
ne fléchit ni devant les intérêts ni devant les occasions.

Cette petite folle de Stéphanie, de son côté, se
donnait des airs de partager l'entraînement de l'empereur. Il dut y avoir, dans son cœur un peu sec
et tourné naturellement à la coquetterie, une sorte
d'affolement d'amour-propre, de vanité, de tout ce
qu'on voudra, mais où l'amour n'entrait pas pour un
atome. Elle était trop jeune, trop légère aussi et
n'avait pas reçu cette éducation forte qui fait qu'une
âme saine et naturellement droite est toujours assez
ferme pour demeurer maîtresse d'elle-même, pour
distinguer du premier coup d'œil la ligne du devoir
au milieu de tous les sentiers plus ou moins couverts qui s'y viennent croiser, — et s'y maintenir.

On ne lui avait pas fait lire, à Saint-Germain, les
écrits, bons pilotes dans la vie pour les gens du monde,
de François de Sales, ce saint de bonne compagnie
qui fut un excellent connaisseur en défauts des
femmes : « Quiconque vient louer votre beauté et
votre grâce, dit-il aux honnêtes femmes qui se plai-
sent aux dangers de la coquetterie, vous doit être
suspect ; car quiconque loue une marchandise qu'il
ne peut acheter, est pour l'ordinaire grandement
tenté de la dérober. » Aussi était-il difficile que tout
ce train d'honneurs et de grandeurs, ce cliquetis de

princes et de souverains ne missent d'abord à l'envers la petite tête de Stéphanie et ne lui donnassent le vertige, mais son vertige se compliquait d'un peu de rouerie. Cette jeune fée blonde et lutine, si peu timide et si peu effarouchée, parlait à tort et à travers et se permettait toute licence, sûre d'être toujours pardonnée, que dis-je ? approuvée, admirée... Elle boudait son fiancé parce qu'elle ne le trouvait pas taillé sur le patron qu'elle avait rêvé dans son imagination romanesque de pensionnaire et qu'elle se figurait aimer l'empereur, le mari de sa tante. Mais ne semble-t-il pas que ces lignes de l'auteur des *Maximes* aient été écrites pour elle ? « Les femmes croient souvent aimer, encore qu'elles n'aiment pas ; l'occupation d'une intrigue, l'émotion d'esprit que donne la galanterie, la pente naturelle au plaisir d'être aimées et la peine de refuser, leur persuadent qu'elles ont de la passion lorsqu'elles n'ont que de la coquetterie. » De la coquetterie ? Eh ! mon Dieu, c'était justement chez Stéphanie le fin mot de la chose.

En attendant, si les Beauharnais exultaient, surtout le comte Claude et sa fille, que maintenant il n'était plus tenté d'abandonner, Joséphine, toujours méfiante, s'avisait à présent d'être jalouse. On était pourtant si tranquille, dans la famille impériale, depuis quelque temps ! Mais, comme dans la fable,

> une poule survint
> Et voilà la guerre allumée.

Car c'était bien cela qu'avait amené Stéphanie. La

colère, la rage régnaient chez tous les Bonaparte.
Madame Mère serrait ses minces lèvres, se lamentait sur les « bouchées amères » (1) que ce côté imprévu du caractère de son fils lui faisait avaler et profé-
rait de temps en temps quelque mot corse qui, pour
être trivial, n'en était que plus énergique. Ses fils ne
disaient rien devant l'empereur, mais comme ils se
rattrapaient entre eux et chez eux ! Quant à ses filles,
c'était chez elles un débordement de fureur à ne pas
croire. Tout cela du reste était bien justifié par l'in-
justifiable défaillance de Napoléon. La princesse
Caroline chez qui l'orgueil, l'ambition, en même temps
que la jalousie et la haine des Beauharnais atteignaient
leur paroxysme, ne fut pas plus maîtresse d'elle-
même qu'elle ne l'avait été, au lendemain de la proclamation de l'Empire, lorsque l'empereur l'avait
oubliée, elle et ses sœurs, dans la distribution des
titres de princesses. Sa fureur était telle, qu'elle laissa
déborder tout ce qu'elle avait sur le cœur. Stéphanie
« en riait comme de tout le reste, et elle en faisait
rire l'empereur, déterminé à s'égayer de tout ce
qu'elle disait. » (2) La situation devenait intolérable
pour les membres de la famille Bonaparte : se voir
obligés de s'incliner devant cette petite coquette, cette
poseuse qui, parce que l'empereur avait daigné jeter
un regard sur elle, était maintenant plus fière que si
elle eût été une princesse de sang impérial ! Ne passer
aux portes qu'après cette péronnelle ! Ah ! avec les
femmes, décidément, Napoléon ne faisait que des

(1) Expression corse.
(2) Madame de Rémusat, *Mémoires*, t. II, p. 355.

sottises. Car qu'était-ce qu'une nièce du général de Beauharnais à côté de tous les Bonaparte ?

Joséphine, dont l'œil justement soupçonneux voyait tout, ne savait, dans sa jalousie alarmée, à qui s'en prendre, de son mari ou de sa nièce. Dans son incertitude, elle s'en prit à tous les deux, et, cette fois, elle n'avait pas tort. Elle fit des scènes à l'empereur, des remontrances à Stéphanie, et tous deux les méritaient bien. L'empereur, qui ne voulait pas se fâcher avec sa femme pour une amourette, surtout quand c'était lui qui se la permettait, ne fit point difficulté de convenir qu'il avait en effet une inclination pour cette petite pensionnaire qu'il allait marier, mais que ce n'était là qu'un amour de tête, une fantaisie d'imagination, que cela ne durerait pas, qu'il se contentait de jouir de la vue de sa jeunesse gracieuse et de sa tête dorée, de se régaler du gazouillis de sa voix chantante et sonore comme celle d'un pinson sous la feuillée ; il dit que tout ce charme sémillant d'une gaieté de quinze ans le reposait de la préoccupation constante des affaires. Il ajouta qu'elle aurait tort de s'inquiéter pour si peu, que le prince de Bade seul pouvait avoir quelque droit de s'en formaliser, mais qu'il trouverait fort mauvais que ce gros joufflu fît mine seulement de s'apercevoir de la distraction, bien innocente après tout, qu'il trouvait à jouer avec sa fiancée et à lui faire la cour en sa place.

L'empereur cependant, avait surpris les regards de toute la cour attentifs aux péripéties du petit roman qui se déroulait aux Tuileries. Il s'aperçut que sa valetaille dorée avait, pour parler à la princesse, des révérences toutes particulières, comme empreintes d'un sous-entendu qui, sous sa vile flatterie, était au dernier point outrageant et pour elle et pour lui ; il vit qu'il se rendrait ridicule aux yeux de la France et de l'Europe s'il ne mettait pas une sourdine à son inavouable caprice. Il devint sinon plus sage, du moins plus prudent.

Quant à Stéphanie, elle écouta avec plus de docilité qu'on n'eût pu en attendre d'une jeune fille aussi inconsidérément emballée, les conseils de sa tante. Gagnée par le ton de bonté maternelle sur lequel l'impératrice les lui donnait, elle lui avoua tout et « la fit la confidente des entreprises, quelquefois un peu vives, de son père adoptif. » (1)

Joséphine était ravie d'être ainsi mise au courant de tout ce qui s'était passé. Elle se promettait d'en prendre avantage sur son mari à l'occasion, et elle savait bien que cette occasion se présenterait tôt ou tard. Elle fit, en attendant, un discours bien senti à sa petite peste de nièce. Elle lui dit qu'elle ne l'avait pas mise chez madame Campan pour qu'elle apprît ainsi à faire la coquette : et avec qui ? avec le mari de sa tante. Fi ! la petite masque ! Comme c'était laid de se conduire ainsi... avant son mariage ! « Vous avez un fiancé, mademoiselle : c'est à lui, pour le moment, que doivent s'adresser vos œillades et vos avances, et non pas à l'empereur ! »

Les yeux de la jeune princesse s'ouvraient peu à

(1) Madame de Rémusat, *Mémoires*, t. II, p. 356.

peu à ce sermon, et celle qui le faisait ne pouvait s'empêcher de sourire à sa propre éloquence en s'entendant prêcher la morale, chose qui lui avait été de tout temps assez étrangère et sur laquelle elle était bien peu entendue. Enfin Stéphanie assura sa tante qu'elle la comprenait fort bien, qu'elle se rendait maintenant parfaitement compte de ce qu'il y avait eu d'inconsidéré et de léger dans sa conduite, qu'elle le regrettait, qu'elle n'était pas au surplus si coupable qu'elle pouvait le paraître et que, dans cette affaire, elle n'avait voulu que s'amuser sans y voir le moindre mal. S'il y en avait eu, ajouta la naïve princesse, est-ce qu'elle se serait avisée de mettre toute la cour dans la confidence de sa coquetterie? Non, non ; elle se serait cachée, ce qui lui eût été la chose la plus facile du monde, et personne ne s'en fût jamais aperçu.

De son côté, l'empereur, en faisant la cour à Stéphanie, n'avait également cherché qu'à s'amuser. Mais il avait vite pris goût à ce jeu. S'y amusant de jour en jour davantage, le cœur était vite venu se mettre de la partie. Au point qu'il avait fini par prendre cela tout à fait au sérieux. Et il se croyait certain de gagner la partie lorsque Stéphanie, rendue plus circonspecte par les graves représentations de sa tante, se prêta moins à ses entreprises. Elle montrait maintenant une résistance que sa légèreté première n'avait pas fait prévoir, et elle se sauvait des difficultés de sa situation par une gaîté rieuse, parfois un peu forcée, mais de bon ton et de bon aloi qui, tout en provoquant davantage les désirs de

Napoléon, l'avertissait cependant qu'il en fallait rester là.

Si la princesse Stéphanie, devenue maintenant un peu plus raisonnable, se montrait moins accueillante pour son père adoptif, elle ne parvenait pas à l'être davantage pour son pauvre fiancé. Celui-ci, qui espérait tout du temps plutôt que de son amour et de ses mérites, n'avait plus qu'un désir : épouser bien vite sa frivole Stéphanie et l'enlever plus vite encore à cette cour de perdition. A Carlsruhe, au moins, dans la saine atmosphère d'une petite cour patriarcale, avec les conseils du vénérable grand-duc, son aïeul, avec ceux de sa respectable mère, la margrave, avec l'entourage de ses six sœurs, la reine de Suède, la grande-duchesse de Hesse-Darmstadt, la duchesse de Brunswick, l'impératrice de Russie, la reine de Bavière, et la princesse Marie de Bade, l'aînée de toutes, qui n'avait pas voulu se marier, la jeune Stéphanie ne manquerait pas de se former. En voyant tantôt l'une, tantôt l'autre de ses belles-sœurs qui venaient égayer de leurs grâces sérieuses la cour de Carlsruhe, elle prendrait vite la gravité indispensable à une femme mariée, surtout quand cette femme doit être appelée, par son rang, à régner un jour sur sur un peuple qui n'aime pas les folies chez les princes, encore moins chez les princesses. Car ne devait-elle pas donner au peuple badois l'exemple des vertus familiales? Cela n'excluait nullement la gaieté et les amusements, et le bon prince Charles espérait bien au contraire que la gaieté de sa fiancée ne serait pas longue à lui concilier l'affection de ses sujets.

Enfin, à la grande satisfaction du prince, et aussi de l'impératrice Joséphine qui n'avait pas plus confiance que cela dans son mari, non plus que dans la petite tête folle de sa nièce, et qui craignait toujours une catastrophe, enfin le jour des fiançailles arriva.

Ces fiançailles se firent en grande pompe, le 7 avril, dans la galerie de Diane. Elles eurent ceci de particulier qu'elles se firent à huit heures du soir. Comme on savait que l'empereur avait pris en affection toute particulière sa fille adoptive, chacun déploya le plus grand luxe pour lui plaire. Jamais les femmes n'avaient été si éblouissantes de toilettes et de bijoux. Quant aux hommes, tous grands dignitaires, l'occasion était trop belle de montrer zèle et servilité, pour qu'aucun y manquât. D'ailleurs, dans les cours, — je ne parle pas que de celles des rois et des empereurs — du moment qu'il s'agit seulement de faire voir qu'on a la conscience aussi souple que l'échine, personne ne fait grève. Et c'est plus particulièrement dans ces sortes de choses hors de toute morale et de toute décence que les souverains jugent les dévouements. Ils se trompent toujours car, dans leur entourage, les plus empressés sont généralement les plus vils, et ce ne sont pas ces âmes de boue qui, le jour du danger arrivé, risqueraient leur vie pour la leur. M. de Talleyrand, entre mille autres, devait se charger, en 1814, de le démontrer à Napoléon par ce qu'on appelle maintenant une leçon de choses. Mais les souverains ne pensent pas à cela et, par état, sont toujours aveugles sur ce point. Par état aussi, les courtisans, eux, y sont fort clairvoyants.

Bons psychologues, bons praticiens des cœurs de princes, ils n'ignorent pas que c'est en flattant leurs mauvais sentiments qu'ils se concilient leurs bonnes grâces. Le duc d'Aiguillon en avait su quelque chose au temps de la du Barry. Sous Napoléon, les âmes de courtisans n'étaient pas d'une étoffe différente et les gens de cour étaient trop heureux de saisir l'occasion de ce mariage pour faire assaut, par leur luxe, de flatteries et d'assurances de dévouement. Après tout, que risquaient-ils? De perdre honneur et dignité? Que leur importait, puisqu'ils espéraient bien recevoir, en compensation, honneurs, dignités et dotations?

C'était la première alliance princière d'un membre de la famille de Napoléon qui se célébrât à Paris. Le prince Eugène s'était marié à Munich. Aussi la cérémonie, grâce aux motifs particuliers qu'avait l'empereur pour en rehausser l'éclat, fut-elle extrêmement brillante. On vit la cour dans son plus grand tralala. Le cortège se forma dans les grands appartements et s'achemina lentement vers la chapelle des Tuileries où l'attendait le cardinal Caprara, légat *a latere*, entouré de l'évêque de Versailles, Charrier-Laroche, premier aumônier de l'empereur ; de M. de Broglie, évêque de Gand, son aumônier ordinaire ; de M. le cardinal de Rohan, aumônier de l'impératrice.

La souveraine, précédée des officiers de sa maison, ouvrait la marche. Le prince de Bade la suivait. Puis venaient les princesses impériales avec les dames et officiers de leurs maisons. Enfin s'avançait l'empe-

reur. Il donnait la main à sa fille adoptive qui était
fort attrayante avec son air plus mutin que recueilli, et
qui portait au mieux sa robe blanche lamée et brodée
d'argent, toute garnie de roses. Les officiers de sa
maison civile et de sa maison militaire l'entouraient,
marchant par devant, à ses côtés et derrière lui.
Enfin venaient les témoins des deux époux. Pour le
jeune marié, c'était le prince héritier de Bavière, son
cousin, M. de Dalberg, ministre plénipotentiaire de
Bade, neveu du prince primat archichancelier de
l'empire germanique, et M. le baron de Gneisenau,
grand chambellan du grand-duc de Bade ; pour la
princesse Stéphanie, M. de Talleyrand, ministre des
relations extérieures, M. de Champagny, ministre
de l'intérieur, et M. de Ségur, grand maître des cérémonies de la cour impériale. De part et d'autre le
choix des témoins montrait que le mariage était surtout un mariage politique. Le corps diplomatique,
les grands dignitaires de l'empire et les ministres
qui fermaient la marche du cortège, le démontraient
également.

Le lendemain, mêmes cérémonies et même cortège
pour la célébration du mariage. Il se fit à la chapelle
des Tuileries, à huit heures du soir également. La
jeune mariée avait, comme la veille, tout à fait bonne
grâce. Elle marchait dans un étincellement, mais ses
yeux n'y étaient pour rien, car elle les tenait baissés.
Un bandeau de diamants sur sa tête lançait mille feux
au milieu d'une guirlande de fleurs d'oranger : un
habit de gaze de soie blanche étoilée d'argent était
galamment jeté sur ses épaules et recouvrait presque

entièrement sa robe de satin blanc, rehaussée d'un semis discret de fleurs d'oranger.

Elle s'avança vers l'autel avec une simplicité et un naturel pleins de charme : elle mérita ainsi les suffrages de toute la cour, très indulgente d'ailleurs quand il s'agit d'une princesse. On ne la quittait un instant des yeux que pour regarder l'empereur et observer sa contenance. Et tous deux marchaient au milieu de gens de cour qui, depuis un mois, avaient mis tout leur zèle et tous leurs soins à satisfaire le maître par leur luxe de ce jour. On savait qu'il avait fait les plus riches cadeaux à sa fille adoptive, qu'il lui avait donné une parure de diamants et quantité d'autres bijoux d'un goût exquis ; on savait qu'il l'avait dotée d'une somme de quinze cent mille francs, qu'il lui avait donné mille louis d'argent de poche et l'on se disait tout bas la cause d'une aussi extravagante générosité Chacun savait que la politique n'y était pour rien. Mais l'empereur aurait-il montré une telle générosité si la princesse, au lieu de se tenir comme une petite effrontée, avait eu une attitude sérieuse, digne et mesurée ?

L'impératrice Joséphine donnait, comme de juste, l'exemple du luxe. A cela elle était fort entendue. « Vêtue d'une robe entièrement brodée de plusieurs ors, elle avait sur la tête, outre sa couronne impériale, pour un million de perles ; la princesse Borghèse, tous les diamants de la maison Borghèse joints aux siens, qui étaient sans prix. La grande duchesse de Berg (madame Murat), était parée de mille rubis ; madame Louis (Hortense), toute couverte de turquoises enrichies de diamants ; la nouvelle reine de Naples (madame Joseph Bonaparte), bien maigre, bien chétive, mais presque courbée sous le poids des pierres précieuses (1). »

Toutes les dames de la cour, qui savaient qu'on devait déployer ce jour-là un luxe plus merveilleux que tout ce qu'on avait pu voir en ce genre aux temps de la monarchie, avaient fait des dépenses folles pour paraître avec avantage à la cérémonie. Madame de Rémusat elle-même, qui aimait la simplicité, avait voulu, comme les autres, se recommander par son luxe à la bienveillance de l'empereur. Elle avait fait faire un habit de cour de crêpe rose tout pailleté d'argent et garni extérieurement d'une guirlande de jasmins. L'habit seul, a-t-elle dit, avait coûté soixante louis, ce qui était beaucoup pour l'époque. Des jasmins en guirlande sur la tête lui formaient une charmante coiffure, relevée au milieu par un bouquet d'épis de diamants. Et au milieu de cette cour si brillante, on se montrait le père de la jeune mariée, dont les émotions devaient être assez compliquées s'il se souvenait encore de sa négligence d'antan envers une fille qui le mettait maintenant singulièrement en évidence. Il trouva moyen de les accorder toutes en versant ostensiblement quelques larmes.

L'empereur, lui, n'était pas homme à faire paraître ses sentiments après s'être aperçu qu'il les avait trop laissés voir. Son attitude fut correcte. La

_____

(1) Madame de Rémusat, *Mémoires*, t. III, p. 20.

raideur officielle en était cependant brisée par trop
de précipitation dans ses mouvements et tempérée
en même temps par une bienveillance plus voulue
sans doute que naturelle, dans le regard. Lorsque
la cérémonie fut terminée, le souverain, pour sortir
de la chapelle, donna la main à la mariée et tout le
cortège se rendit dans les grands appartements.
« Des pages, a dit madame de Rémusat qui s'est particulièrement étendue, dans ses *Mémoires*, sur cet
épisode de la vie de cour, portaient les manteaux des
princesses, des reines et de l'impératrice. Quant à
nous, il nous fallait toujours renoncer à déployer les
nôtres, ce qui aurait fort embelli notre costume.
Nous étions obligées de le porter sur un bras, parce
que notre extrême longueur eût beaucoup trop re-
tardé la marche précipitée de l'empereur. C'était un
usage trop habituel et qui manquait de dignité dans
les cérémonies, que d'entendre les chambellans qui
le précédaient, en marchant sur nos talons, répéter
à demi-voix et sans interruption ces paroles : « Allons, allons, mesdames, avancez donc... »

On arriva dans les grands appartements. L'empereur, revêtu de son habit de grande cérémonie qu'il
portait avec une majesté qui semblait en imposer jusqu'à lui-même, tint son grand cercle. Il y eut un con-
cert, puis des divertissements variés, entre autres un
ballet et un quadrille. C'était le premier qui se donnait à Paris depuis la chute de la monarchie. La
princesse Caroline Murat, qui venait de recevoir le
titre de grande-duchesse de Berg et de Clèves, et ne
rêvait plus, en attendant un trône, que grandeurs

et divertissements royaux, avait fait feuilleter les comptes-rendus des fêtes données jadis par Louis XIV et par Louis XV, pour y puiser des idées *nouvelles*. C'est ainsi qu'elle avait trouvé la pensée de faire revivre les quadrilles. Son intention, soumise à l'empereur, avait reçu pleine et entière approbation, et le divertissement, paraît-il, fut vraiment royal. Mais on avait eu bien des difficultés avant d'arriver à l'établir sur un bon pied. La question du costume, entre autres, avait été très ardue et très longue à résoudre. On en était venu à bout cependant. Isabey, chargé de dessiner les projets de costumes, avait eu bien du mal à contenter tout le monde. Il lui avait fallu tenir compte du goût de l'empereur, de celui de la grande-duchesse de Berg, de celui de chacune des princesses : de cette façon, le goût proprement dit avait subi plus d'un accroc et le malheureux peintre avait dû s'arrêter à un modèle que la duchesse d'Abrantès traite d' « épouvantablement laid ». Enfin on s'en contenta et la fête fut trouvée réussie de tout point. La jeune mariée y fut plus ravissante que jamais et ne pouvait s'empêcher de sourire d'aise à la pensée que tous ces grands personnages étaient là pour elle, pour lui faire honneur et lui rendre hommage, qu'elle était princesse, doublement princesse, comme fille adoptive de l'empereur et comme femme d'un prince appelé à régner. Et son visage eût témoigné une félicité complète si, de temps en temps, son œil ne fût tombé sur le prince Charles son époux. Alors son front se rembrunissait et son regard, comme pour chasser une idée pénible, se reportait aussitôt ailleurs.

Si la fête, pour la jeune Stéphanie, avait ce léger point noir, elle en eut aussi, et plus d'un, pour les princesses impériales. Les questions de préséance avaient été réglées par décret à l'avantage de la fille adoptive de l'empereur. La nièce de Joséphine, devenue princesse héritière de Bade, eut donc le pas, toute la journée, sur les sœurs et belles-sœurs de Napoléon, sur la reine de Naples comme sur la grande-duchesse de Berg. Celle-ci laissa même percer un chagrin jaloux trop marqué en la voyant assise à la droite de l'empereur et en se voyant elle-même obligée de ne passer aux portes qu'après elle. Ces froissements d'amour-propre lui gâtèrent la fête, à elle et aux autres princesses impériales : mais elles eurent tort de ne pas prendre assez de soin pour dissimuler leur dépit, — ce qui amusa beaucoup de gens de cour.

Le peuple, qui n'avait pas le même spectacle pour se divertir, n'avait cependant pas été oublié. L'empereur voulait qu'il prit sa part de la fête. N'en était-ce pas une aussi pour lui que de voir le mariage d'une fille adoptive de son empereur avec un prince de vieille souche ? Aussi le jardin des Tuileries lui avait-il été ouvert. Le soir, des guirlandes de lanternes vénitiennes allant d'un arbre à l'autre, des ballons de couleur, brillant comme des fruits lumineux gigantesques dans le feuillage tendre et vert naissant des marronniers, répandaient une douce lumière sur la foule pressée des Parisiens, qui raffolent de ces sortes de fêtes. De plus, la façade du palais était illuminée de milliers de lampions fumeux, faisant une triple ligne de lumière : le pavillon central était garni jusqu'au faîte de lignes de feu, et des motifs lumineux en verres de couleur encadraient chaque porte de lueurs tremblottantes et fumeuses. C'était fort beau pour l'époque, mais, de notre temps, comme tous ces lampions feraient triste mine à côté des merveilles du gaz et de l'électricité !

Il n'y a point de vraie fête pour le peuple sans feu d'artifice. L'empereur y avait songé. Il en fit tirer un superbe, à neuf heures, sur la place de la Concorde. Il vint lui-même au balcon de la salle des maréchaux pour le voir. L'impératrice et les jeunes mariés y vinrent avec lui pour jouir du coup d'œil et aussi des acclamations populaires qui, pour des princes, doivent être le plaisir à la fois le plus vif et le plus doux : ces acclamations n'étant que l'expression du bonheur du peuple, et venant de son cœur, leur doit aller au cœur.

CHAPITRE III

Enfin, à la grande satisfaction du prince Charles,
la fête se termina. La jeune mariée prit le chemin de
son appartement, conduite à sa chambre, selon le
grand cérémonial de la cour, par son père adoptif et
par l'impératrice. Puis, l'empereur se retira pour
aller, on ne sait pourquoi, coucher à Saint-Cloud. Les
dernières personnes du cortège se retirèrent également et on laissa les jeunes époux *enfin seuls !*

Si les mariages sont amusants, ils ne le sont pas

pour tout le monde. Stéphanie allait commencer à
trouver le sien « pas drôle » et le prince de Bade encore moins. Heureux d'être délivré des cérémonies et
des importuns, ce bon prince attendait dans la joie
de son cœur — mais dans l'antichambre aussi — le
moment où sa blonde Stéphanie lui permettrait d'entrer dans la chambre nuptiale et où il pourrait,
dans le plus doux des tête à tête, lui tirer son feu
d'artifice de madrigaux. Mais, vaine attente !...
Comme s'il n'y avait pas eu assez de cérémonies
comme cela, Stéphanie en faisait de nouvelles pour
empêcher le prince d'entrer dans sa chambre et elle
ne paraissait nullement disposée à lui accorder la liberté d'user de ses droits d'époux. Si elle avait consenti, sur les représentations de l'impératrice Joséphine sa tante, à repousser, avant le mariage, les
avances de son trop entreprenant père adoptif, elle ne
pouvait se résoudre, maintenant qu'elle était mariée,
à accueillir celles de son mari. Comme si c'était trop
jour de fête pour une pareille corvée, ou comme si
c'était assez de distractions pour ce jour-là, elle refusa
obstinément, la grande enfant! de le recevoir dans sa
chambre. Elle pleura, elle cria comme une petite fille.
Elle alla même jusqu'à se fâcher toute rouge et ne
consentit à se calmer que lorsqu'on lui permit, pour
la protéger contre l'arrivée, qu'elle jugeait indiscrète,
de son mari, de faire coucher dans sa chambre une
amie de pension, mademoiselle Nelly de Bourjolly,
aimable jeune fille qui avait été élevée par charité
chez madame Campan, et pour laquelle elle avait un
véritable engouement.

Le pauvre prince, cependant, était douloureusement blessé de ce caprice enfantin qui le consignait à la porte du bonheur. Il pria, il supplia la jeune mutinée, à travers l'entrebâillement de l'huis, de le laisser entrer. Il l'assurait, avec les termes de la plus vive tendresse, de son dévouement et de sa docilité ; il lui disait qu'il ne demandait qu'à faire toutes ses volontés, il lui jurait qu'il les ferait, mais, pour Dieu, qu'elle le laissât entrer !

Hélas ! Il y perdit son éloquence : la princesse demeura obstinément sourde à ses supplications.

Ne pouvant se décider ni à violer la consigne, ni à abandonner l'antichambre de l'appartement de Stéphanie, il dut se résoudre à y monter la garde dans l'espérance que les appréhensions de sa femme enfin surmontées, la porte s'ouvrirait pour lui. Et c'est ainsi que, dans cette attente, il passa, résigné, la nuit sur un canapé. « Demain, pensait-il, Stéphanie sera moins inhumaine : il faut lui pardonner ses caprices, à cette enfant, ses appréhensions... Les femmes sont si drôles ! » Mais, vain espoir : le pauvre mari en fut pour une nuit blanche, qu'il passa sur son canapé.

Le lendemain, on part pour la Malmaison. Espérant qu'à la campagne sa femme sera moins intraitable, le prince veut, le soir venu, entrer dans sa chambre. Mais, même consigne, mêmes cris d'effroi, même comédie. La porte demeure close, comme aux Tuileries. Cette fois, le pauvre amoureux ne trouve plus les femmes si drôles. Livré à toutes sortes de réflexions, il se promène mélancoliquement dans le vestibule, montant la garde devant la porte de sa propre chambre, et se demandant s'il ne ferait pas bien de la jeter à bas d'un coup d'épaule... Les jours suivants, même chose...

Là-dessus, la cour partit pour Saint-Cloud. Les jeunes époux y allèrent également. Le prince Charles, qui se rendait compte de tout ce qu'une lune de miel entamée de cette façon pouvait faire rejaillir de ridicule sur lui, — car dans les cours tout se sait — et qui souffrait beaucoup, dans son cœur comme dans son amour-propre, de la rigueur absolument inconvenante de sa femme, s'obstinait à espérer que ce changement de résidence amènerait un changement d'idées chez l'étrange fille qu'il avait épousée. Aussi s'arma-t-il encore de patience. Mais la terrible Stéphanie s'armait à nouveau d'entêtement et ne se laissait pas approcher (1). Le pauvre garçon pourtant, que ce manège obligeait à passer ses nuits sur des banquettes d'antichambre, commençait à en avoir assez. Sa patience était à bout. Dès qu'il apercevait sa vestale de femme, il s'efforçait par le raisonnement, par la tendresse, par tout ce

(1) C'était, à ce qu'il paraît, inhérent aux Beauharnais. « Madame de Lavalette, née Beauharnais, avait été mariée malgré elle : en ayant un autre dans le cœur, elle avait déclaré à son mari qu'elle ne vivrait pas avec lui, ce qui fut vrai assez longtemps. Puis elle en vint à oublier d'abord et par suite à s'attacher passionnément à ce mari... » (*Mémoires d'une Inconnue*, p. 267.) — On sait qu'Hortense en aimait aussi un autre que Joseph Bonaparte, à qui elle fut mariée ; mais, au lieu de se mettre plus tard à aimer passionnément son mari, son amour se trompa d'adresse et alla à d'autres.

qu'il pouvait avoir d'éloquence passionnée, — car il aimait sa femme, le malheureux! — de fléchir un aussi farouche parti-pris. Mais c'était peine perdue. Stéphanie, si contente naguère à l'idée de se marier, semblait, depuis que son mariage était sanctionné par les lois divines et humaines, avoir fait vœu de chasteté et vouloir s'entêter à observer ce vœu. L'un et l'autre auraient pu chanter, — s'ils avaient eu le cœur à des chansons, — ce vieux refrain français :

> Tous les jours, par un sort bizarre,
> Nous fuyons l'objet qui nous suit,
> Nous suivons l'objet qui nous fuit

Sans plaisanter, il est permis d'observer à ce propos qu'en se refusant ainsi à l'amour du prince, Stéphanie laissait voir qu'en dépit de l'adoption, elle ne faisait qu'une pauvre princesse, qu'elle était bien peu pénétrée des devoirs de sa dignité nouvelle. La fille de Louis XVI épousant le duc d'Angoulême qu'elle savait imbécile, qui était répugnant d'aspect, et qu'elle était loin d'aimer, accepta résolument et sans restriction tous les devoirs du mariage : mais c'est qu'elle était princesse avant que d'être femme, elle était même Bourbon avant d'être princesse. Stéphanie, elle, est « petite fille » avant tout; c'est une pensionnaire qui joue à la princesse et au mariage et qui se sauve en criant bien fort si le prince veut pousser avec elle la partie jusqu'au bout. Elle n'est pas pénétrée de cette dignité native, de cette dignité de race indélébile chez certaines natures : non seulement elle est « petite fille » mais aussi « petite bourgeoise », malgré ses airs de dédain. Mais, comme elle est gentille de visage, cela la sauve aux yeux des critiques ; comme elle a été adoptée par Napoléon, cela la fait même trouver adorablement spirituelle.

Fatigué de ses nuits sans sommeil et de ses prières sans cesse repoussées, le prince de Bade voyait ses joues roses commencer à pâlir et on le trouvait pendant la journée, endormi un peu partout, comme lorsqu'il n'était que fiancé. Au fait, depuis le jour de ses fiançailles, il n'avait pas avancé d'un cran dans les bonnes grâces de Stéphanie. Celle-ci « haïssait alors franchement son époux » assure madame de Rémusat, et sa conduite à son égard ne le laissait que trop voir. Mais si le prince avait agi avec sa femme comme jadis le général Bonaparte avec madame Fourès en Egypte (1), il eût peut-être mis ses affaires en meilleure posture. Il est certaines femmes, même toutes roses et toutes blondes, dont on ne conquiert le cœur que par la brutalité. Mais c'est fort scabreux, car il en est aussi qui ne la pardonneraient jamais. En vérité, les femmes sont parfois bien embarrassantes.

Dans une cour, tout se sait et les aventures d'alcôve y sont, quand il s'en produit, la joie de tout le monde. On pense bien qu'à Saint-Cloud il n'était bruit que de l'attitude plus qu'étrange de la princesse Stéphanie, de la patience du prince Charles et de sa fâcheuse posture d'époux *in partibus*. Le prince s'était plaint à l'impératrice, des rigueurs de sa nièce ;

_____

(1) Voir notre ouvrage : *Napoléon amoureux.*

il l'avait suppliée de la raisonner, de la sermonner et de la ramener à des sentiments moins pénibles pour lui. Joséphine, qui aimait à s'occuper de ces sortes de choses, le fit avec son amabilité habituelle; mais, comme elle aimait aussi à bavarder, particulièrement sur des sujets qui, comme celui-là, avaient un côté un peu scabreux, elle s'en donna à cœur-joie : ce fut par elle que son entourage, que la cour tout entière n'ignora aucune phase de la singulière lune de miel qu'avaient entamée ces deux jeunes gens.

Cependant un cœur compatissant, fourvoyé par hasard à la cour, prit en pitié la situation du prince et vint confier à celui-ci qu'il avait entendu dire à la princesse Stéphanie qu'elle avait pris en aversion la façon dont il était coiffé. Il faut savoir que, à la mode un peu retardataire des cours allemandes, le prince Charles portait une coiffure à queue. Ravi d'être informé de ce détail, le prince remercie, fait appeler son valet de chambre et, ridicule comme tout amoureux, il lui donne l'ordre de l' « accommoder » à la française, c'est-à-dire à la *Titus*, et de lui couper sa queue. Ainsi fait et sûr dès lors de ne plus déplaire, il vient, tout pimpant, présenter sa nouvelle physionomie et ses hommages à sa femme. Mais celle-ci, incorrigible, de rire aux éclats en voyant son mari ainsi tondu. La petite mal élevée, qui se plaisait à le tyranniser et à le faire paraître aux yeux de tous le plus pitoyable mari qui fût, n'eut pas honte de dire tout haut qu'elle le trouvait encore bien plus laid comme cela (1). Une femme de chambre n'aurait

(1) Constant, *Mémoires*, t. II, ch. i.

pas manqué de tact et de convenance à ce point. Et cette fois, la princesse était tout à fait inexcusable d'une impertinence panachée de méchanceté, qui dépassait les bornes de la gaminerie, et que ni sa tante ni son père adoptif n'auraient dû tolérer. Mais, mépriser un mari qui les adore est un triste lot qu'aiment assez à prendre ces âmes sèches, et c'est leur prétention, dans leur esprit aussi étroit que leur cœur, de se croire, par ce dédain, des êtres supérieurs.

Une diversion ne tarda pas à être apportée à ce fâcheux état de choses. L'empereur revint à Paris avec toute sa cour le 20 avril. Il donnait ce jour-là une grande fête aux Tuileries, une sorte de retour de noces, en l'honneur des jeunes époux. C'est à cette fête qu'il inaugura une habitude sagement démocratique, celle d'inviter à ses bals un certain nombre de Parisiens, pris dans toutes les classes de la population. Aussi la foule fut-elle énorme : deux mille cinq cents personnes, heureuses de venir parader dans les salons de l'empereur, de l'homme prestigieux qui apparaissait déjà comme un demi-dieu aux yeux de la plupart, heureuses de l'approcher et, pour beaucoup, d'être interrogées par lui, avaient porté dans la ville l'enthousiasme au comble. Ces privilégiés racontaient le lendemain dans Paris les mille menus détails de la fête : l'excellence des rafraîchissements, la profusion des glaces, le luxe inouï du souper. Ils parlaient des quadrilles, des costumes, des pas de danse qui avaient été exécutés dans la salle des maréchaux et dans la galerie de Diane. Car la grande-duchesse de Berg avait été si satisfaite du quadrille qu'elle avait imaginé pour le jour du mariage, qu'elle en avait cette fois organisé deux : l'un, conduit par madame Louis Bonaparte (Hortense), était formé de « seize dames vêtues de blanc, couronnées de fleurs de couleurs différentes, quatre par quatre, les robes garnies en fleurs, et des épis en diamants sur la tête, qui dansèrent avec seize hommes portant l'habit, fermé par devant, en satin blanc, et des écharpes assorties aux couleurs de leurs dames. » L'autre, conduit par la grande-duchesse de Berg elle-même, était formé de danseurs et de danseuses « vêtus à l'espagnole, avec des toques et des « plumes (1). »

Les quadrilles finis, la Cour et la Ville, pour employer une expression d'avant la Révolution que l'on fit revivre, se mêlèrent ; l'empereur partit, et l'on dansa jusqu'au matin. Les personnes qui ne dansaient pas se disaient gravement, en voyant un tel déploiement de faste, que si Napoléon avait eu à marier sa propre fille, il n'eût pu faire les choses plus grandement.

Le lendemain la cour rejoignit l'empereur à Saint-Cloud. On observait les jeunes mariés, mais on s'aperçut vite que rien n'était changé à l'allure du ménage. Stéphanie s'obstinait dans sa blessante bouderie et son mari semblait avoir renoncé à l'amener à de meilleurs sentiments.

L'empereur n'ignorait pas plus que les autres cette singulière situation. Il se flattait peut-être, tant on

(1) Madame de Rémusat, *Mémoires*, t. III, p. 22.

aime à croire ce qu'on désire ! que la capricieuse enfant ne se gardait tant de son mari que parce qu'elle se gardait pour lui-même. Mais c'était dépasser de beaucoup les intentions d'une petite tête folle qui, en somme, n'avait voulu que s'essayer à jouer à la coquette avec l'empereur et qui, dans un entêtement coupable, refusait maintenant de remplir les devoirs auxquels elle s'était engagée aux pieds des autels.

Napoléon, cependant, au lieu de donner quelques sérieux conseils à sa fille adoptive, se mit à la soutenir ouvertement par un mot, par un autre, par un regard approbateur. La situation se prolongeant, il reprit sans doute ses espérances. Mais, rien ne venant les couronner ni même les encourager, il finit par sentir le nouveau ridicule dont il se couvrirait en persistant dans son attitude ; il vit que cette aventure jetait de la déconsidération sur lui et sur sa cour. Et, avec la même promptitude qu'il changeait, sur le champ de bataille, devant un incident imprévu de la lutte, les plans tracés précédemment, il rejeta cette sotte affaire et la déclara close dans son esprit. Il décida que le prince de Bade partirait pour Carlsruhe et que sa femme l'y accompagnerait.

Il n'y a rien là qui doive nous étonner. La faiblesse de son caractère sur le chapitre des mœurs, du moins des siennes, ne l'empêchait nullement de voir clair dans ses sentiments et dans les aberrations de son sens d'aimer. Sa politique, du reste, lui disait, au moment où il organisait la Confédération du Rhin, qu'il fallait ménager les princes allemands et ne pas commencer par se mettre à dos le grand-duc de

Bade et sa nombreuse et puissante parenté. D'ailleurs, l'horizon s'obscurcissait du côté de la Prusse et, malgré les protestations pacifiques de cette puissance, les circonstances pouvaient devenir telles qu'il faudrait peut-être en venir à tirer l'épée.

La détermination d'envoyer les jeunes mariés à Carlsruhe, Joséphine avait un peu aidé Napoléon à la prendre. Toujours jalouse, connaissant la légèreté de son mari sur le chapitre des femmes, redoutant les fantaisies que pourrait avoir sa nièce sur le chapitre des hommes, elle n'avait cessé de représenter à l'empereur qu'il était temps que les jeunes époux allassent vivre chez eux, que là seulement pourrait naître entre eux cette harmonie si désirable qu'ils ne trouveraient jamais dans le cérémonial d'une cour; que l'intimité du voyage amènerait tout naturellement cet accord. Bref, elle le fatiguait de ses importunités, très raisonnables cette fois, il le faut reconnaître.

D'un autre côté, le prince, depuis qu'il avait tant bien que mal épousé Stéphanie, apportait à tout un visage muet et mécontent. Pour se faire aimer de sa femme, il avait tout fait et n'avait pas eu besoin de se battre les flancs, de forcer même un peu la dose des compliments pour la persuader de son amour. Mais il n'était pas parvenu à le lui faire partager, même pas à le lui faire supporter. Il n'était nullement aimé. Tout au plus était-il toléré, et encore parce qu'on ne pouvait pas faire autrement. Aussi était-il à craindre que, les choses se prolongeant de la sorte, il ne prît subitement le parti de rentrer seul à la cour de Bade, quelque scandale qui en pût résulter, et ne plantât là une femme qui se souciait si médiocrement de son devoir, après s'être conduite, durant son temps de fiançailles de la façon la plus décourageante. C'est un bien grand malheur pour un homme de cœur que de tomber sur une femme de cette sorte. La jeune princesse d'ailleurs continuait à agir en enfant volontaire et non en femme mariée. Elle ne s'occupait pas plus de son mari que si elle n'en avait pas eu. Un mari... est-ce que cela compte?... Allons donc ! c'est sans conséquence... Aussi était-il temps de mettre un terme à tout cela. La politique réclamant maintenant toute son attention, l'empereur, las de jouer un sot rôle, avait donné au diable cette amourette, cette fusée et aussi la coquette qui semblait se moquer de lui comme elle s'était moquée des convenances, et il avait ordonné le départ du jeune couple.

Il était temps : cette étrange situation n'avait que trop duré. L'atmosphère capiteuse et perfide de la cour n'était pas bonne décidément pour la tête un peu légère de la princesse. Et l'on ne conçoit rien, en vérité, à ces phrases doublement officielles que madame Campan mandait à la reine Hortense, le 24 juin 1806, à propos d'une visite que le prince de Bade lui fit à Saint-Germain :

« Chaque jour, m'a dit le prince, je suis plus satisfait de la princesse, et j'ai voulu vous le dire, madame ; elle a de vrais principes de vertu, de la piété, de la modestie, infiniment d'esprit, et dans quatre ans ce *sera* une princesse charmante sur tous les points. » En attendant, et malgré les compliments obligés que le jeune mari adresse à l'institutrice de sa femme, il est visible qu'elle ne l'est sur aucun, principalement sur les « vrais principes de vertu » qui jamais ne furent plus faux. Le terme de quatre ans que le prince accorde à sa femme pour devenir « une princesse charmante » montre qu'il lui faudra bien du travail avant d'en venir à bout. Il ne désespère pas cependant de réussir, car il ajoute : « Son étoile est étonnante; mais elle est toute faite pour son étoile et elle la justifiera. » Le pauvre prince, l'avez-vous remarqué? ne parle qu'au futur : n'est-ce pas une preuve que le présent ne le satisfait guère? Mais quelle singulière idée de s'imaginer que sa femme a une « étoile ! » Il faut une grande dose d'orgueil, compliquée d'une dose de naïveté non moins grande, pour s'aller imaginer que Dieu, qui a créé les étoiles, dont chacune est un monde, en a désigné nommément une, de toute éternité, à l'usage d'une petite fille abandonnée de son père, et à qui les hasards de la vie ont fait épouser un prince allemand : comme si tout cela, petite fille, prince et conquérant n'était pas égal aux yeux du Créateur. N'est-ce point Racine qui a dit :

> Et les faibles mortels, vains jouets du trépas,
> Sont tous devant ses yeux comme s'ils n'étaient pas.

Si Napoléon avait une fois, et même plusieurs fois, parlé de son « étoile », c'était pour en imposer à l'âme simple des peuples, toujours prêts à croire au merveilleux et à vénérer celui qu'ils regardent comme un mystérieux agent de la volonté de Dieu. Au fond, il savait très bien à quoi s'en tenir. Mais l'étoile de Stéphanie!... En vérité, cela fait sourire.

Enfin, le mois de juillet arrivé, la princesse dut se mettre en route avec son mari pour Carlsruhe. Elle ne put trouver le temps d'aller à Saint-Germain, prendre sa part d'une fête que ses anciennes compagnes voulurent lui donner avant son départ, mais Madame Campan sut trouver, elle, celui de venir lui présenter ses respectueux attendrissements. En quittant Paris, Stéphanie emmenait avec elle madame Walsh, sa dame d'honneur, mademoiselle Nelly de Bourjolly et mademoiselle de Mackau, — Annette Mackau, comme on l'appelait à Saint-Germain — ses deux meilleures amies de pension. Cette dernière était la fille d'un ancien ambassadeur de la République à Naples, qui avait servi de plastron aux plaisanteries de M. de Talleyrand : ruiné, ayant perdu jusqu'à son dernier écu, il ne lui restait que des ridicules : mais, de ceux-ci, il était fort riche et ne paraissait nullement disposé à les perdre. S'il avait la sottise solennelle et triomphante, intrigante surtout, pour lui et pour les siens, sa fille, intrigante aussi, l'était avec plus de goût et avec meilleure grâce. Comme mademoiselle de Bourjolly, elle devait être pour la princesse une compagne à la fois agréable et utile. Toutes trois avaient été élevées chez madame Campan par la libéralité de l'impératrice Joséphine.

Malgré ces Françaises qui partaient avec elle, Stéphanie pleura à chaudes larmes au moment de monter en voiture. Elle aurait dû penser cependant que ses larmes ne pouvaient que blesser l'amour-propre de

son mari, qui s'était montré si indulgent pour elle,
et qu'elle avait si injustement maltraité jusque-là.
C'était encore une de ces sottises que l'on fait dans
un moment de caprice irréfléchi et que l'on pleure
toute sa vie. Dans sa bonté, le prince pardonna ces
larmes et eut l'indulgence de les mettre sur le compte
du chagrin que sa femme avait à quitter son pays. Mais
Stéphanie avait besoin d'une leçon qui la rappelât au
devoir et à la dignité. Le grand-duc de Bade, au fait
des divers incidents qui avaient précédé et suivi le
mariage de son petit-fils, tant aux Tuileries qu'à
Saint-Cloud, se chargea de la lui donner. Son accueil
fut froid et sévère. Celui de la margrave, sa belle-
mère, le fut davantage. La jeune princesse pouvait
bien se dire qu'elle avait mérité cette attitude glaciale
et hostile à son égard; mais, par un entêtement irréfléchi d'enfant, pour ne pas se déjuger peut-être,
peut-être par une insurmontable aversion, elle s'obs-
tina dans sa systématique mauvaise grâce pour son
mari. Celui-ci, rebuté si longtemps par cette grève
persistante chez sa femme, avait fini par la laisser
tranquille. Bref, malgré quelques dehors obligés de
politesse et de courtoisie devant les gens de cour et
les domestiques, le ménage allait fort mal, ou plutôt
il n'y avait pas « ménage » du tout. Ce n'était pourtant pas faute de bons conseils de la part de madame
Campan. Cherchant à exercer un patronage sur celles
de ses anciennes élèves qui occupaient un rang distingué dans le monde, cette dame écrivait, le 11 juillet de cette même année 1806, à la reine Hortense,
évidemment parce qu'elle n'ignorait pas que le bon

accord était loin d'exister entre les deux époux et qu'elle était fort inquiète sur leur avenir : « La jeune princesse de Bade sera vertueuse. Elle est pénétrée de la grandeur de sa position, et je n'ai cessé de lui répéter que la femme de César ne devait pas même être soupçonnée; qu'il fallait être rempli de l'idée que la puissance est une perpétuelle représentation; qu'il n'y avait pour les reines ni cabinets, ni boudoirs, ni correspondance secrète... » Et, avec une grande connaissance des sentiments humains et aussi de la conduite inconsidérée de son ancienne élève Stéphanie, elle ajoutait ces mots dont Hortense pouvait aussi faire son profit : « Tout est théâtre pour les souverains. Et rien n'égale, sur les secrets des cours, l'espionnage et la curiosité des peuples. » (1) Voilà de bons conseils, assurément, et qui, à en juger par ces deux dernières lignes, étaient un peu tardifs. Mais fallait-il que la princesse Stéphanie en eût besoin pour que l'ancienne femme de chambre de Marie-Antoinette, qui tombait en pâmoison devant tout ce qui ressemblait à une princesse, se fût permis de les donner !

De son côté, Napoléon, qui avait bien quelque chose à se reprocher dans l'allure boiteuse que ce ménage princier avait prise, sentait qu'il devait aider à le remettre sur rails. Il profita de ce que chacun des deux époux lui écrivit, à peine arrivés à Carlsruhe, pour leur envoyer de bons conseils. Au prince, il parle affaires : une lettre de la

_____

(1) *Lettres de madame Campan à la reine Hortense*, t. I, p. 328.

margrave à Stéphanie a été supprimée par un fonctionnaire dont la prudence, épouvantée sans doute de phrases qui ne péchaient pas par une excessive bienveillance, désirait éviter de fâcheux tiraillements dans une famille qui en avait déjà une part largement satisfaisante. L'empereur engage le prince Charles à ne pas tolérer d'abus semblables : mais sa lettre ne vise-t-elle pas la margrave qui, décidément n'entend rien à la politique, plutôt que le fonctionnaire trop empressé à mettre sous le boisseau la franche et peu diplomatique manifestation de sa pensée?

« Je reçois votre lettre du 7 juillet, lui écrit-il. J'ai vu avec plaisir que vous avez fait un bon voyage et que vous aviez été satisfait de votre arrivée à Carlsruhe. Le rétablissement de la santé de l'électeur aura contribué à votre satisfaction. Je vois qu'il y a eu beaucoup de petites intrigues ; la margrave a effectivement écrit à la princesse, et sa lettre a été remise à M. de Reizenstein, qui a jugé à propos de la supprimer. C'est ce que M. Dalberg a dit à M. de Talleyrand. Si cela est, il faut avouer que c'est bien laid et bien vilain, et que les hommes qui se permettent de pareils manques de délicatesse sont bien coupables ; s'ils se croient permis de s'immiscer dans les affaires de particuliers, le respect que l'on doit à ses souverains doit rendre sacré tout ce qui vient d'eux. Il faut, quand la margrave arrivera, punir ceux qui s'oublient à ce point. J'avais peine à croire à cette malhonnêteté gratuite de la part d'une princesse qui jouit d'une considération aussi méritée que la margrave. Ne doutez jamais de l'amitié que je vous porte et de l'intérêt que je porte à votre bonheur.

« NAPOLÉON » (1).

Déjà, quelques jours auparavant, l'empereur, qui avait probablement donné des ordres pour que les lettres de l'inquiétante margrave lui fussent envoyées comme par erreur, en avait ouvert une à Saint-Cloud. Il est probable que celle-ci ne contenait rien d'incorrect, car il la réexpédia à Carlsruhe, en l'accompagnant de ces quelques mots à la princesse Stéphanie :

« Saint-Cloud, 8 juillet 1806.

» Je vous renvoie une lettre de la margrave de Bade ; elle a été décachetée par mégarde.

» Je désire apprendre de vos nouvelles. Votre santé n'a-t-elle pas été affectée de la chaleur de la route ? Dites que vous êtes contente et heureuse (2). »

Cette lettre s'était croisée avec celles du prince et de la princesse de Bade annonçant à Napoléon qu'ils avaient fait un bon voyage. Mais l'histoire de cette missive de la margrave décachetée *par mégarde* à Saint-Cloud, celle de l'autre lettre supprimée par M. de Razenstein, montraient au prince Charles que les sentiments de sa mère étaient connus et qu'on la tenait en une suspicion et même en une surveillance blessantes.

(1) *Correspondance de Napoléon*, t. XII, p. 540. Pièce 10,490. Au prince électoral de Bade, Saint-Cloud, 13 juillet 1806.
(2) Lecestre, *Lettres inédites de Napoléon*, t. I, p. 70.

Le pauvre prince de Bade devait être bien malheureux avec son cœur aimant et sa nature douce, entre sa femme qui le repoussait et sa mère qui le gourmandait sur sa faiblesse. Car nous savons, par la correspondance de M. Massias, ministre de France à Bade, que la margrave se permettait de grandes libertés de langage qui désolaient le prince Charles. Pour mettre le comble à ses ennuis, l'empereur en avait eu connaissance : on voit, par sa lettre, qu'il feint de croire à un excès de pouvoir inconsidéré d'un fonctionnaire et qu'il ordonne de punir ce fonctionnaire. Mais M. de Razenstein savait bien ce qu'il faisait en interceptant une lettre dont les termes n'avaient rien de la réserve et de la mesure diplomatiques. Encore si Stéphanie, pour consoler son mari de tant d'ennuis et de difficultés, voulait bien se départir un peu de sa rigueur ! Si elle daignait prêter l'oreille aux paroles de l'empereur qui, cette fois, au moins, lui parle le langage de la raison et lui donne les meilleurs conseils !

« J'ai reçu votre lettre, lui écrivait-il. Je vois avec plaisir que vous vous portez bien. Aimez votre mari qui le mérite par tout l'attachement qu'il vous porte. Soyez agréable à l'électeur, c'est votre premier devoir, et il est votre père. C'est d'ailleurs un prince qui, constamment, a mérité de l'estime. Traitez bien vos peuples, car les souverains ne sont faits que pour leur bonheur. Accommodez-vous du pays et trouvez tout bien, car rien n'est plus impertinent que de parler toujours de Paris et des grandeurs qu'on sait qu'on ne peut avoir ; c'est le défaut des Français ; n'y tombez pas. Carlsruhe est un beau séjour. On ne vous aimera et estimera qu'autant que vous aimerez et estimerez le pays où vous êtes ; c'est la chose à laquelle les hommes sont le plus sensibles.

» NAPOLÉON » (1).

On voit que l'empereur avait senti qu'il était temps de faire comprendre à Stéphanie qu'elle faisait complètement fausse route et pour son bonheur et pour le bien de ses intérêts politiques. La princesse saisissait à merveille les motifs de l'empereur et voyait qu'il avait pleinement raison, mais elle ajournait toujours à plus tard un changement dans sa manière d'être vis-à-vis de son mari, changement dont la seule pensée lui donnait la chair de poule.

L'empereur tenait cependant à ce que ce changement se fît, et au plus tôt. Craignant que le prince Charles, découragé, ne jetât, comme on dit, le manche après la cognée et ne renonçât à ramener à lui la petite révoltée, il lui écrivit quelques jours après en lui recommandant de nouveau d'aimer sa femme. Comme s'il suffit à un mari d'aimer sa femme pour se faire aimer d'elle ! — Et il profitait de l'occasion pour lui donner quelques conseils pratiques sur son devoir de prince appelé à régner un jour.

« Aimez Stéphanie, dit-il, et occupez-vous, pendant le temps que vous n'êtes encore chargé de rien, à apprendre ce qu'il faut pour gouverner avec gloire et

____

(1) *Correspondance de Napoléon*, t. XII, p. 541. Pièce 10,431. A la princesse Stéphanie de Bade, Saint-Cloud, 13 juillet 1806.

mériter l'amour de vos sujets. Vous voyez par ces conseils toute la tendresse que je vous porte.

« Napoléon » (1).

« Aimez Stéphanie », c'est bientôt dit, et le bon prince Charles ne demandait pas mieux que de l'aimer ; c'était même chose faite; il l'aimait de tout son cœur, mais c'est Stéphanie qui ne voulait pas se laisser aimer. L'empereur le savait bien ; aussi, le lendemain même, il lui écrivait à elle-même : « Ma fille, je vois avec plaisir que vous vous plaisez à Carlsruhe et que tout le monde cherche à vous plaire. Aimez le vieil électeur parce qu'il est votre père et parce qu'il est un des princes les plus respectables de son temps, dont l'amitié ne s'est jamais démentie pour moi. Soyez aimable pour ses enfants du second lit, parce que c'est une manière de lui être agréable. Soyez bien pour la comtesse (de Hochberg). Je sais combien vous aimez votre mari ; mettez tout votre esprit à lui plaire » (2). L'empereur qui savait parfaitement, au contraire, que Stéphanie ne supportait pas son mari, fut bientôt informé que ses lettres, aimablement diplomatiques, n'avaient amené aucun résultat. Renonçant alors à écrire, il chargea M. Massias, qui avait déjà rempli à son entière satisfaction diverses missions secrètes auprès des cours de Bavière et de Bade,

(1) *Correspondance de Napoléon*, t. XII, p. 575. Pièce 10,546. Au prince électoral de Bade. Saint-Cloud, 24 juillet 1806.
(2) *Ibid.*, t. XIII, p. 1. Pièce 10,547. — A la princesse Stéphanie de Bade. Saint-Cloud, 25 juillet 1806.

de raisonner la jeune princesse récalcitrante et de vaincre ses préventions. M. Massias s'acquitta en toute conscience de la délicate mission d'ordre privé dont le chargeait son souverain (1), mais il se heurta à un *non possumus* absolu.

L'empereur ne se tint pas pour battu. Il fallait dans l'intérêt de sa politique, dans l'intérêt de ce bon prince de Bade pour qui il se sentait vraiment de la sympathie, et aussi dans l'intérêt de Stéphanie qui avait décidément besoin de conseils plus énergiques qu'il ne l'avait pensé tout d'abord, il fallait que les deux époux se missent enfin à vivre ensemble. D'ailleurs, le parti hostile à la France et que dirigeait la margrave, mère du prince Charles et parfois le margrave Louis beau-frère de celle-ci, faisait son possible pour empêcher la bonne entente de naître dans ce ménage princier : le margrave Louis y était même très particulièrement intéressé : si le prince Charles venait à mourir sans enfants, c'est à lui que devait revenir la couronne grand-ducale. Et quel meilleur moyen d'empêcher le prince d'avoir des héritiers, que de semer et de maintenir la mésintelligence entre lui et la princesse Stéphanie sa femme ? Le margrave n'eut peut-être pas cette pensée, mais l'empereur voulait absolument déterminer Stéphanie à changer de conduite. M. Massias revint à la charge : il fit entendre à la princesse qu'il était pour elle de la dernière importance de vivre en bonne harmonie avec

(1) « Il la confiait à mes soins et à ma probité. » (Baron Massias, *Napoléon jugé par lui-même*, p. 207.)

son mari : était-ce donc une chose si difficile ?... que
ce n'était pas tout que d'être princesse, mais qu'elle
avait des devoirs à remplir envers le peuple badois
aussi bien qu'envers le prince son époux, qu'elle en
avait également vis-à-vis de l'empereur, et que ceux-
là n'étaient autres que l'accomplissement absolu des
premiers. Il conclut en disant que l'empereur voulait
qu'elle donnât au plus tôt un héritier à la maison de
Bade.

La jeune folle n'avait pas songé à tout cela en deve-
nant princesse. Des devoirs de la vie, elle n'en avait
eu cure jusque-là. On dira qu'elle était trop jeune :
c'est vrai, mais elle ne l'avait pas été trop pour faire
la coquette avec l'empereur, et tout cela malgré les
beaux sermons de madame Campan, moins faits
cependant pour être mis en pratique par celles à qui
elle s'adressait et qui ne l'écoutaient pas, que pour
être admirés par les parents de celles-ci et par tous
ceux qui les entendaient, les lisaient ou les liraient.
Mais Stéphanie tenait de son père et de sa grand'
mère Fanny une insouciance absolue sur le chapitre
des devoirs. Comme eux, elle n'avait jamais pensé
qu'à ses plaisirs. Après tout, à son âge, avec les traditions frivoles du dix-huitième siècle dont on était
encore si près, avec les flatteries de ses compagnes de
Saint-Germain, avec l'enivrement et le vertige des
grandeurs au milieu desquelles elle se trouva jetée
tout à coup aux Tuileries, il y a bien des circonstances atténuantes. Le monde, à ce qu'il dut alors
lui sembler, devait avoir été fait pour elle. Il lui
paraissait dur, maintenant qu'elle était mariée, qu'on

lui vint dire qu'elle n'avait pas été faite princesse
pour son plaisir, que ce titre-là se paye, et qu'elle
avait, ne lui déplaise, des devoirs de toute obligation
à remplir. Mais, de cela, elle ne voulait rien savoir
et faisait à tout la sourde oreille.

Pas tant cependant que nous le disons, car nous
trouvons dans une lettre où Napoléon n'épargne pas
les conseils, la preuve d'un accord momentané et qui
ne se retrouva pas de longtemps entre ces deux
époux. « Le prince m'a appris que vous étiez grosse,
écrit Napoléon à Stéphanie. J'en ai éprouvé une véritable satisfaction. Je n'apprends que de bonnes nouvelles de vous. Continuez donc à être sage et bonne
pour tout le monde. Il me paraît qu'on a donné à la
margrave des torts qu'elle n'avait pas et que je ne
pouvais supposer à une princesse aussi accomplie.
Aimez le grand-duc et cherchez à lui plaire... » (1).

La grossesse de Stéphanie était elle véritable ? C'est
à croire, et madame de Campan, écrivant à la reine
Hortense, lui mandait le 20 septembre 1806 : « On
dit que S. A. I. la princesse de Bade a fait une fausse
couche de deux mois ; je regarderais cet événement
comme malheureux et je serais très fâchée qu'il ait eu
lieu : la princesse pourrait s'en ressentir pour plusieurs grossesses » (2).

Tandis que l'empereur se mêlait discrètement des
affaires intimes de ce ménage qui ne laissait pas que

(1) *Correspondance de Napoléon*, t. XIII, p. 68, pièce 10,636.
A la princesse Stéphanie de Bade, Saint-Cloud, 13 août 1806.
(2) *Lettres de madame Campan à la reine Hortense*, t. I,
p. 311.

d'avoir besoin d'une direction, il se mêlait, plus secrètement encore, des affaires de l'Allemagne. Au commencement du mois de juillet 1806, les plénipotentiaires des États allemands du Sud se réunissaient à
Paris sous la présidence de M. de Talleyrand. Après
quelques séances, tout le monde était tombé d'accord
et, le 12 du même mois, se signait l'acte de confédération du Rhin. Par cet acte, le roi de Bavière, le roi
de Wurtemberg, l'électeur archichancelier, le grand-
duc de Bade, le grand-duc de Berg et de Clèves, le
landgrave de Hesse-Darmstadt, les princes de Nassau-
Usingen et Nassau-Weilbourg, les princes de Hohenzollern-Hechingen et Hohenzollern-Sigmaringen,
les princes de Salm-Salm et Salm-Kirbourg, le
prince d'Isembourg-Birstein, le duc d'Aremberg, le
prince de Lichtenstein et le comte de la Leyen se
déclaraient pour jamais séparés de l'Empire germanique et reconnaissaient Napoléon pour protecteur de
leur Confédération.

C'était bien joué de la part de Napoléon, car de
plus, la Confédération du Rhin formait avec lui une
alliance offensive et défensive et, en cas de guerre,
mettait ses troupes à sa disposition.

L'effet de cet acte fut immense en Europe. L'empereur d'Allemagne se vit contraint de renoncer à ce
titre et de se contenter désormais de celui d'empereur
d'Autriche. Mais la Prusse, qui n'avait pas, comme
l'Autriche, été vaincue, ne pouvait voir sans une douloureuse jalousie la formidable extension de puissance
que la création de la Confédération du Rhin venait de
donner à la France. Elle se trouvait, de plus, blessée

dans son ambition et dans son amour-propre. Aussi l'exaspération, dans le pays tout entier, était-elle à son comble. Le parti de la guerre l'emporta et, après deux mois d'agitations aveugles, de perfides manœuvres et d'effervescences stériles, un ultimatum arrogant du roi de Prusse, équivalant à une déclaration de guerre, détermina l'entrée en campagne de Napoléon.

Il était parti de Saint-Cloud pour Mayence le 25 septembre. L'impératrice l'y avait accompagné. Elle voulut le suivre plus loin, mais il exigea qu'elle demeurât à Mayence. Elle se résigna donc et dit qu'elle y resterait jusqu'à la fin de la campagne. La guerre n'était pas encore officiellement déclarée, mais les hostilités allaient éclater d'un moment à l'autre.

C'est de Mayence que l'empereur envoya le général Rapp, l'un de ses aides de camp, auprès du grand-duc de Bade. Le général était porteur de deux lettres : l'une, pour le prince Charles, disait : « Le grand-duc doit avoir reçu la réquisition pour son contingent. Faites-moi connaître si vous êtes dans l'intention de le commander... » (1) L'autre, pour le grand-duc, engageait ce prince à envoyer à l'armée son petit-fils, le mari de Stéphanie. « Je trouvai, a écrit le général Rapp, ce respectable vieillard dans son ancien château de Bade. Il parut très affecté de l'invitation. Il se résigna néanmoins et donna des ordres pour les préparatifs de départ. Il me fit l'honneur de me recommander d'une manière fort tou-

(1) *Correspondance de Napoléon*, t. XIII, p. 285, pièce 10,886. Au prince héréditaire de Bade. Mayence, 28 septembre 1806.

chante le jeune prince, qui se mit en route deux jours plus tard et nous rejoignit à Würtzbourg (1). »

Mais, pendant que l'empereur écrivait, le 28 septembre, au prince Charles pour lui demander s'il était dans l'intention de commander le contingent badois, le mari de Stéphanie l'avait devancé et lui avait écrit, le 27, pour le prier de lui faire faire la campagne qui allait s'ouvrir. Napoléon lui répondit aussitôt : « Mon fils, je reçois votre lettre du 27. J'approuve le désir que vous avez de faire la guerre. Je vous verrai avec plaisir près de moi. Vous pouvez vous rendre à Bamberg... J'imagine que, pour tous ces arrangements, vous avez l'agrément du grand duc. Pressez autant qu'il vous sera possible le départ de votre corps de troupes (2)... »

On voit que le prince de Bade avait sollicité lui-même l'honneur d'être envoyé à l'armée, en même temps que, de son côté, l'empereur l'y appelait. Et ce point à son importance, car l'initiative que prit Napoléon de l'y faire venir montre qu'il se préoccupait de soustraire le jeune homme à un ménage si mal *parti*. Il pensait comme le Maure dans Shakespeare (3) que, à son retour de la guerre, après avoir échappé aux dangers, sa femme, fière de lui, l'accueillerait avec empressement et lui ouvrirait à la fois ses bras et son cœur. Le prince avait eu sans doute la même idée. Nous verrons tout à l'heure ce qu'il en advint.

(1) Général Rapp, *Mémoires*, p. 72. (Ed. Garnier, 1895.)

(2) *Correspondance de Napoléon*, t. XIII, p. 287, pièce 10,914. Au grand-duc héréditaire de Bade. Mayence, 30 septembre 1806.

(3) « Elle m'aima pour les dangers que j'avais couru, et moi je l'aimai pour la pitié qu'elle leur donna. »

Tandis que le prince Charles, heureux d'échapper à la pénible situation qui lui était faite par celle qui aurait dû lui rendre la vie douce et heureuse, galope vers le quartier général de l'armée française, où il servit d'ailleurs de manière à satisfaire l'empereur, il nous faut revenir à la princesse Stéphanie.

Après que l'empereur eut quitté Mayence pour prendre le commandement de l'armée, Joséphine, désireuse d'avoir sa nièce près d'elle pour l'amuser, lui écrivit pour lui demander l'autorisation de la faire venir et de la garder tant qu'elle séjournerait à Mayence. Il ne pouvait y avoir aucune difficulté à cela, puisque le prince son mari était à l'armée. L'empereur, qui était parti le 1er octobre, lui répondit dès le 5 : « Il n'y a pas d'inconvénient que la princesse de Bade se rende à Mayence. Je ne sais pas pourquoi tu pleures ; tu as tort de te faire du mal. Hortense est un peu pédante ; elle aime à donner des conseils. Elle m'a écrit : je lui réponds. Il faut qu'elle soit heureuse et gaie. Le courage et la gaieté, voilà la recette. » (1)

Heureuse, si Hortense ne l'était pas, c'était surtout par sa faute. Courageuse, elle ne l'était pas davantage. Mais gaie, en dépit de tout, de la guerre étrangère comme de la guerre de ménage, elle ne demandait pas mieux que de l'être (2). C'est pour cela que, profitant de ce que sa mère était à Mayence et de ce qu'elle se trouvait elle-même à Aix-la-Chapelle où elle terminait une cure thermale, elle l'alla rejoindre... Stéphanie vint aussi : le 7 octobre, Napoléon écrivait

(1) *Correspondance de Napoléon.*
(2) Voir notre ouvrage sur *La Reine Hortense.*

à Joséphine : « ... Stéphanie doit être chez toi. Son mari veut faire la guerre : il est avec moi. » (1) Et la ville de Mayence eut bientôt sous les yeux une petite miniature de la cour impériale.

L'impératrice, sa fille, sa nièce, toutes trois épouses en vacances, ne cherchaient qu'à s'amuser. Les circonstances cependant se prêtaient mal aux plaisirs : la ville retentissait chaque jour du bruit des tambours, du roulement des lourds canons et des convois de munitions allant vers le lieu des hostilités : bientôt ces passages de troupes seraient remplacés par le passage d'interminables convois de blessés... Partout retentissait le bruit des armes. Le canon avait déjà grondé à Saalfeld : d'un jour à l'autre l'armée française et l'armée prussienne, celle-ci imbue des doctrines du grand Frédéric et fière encore de ses succès passés, allaient se mesurer dans une bataille décisive. L'empereur était loin d'être sans inquiétude : quelque confiance qu'il eût dans les soldats de Rivoli, de Marengo et d'Austerlitz, son armée pouvait être vaincue par les vieilles bandes du duc Brunswick, de Kalkreuth, de Hohenlohe, de Mollendorf... Les troupes russes venaient au secours de la Prusse... Et pendant ce temps, à Mayence, au lieu de se préparer à donner des soins aux blessés, au lieu de réunir du vieux linge, de faire de la charpie, d'embrigader des infirmiers et des infirmières volontaires pour aller panser et consoler les malades dans les hôpitaux, l'impératrice, la reine Hortense et la princesse Stéphanie s'amusaient... « Elles tenaient à

(1) *Correspondance de Napoléon.*

7.

Mayence une cour charmante » a écrit un aimable et spirituel historien (1), toujours indulgent pour les femmes de la famille impériale. Madame de Rémusat, qui l'est moins, tout en étant aussi spirituelle, dit que la reine Hortense « remplissait ses journées de je ne sais quelles distractions un peu trop enfantines pour sa position et son rang (2). » La vérité est que l'impératrice, sa fille, sa nièce, inconscientes de la gravité des circonstances et des devoirs de leur rang suprême, pauvres esprits voués à une éternelle enfance, menaient « une vie de château au milieu d'un quartier-général. » Au lieu de lire, de chercher à se former le jugement par l'étude de l'histoire, puisque leur cœur ne leur inspirait pas la pensée de préparer quoi que ce fût pour les blessés, ces femmes désœuvrées ne s'occupaient qu'à faire de la toilette et, naturellement, s'ennuyaient. Dans l'intervalle de leurs bâillements, elles jouaient. A quoi ? Aux barres, au colin-maillard... On n'a pas dit cependant qu'elles aient joué à la poupée. Mais les flatteurs trouvaient tout cela admirable, même le général Thiébault, plus sévère censeur que les autres des folies du temps, et le spirituel Norvins écrivait avec un aimable sourire : « Égayée par une sorte de laisser-aller militaire, la cour de Mayence avait su modifier agréablement les sévérités de l'étiquette dont, en l'absence de Napoléon, le général Ordener paraissait être le gardien peu en faveur » (3).

(1) J. de Norvins, *Mémorial*, t. III, p. 138.
(2) Madame de Rémusat, *Mémoires*, t. III. p, 91.
(3) J. de Norvins, *Mémorial*, t. III p. 139.

L'impératrice tenait le grand salon de la cour, et la reine Hortense le salon de la ville. Là, il n'y avait presque pas d'étiquette. A dix heures du soir, il n'y en avait plus. La princesse de Bade, « dont l'impératrice sa tante gardait maternellement la jeunesse et le veuvage momentané (1) » — elle avait toujours besoin d'être gardée, — allait se coucher, et alors commençaient des rires et des amusements sans fin. Quand Stéphanie y était admise, l'impératrice l'accompagnait toujours, tant elle craignait pour elle la liberté trop grande qu'on avait dans le salon de sa fille : l'on sait pourtant que l'ancienne habituée des soupers et de la couche de Barras n'était pas plus difficile sur la gravité des propos que sur celle des mœurs. Ces jours-là, on jouait toujours quelque proverbe ou comédie pour amuser la princesse et sa tante. Cela dédommageait de la conversation sacrifiée. M. de Rémusat, qui était, après le général Ordener, une sorte de gardien de cette cour, M. de Norvins et M. Desprez, secrétaire des commandements de l'impératrice, se tiraient à merveille de ces divertissements : ils préparaient gaiement ces *impromptus* chaque matin, au cimetière romain. Le soir M. de Labédoyère et M. d'Espinchal les aidaient de leur jeunesse et de leur entrain et la petite cour les applaudissait de confiance, avec enthousiasme, sans trop comprendre souvent tout le sel que ces hommes d'esprit mettaient dans leurs improvisations et dans leur jeu.

(1) J. de Norvins, *Mémorial*, t. III, p. 139.

Pendant la journée, ces belles journées d'automne où un soleil languissant dore d'une nuance presque attendrie les feuilles qui tombent mélancoliquement et comme à regret des arbres, la petite cour faisait des excursions. On allait visiter les châteaux des environs. Six voitures attelées à six et à quatre chevaux, escortées de piqueurs et de gendarmes d'ordonnance, conduisaient l'impératrice et sa suite à ces promenades champêtres. Cela manquait peut-être un peu de simplicité, mais ce n'est qu'en grande pompe et en bruyante compagnie que Joséphine appréciait la calme et silencieuse poésie de la campagne. Tandis que la joyeuse bande, semblable à des pensionnaires en vacances, prenait une collation, la valetaille bourrait les voitures de denrées coloniales, d'étoffes anglaises et d'autres objets de contrebande : la voiture de l'impératrice en était aussi chargée que les autres. Ces marchandises n'étaient pas discrètement renfermées dans les coffres, mais on les mettait ouvertement sous les banquettes et entre les banquettes, au point qu'on ne trouvait pas de place pour ses pieds : chacun s'asseyait en allongeant les jambes sur la banquette d'en face et l'on rentrait à Mayence en *blaguant,* à la barrière, les douaniers qui s'inclinaient respectueusement devant les augustes contrebandières. Puis, après le dîner, l'impératrice, sa fille, sa nièce, aussi inconscientes les unes que les autres, « après avoir fait choix pour elles-mêmes (1) » distribuaient à leurs dames ces ob-

(1) J. de Norvins, *Mémorial*, t. III, p. 143.

jets passés en fraude, tandis que les valets avaient toute liberté d'en faire trafic avec les marchands de la ville, — ce dont ils ne se privaient pas. C'était là un scandale et qu'il aurait fallu réprimer avec la dernière sévérité. Mais comment trouvez-vous ces femmes de la famille impériale qui auraient dû, plus que personne, par devoir envers Napoléon de qui elles tenaient tout, par devoir envers elles-mêmes, par devoir envers les peuples auxquels elles devaient l'exemple de l'obéissance aux lois, l'exemple de la dignité et de la probité, et qui, trahissant tout par amour du « mal faire » et par une inconsciente légèreté, se livraient à la contrebande, de complicité avec leurs valets ! Allez donc les plaindre ensuite de leurs grandeurs perdues, de la chute d'un gouvernement qu'elles s'étaient, plus que personne, évertuées à déconsidérer tant par leur vie privée que par leurs actions publiques ! En vérité, il faudrait n'avoir que faire de sa pitié pour l'aller donner à de pareilles gens !

Cependant, si sa femme, sa belle-fille et sa fille adoptive l'oubliaient, l'empereur, lui, ne les oubliait pas. Il écrivait de Wittemberg, le 23 octobre, à Joséphine : « J'ai reçu plusieurs lettres de toi. Je ne t'écris qu'un mot. Mes affaires vont bien. Je serai demain à Postdam et le 25 à Berlin. Je me porte à merveille ; la fatigue me réussit. Je suis bien aise de te savoir avec Hortense et Stéphanie en grande compagnie. Le temps a été beau jusqu'à présent. Mille amitiés à Stéphanie et à tout le monde sans oublier M. Napoléon. Adieu, mon amie, tout à toi (1). »

(1) *Correspondance de Napoléon.*

On voit que dans ses lettres Napoléon n'oublie personne : il lui arrive même parfois de glisser un baiser à Stéphanie, à la faveur de ceux qu'il envoie à Hortense et au petit Napoléon, le fils aîné d'Hortense, comme par exemple dans celle qu'il lui écrit de Posen, le 12 décembre : « ... Adieu, ma bien-aimée Joséphine. Tout à toi. Un baiser à Hortense, à Napoléon et à Stéphanie... (1) »

La guerre se prolongeait. L'armée prussienne détruite à Auerstaedt et à Iéna, l'empereur était allé au-devant de l'armée russe, et une pénible campagne d'hiver en Pologne avait succédé à la courte et brillante campagne d'automne en Prusse. Le prince de Bade fit ces deux campagnes et demeura à l'état-major de l'empereur jusqu'au 2 juin 1807. L'empereur l'envoya dans le grand-duché pour organiser des renforts et les lui amener. La paix de Tilsit le retint à Bade. Pendant la campagne, il s'était fait distinguer à Iéna, le 14 octobre. Le 8 novembre suivant, Napoléon écrivant à la margrave de Bade lui disait : « Ma cousine, j'ai reçu votre lettre. La recommandation de Votre Altesse est toute-puissante sur moi... Elle peut être sans inquiétude sur son fils, le prince Charles. Il s'est bien comporté à la bataille et supporte très bien la fatigue... (2) » L'impératrice, après quatre mois de séjour à Mayence, revint à Paris. Hortense avait vu terminer plus tôt ses *vacances* et avait dû, depuis longtemps déjà, retourner auprès de son mari qu'elle aimait, à ce

(1) *Correspondance de Napoléon.*
(2) *Ibid.*

qu'on assure, mais qu'elle ne pouvait cependant souffrir. Stéphanie revint à Carlsruhe dans les derniers jours du mois de janvier 1807.

Y fut-elle sérieuse, en attendant la fin de la guerre et le retour de son mari? Ne donna-t-elle aucune prise à la médisance? Eut-elle quelque faiblesse de cœur? Ne se laissa-t-elle point aller à l'un de ces tendres sentiments dont toute princesse alors s'accordait si aisément la fantaisie? Il est impossible de le savoir, mais comme elle n'aimait pas son mari, qu'elle était plus embarrassée d'un cœur en disponibilité que de scrupules et d'un inébranlable attachement au devoir, on ne voit pas trop ce qui aurait pu la garantir d'un de ces penchants pour lesquels les hommes sont si indulgents quand c'est la femme d'un autre qui y cède. On ne peut, et c'est bien dommage, savoir tout ce qui se passe dans un cœur de femme ennuyée, mais il n'est pas téméraire de croire qu'on parla de Stéphanie à la cour ; on y fut même assez bavard et les échos de ce qui se disait sur la jeune princesse parvinrent jusqu'à Saint-Germain. Le 8 février 1807 en effet, madame Campan, effarouchée un peu, envoyait à la reine Hortense cette lettre, assez obscure sur certains points, mais qui ne saurait concerner que Stéphanie : « Il paraît qu'une princesse impériale aurait besoin de bons avis, et malheureusement elle est avec une personne hérissée de vieux préjugés (1) : je le savais bien, mais cela me paraît connu par d'autres que par moi. Elle serait plus ca-

(1) Madame Campan vise sans doute par ces paroles la margrave de Bade, belle-mère de Stéphanie.

pable de penser sur la nouvelle dynastie comme les gens qui l'ont vue se placer avec regret parmi eux, et combien cela est dangereux ! Elle en paraît mécontente, m'accordant quelquefois l'honneur de ses lettres, et je lui réponds tout simplement : « C'est une jolie fleur dont vous ne voulez pas attendre le fruit. » Je vais dans ma correspondance écrire de temps en temps à la princesse pour lui donner des conseils ; je suis sûre qu'elle ne fera jamais aucune étourderie, mais je ne puis m'empêcher de craindre toujours, même les plus innocentes (1). »

Les conseils de madame Campan étaient donc loin d'être inutiles. Et c'est peut-être à eux qu'il faut attribuer l'amabilité que la princesse a maintenant pour sa belle-mère. On lit en effet dans une lettre de madame de Walsh, l'indulgente dame d'honneur de la princesse Stéphanie, datée du mois de juillet 1807 : « La princesse Stéphanie a été parfaitement aimable à Carlsruhe pour la fête de la margrave ; elle a charmé toute la société par sa manière de jouer la comédie, de chanter et de danser. Ces talents aimables, auxquels se joindront toujours la solidité et la sévérité de conduite *feront* d'elle une charmante princesse. » Comme le prince de Bade, quand il s'entretenait de Stéphanie avec madame Campan, la dame d'honneur parle au futur : « *feront* d'elle une charmante princesse... » Elle ne l'est donc pas encore ? Faudra-t-il donc attendre, pour la former et réformer, le terme de quatre années fixé par le

(1) *Correspondance de madame Campan avec la reine Hortense*, t. I, p. 362.

prince pour venir à bout de ce travail? Madame de
Walsh dit que la princesse a été parfaitement aimable pour la fête de sa belle-mère, comme si elle
ne se fût pas attendue à une conduite cependant si
naturelle : mais cette amabilité était un devoir, et
comme on savait que la frivole Stéphanie était plutôt
une enfant capricieuse qu'une femme de devoir,
ceux et celles qui avaient charge de la diriger éprou-
vaient un véritable soulagement quand ils l'avaient
vue demeurer dans les bornes de la correction.

Le prince Charles était revenu à Carlsruhe. Il avait
hâte de revoir sa femme et espérait la trouver changée du tout au tout à son égard. Hélas! Les légèretés
et les distractions enfantines de la petite cour de
Mayence n'avaient pas été faites pour donner à cette
enfant un peu de la gravité qui lui manquait. Elle
n'eut point pour son mari, échappé aux dangers et
aux fatigues d'une campagne aussi longue que pénible, un seul mot affectueux, vraiment parti du cœur,
un de ces mots qui eussent réparé le passé et montré
la volonté d'être désormais pour lui ce qu'elle devait
être. Ce mot, elle ne le dit pas; de l'affection, elle
n'en témoigna pas. Trop « petite fille » encore, trop
capricieuse, elle se drapait complaisamment en victime de la « raison d'État » et semblait en vouloir au
prince de ce qu'elle l'avait accepté pour époux.

Celui-ci, qui avait assez fait d'avances pour espérer
qu'il lui en serait fait à son tour, surtout après la
longue et périlleuse et campagne qu'il venait de finir,
les attendit en vain. La réserve froide et dédaigneuse

de sa femme, qui reculait sans doute devant la petite
humiliation de se déjuger en se montrant bonne et
affectueuse, ce qui eût été reconnaître ses torts et
condamner sa conduite passée, et qui en faisait peut-
être une question d'amour-propre, cette réserve glaça
son cœur. Après quelques politesses cérémonieuses
de part et d'autre, le prince se retira dans son appartement. Le lendemain, les jours suivants, le cœur de
Stéphanie se maintenant décidément à une tempéra-
ture au-dessous de zéro, son malheureux époux en
prit avec chagrin son parti et se résolut à vivre de son
côté. Il ne vit plus sa femme que dans certaines cérémonies officielles où l'étiquette voulait qu'elle se mon-
trât à ses côtés.

Cependant l'empereur, revenu à Paris avec une
moisson de lauriers telle qu'on n'en avait jamais vu
de semblable, avait décidé d'aller passer à Fontainebleau la fin de l'été. C'est là que, dans le repos d'une
série de fêtes interminables, il cuva sa gloire. Il avait
invité à ces fêtes tout ce qu'il y avait en Allemagne
de têtes couronnées. Le prince et la princesse de
Bade furent naturellement obligés d'aller à Fontainebleau. Le rapprochement du voyage n'amena aucun rapprochement entre eux. Ils continuèrent à vivre
étrangers l'un à l'autre et cette situation se prolongea
pendant leur séjour en France. Le prince apportait à toutes les fêtes, aux chasses comme aux bals,
aux dîners comme aux concerts, un visage d'une gravité triste. Il avait plus d'une raison de ne pas être
satisfait. Sa femme, au contraire, toujours évaporée,
toujours en l'air, était, par ses coquetteries, l'objet

des coquetteries de plus d'un. Et, comme elle se tenait mal, on ne disait d'elle que du bien.

Tout d'un coup, à un bal, le roi de Westphalie, tout nouvellement marié avec la princesse Catherine de Wurtemberg, s'avisa de devenir amoureux de Stéphanie. C'était mal reconnaître la bonté du prince Charles, qui avait été justement un de ses témoins à son mariage. Mais les questions d'honneur et de délicatésse n'arrêtaient jamais ce jeune écervelé quand il s'agissait de ses plaisirs ou de ses caprices. La princesse Stéphanie, fière d'avoir attiré l'attention d'un roi, prenait plaisir à se faire faire la cour par Jérôme, comme elle avait pris plaisir à se la faire faire par Napoléon lorsqu'elle était fiancée au prince de Bade. Elle s'affichait avec lui, dansait dans tous les bals avec lui, ne parlait qu'avec lui, ne se promenait qu'avec lui...

La jeune reine de Westphalie, qu'un embonpoint plus que satisfaisant condamnait à ne pas danser, regardait avec tristesse son royal et volage époux papillonner autour de Stéphanie et danser devant elle avec la coquette comme pour la narguer. Enfin, la chose fut si forte à un bal, et la pauvre reine Catherine en fut si douloureusement impressionnée, qu'elle ne put se contenir davantage : ses sanglots, longtemps comprimés, éclatèrent, et elle tomba sans connaissance.

Grand émoi aussitôt : on s'empresse autour de la reine, on lui fait respirer des sels, et, tandis que les danses s'arrêtent et que les violons s'interrompent, on la transporte dans un salon voisin. L'impératrice vient avec ses dames porter, elle aussi, des secours à sa jeune belle-sœur. Jérôme, que cet incident a rappelé à la réalité, est là aussi. Mais l'empereur y est également. Il a tout deviné. Il adresse à son frère « quelques paroles dures » et se retire aussitôt. Jérôme, qui craignait l'empereur quand il était sous ses yeux, mais n'en faisait qu'à sa tête quand il en était loin, demeure cette fois auprès de sa femme. Il s'assoit, la fait asseoir sur ses genoux, s'excuse de son mieux, puis il déclare qu'elle se trompe, qu'il ne fait pas plus attention à une femme qu'à une autre, qu'il n'y a pour lui au monde qu'une femme, la sienne, que c'est par devoir de courtoisie qu'il faisait danser la princesse Stéphanie ; il ajoute qu'il n'y a pas dans cet incident de quoi fouetter un chat et que si quelqu'un a des torts, c'est elle de s'être ainsi follement mis martel en tête pour des chimères, mais il l'aime tant qu'il veut bien lui pardonner cet enfantillage. Et il lui dit mille tendresses, lui fait mille caresses... Il édifie toute la cour par cette scène d'affection conjugale ; après quoi, galant et empressé, il offre le bras à sa femme et se retire avec elle dans son appartement.

Jérôme avait reçu une verte semonce de son frère. La princesse Stéphanie allait en recevoir une de sa tante. L'empereur, en effet, avait ordonné à Joséphine de « parler fortement » à la petite folle. Elle le fit. Mais, jugeant sans doute que sa parole n'était pas assez écoutée et qu'elle n'avait pas auprès de sa nièce une autorité morale suffisante, l'impératrice pria madame de Rémusat, dont le grand sens était connu de

tout le monde à la cour, de sermonner cette enfant
terrible. On n'aime pas à être redressé, les femmes,
les princesses surtout. Stéphanie accepta cependant
les remontrances de madame de Rémusat. « Elle me
reçut fort bien, a écrit la célèbre dame du palais de
Joséphine ; elle m'écouta beaucoup quand je lui re-
présentai qu'elle compromettait tout son avenir, que
son devoir comme son intérêt l'engageaient à bien
vivre avec le prince de Bade, qu'elle était destinée à
habiter d'autres lieux que la France, qu'il était assez
vraisemblable qu'on lui saurait mauvais gré en Allemagne de légèretés qu'on lui tolérerait à Paris, et
qu'elle devait s'appliquer à ne point prêter aux calomnies qu'on se pressait de répandre sur elle » (1).

La princesse Stéphanie écouta avec déférence un
langage qui n'était pas bien nouveau pour elle. Elle
convint de l'imprudence de son attitude ; elle reconnut
son tort, regretta le scandale qu'elle avait donné,
mais elle ajouta qu'il ne fallait pas lui en vouloir, car
elle se reprochait au fond de sa conscience de s'être
montrée aussi peu sérieuse ; elle assura qu'elle n'avait
eu nullement l'intention de se mal conduire, et qu'elle
était désolée qu'on pût interpréter comme agaceries
d'une coquette ce qui n'avait été chez elle qu'un désir,
inconsidéré à la vérité, de s'amuser.

Cette confession un peu pénible une fois faite, Stéphanie reprit ses grâces câlines : elle parla en toute
confiance et franchise avec la jeune dame du palais :
la distinction et l'élévation du langage de celle-ci, son

(1) Madame de Rémusat, *Mémoires*, t. III, p. 246.

aisance supérieure provoquaient chez elle une sorte
de considération et de respect dont elle ne se rendait
pas bien compte, mais qui la poussait aux expansions. Elle donna un complément à sa confession.
Elle reconnut devant elle qu'elle voyait bien qu'on ne
la traitait plus à la cour avec la même considération
que par le passé ; que le cérémonial, à son égard,
était entièrement changé ; qu'elle n'était plus regardée comme une fille de l'empereur, mais comme une
princesse étrangère ; elle reconnut aussi qu'elle était
décidément une occasion de trouble dans la famille
impériale : l'année dernière déjà, par des questions
de préséances, par d'autres aussi…

Il est de fait que l'attitude de l'empereur était changée du tout au tout à l'égard de la princesse Stéphanie. N'étant plus amoureux d'elle, il la faisait rentrer
dans le rang et ne paraissait plus disposé à lui voir
renouveler, surtout en faveur d'un autre, les incartades qui l'avaient tant enthousiasmé l'année précédente. Il entendait aussi que personne ne se permît,
un homme tout nouvellement marié encore moins que
tout autre, de *flirter* avec cette jeune princesse qu'il
tenait à voir enfin devenir la femme de son mari.

Madame de Rémusat avait eu un long entretien
avec la princesse. Elle avait raisonné avec elle, elle
l'avait amenée à dire des choses auxquelles elle
n'avait jamais songé jusque-là, et qui la frappèrent
d'autant plus que c'était elle-même qui les avait dites.
Elle promit qu'à l'avenir elle réfléchirait davantage,
qu'elle serait plus mesurée, qu'elle s'observerait au
lieu de se faire observer, qu'elle tiendrait en bride ses

impétuosités et ses pétulances, et qu'on n'aurait plus rien à reprendre dans sa conduite. « Vous verrez, dit-elle en embrassant son aimable Mentor, vous serez contente de moi. »

Le soir même, elle mit ses bonnes résolutions en pratique. Son pauvre mari qui, « n'osant exprimer son mécontentement ne le manifestait que par une extrême tristesse » et se promenait partout comme une âme en peine, ressentit les bons effets du sermon. Il la vit, avec autant d'étonnement que de plaisir, s'approcher de lui pendant le bal et, pour la première fois, il l'entendit lui parler sur un ton doucement affectueux. Il n'en revenait pas !... Quant aux gens de cour, chacun remarqua que l'attitude et le maintien de Stéphanie furent ce soir-là, aussi convenables qu'ils avaient été auparavant inconsidérés et capricieux.

A la fin du bal, la princesse alla trouver madame de Rémusat. « Eh bien ! lui dit-elle avec un abandon charmant de petite fille, êtes-vous contente ?... Est-ce bien ainsi ?... » Et, jusqu'à la fin de son séjour à Fontainebleau, on n'eut rien à reprendre au maintien de cette jeune femme chez qui tout avait été jusque-là à réprimander. La cour le remarqua et en fut fâchée : ne serait-ce pas un sujet de moins à commérages ? Mais d'autres princesses impériales la dédommageaient amplement sur ce point.

Cette fois, quand il fallut retourner à Bade, la princesse Stéphanie ne pleura plus. Toujours trop frivole cependant, elle ne se rendait pas encore un compte exact, outre l'importance qu'il y avait pour sa dignité à remplir ses devoirs d'épouse, de celle du rôle qu'elle avait à jouer, tant pour les intérêts du grand-duché de Bade que pour le bien de la politique impériale. Napoléon le comprit et c'est pour cela qu'il envoya de nouveau des « négociateurs secrets, » sortes de médecins moralistes, pour la conseiller. Comme toutes les femmes, elle ne manquait pas d'une certaine intelligence, d'une sorte de finesse plutôt qu'elle avait eu le tort, c'est vrai, de n'employer jusqu'ici qu'à des futilités ; elle comprit qu'elle avait fait fausse route et voulut se mettre sérieusement à réparer son erreur. Elle changea de conduite vis-à-vis de son mari. Elle le rechercha autant qu'elle l'avait fui jusque-là. On la vit devenir aimable, attentionnée, provocante même. Mais c'était trop tard. Le prince Charles était bien ulcéré, et son amour pour Stéphanie était passablement ébréché : sentant remonter à la surface ses colères si longtemps dévorées en silence, il repoussa des coquetteries calculées qu'il prenait pour un nouveau caprice. Pouvait-il avoir foi dans les paroles d'une femme qui s'était jouée si légèrement des convenances et du devoir ? Ne devait-il pas se méfier des boutades d'une coquette au cœur étriqué qui avait dédaigné si méchamment sa tendresse ? Pourquoi maintenant un tel changement de conduite ? Quel intérêt caché pouvait-elle y avoir ?... Aussi la repoussa-t-il d'un regard méprisant, et la coupable mais repentante Stéphanie put mesurer avec autant d'effroi que de douleur l'abîme où l'avait jetée sa conduite inconsidérée. Le dommage pourrait-il jamais se réparer ?... Ah ! dans la vie tout s'enchaîne, et l'on récolte ce qu'on a semé : elle l'apprenait maintenant à sa grande mortification.

Le jeune ménage vivait, sinon en bonne intelligence, du moins séparé. Les deux époux ne se réunissaient que lorsqu'ils ne pouvaient pas faire autrement, pour un diner chez les grands-parents, pour les diners qu'ils étaient obligés de donner eux-mêmes et pour les cérémonies officielles où ils ne pouvaient décemment ne pas se montrer ensemble. Le protocole seul les réunissait, mais d'une façon toute momentanée et toujours devant des tiers. Et alors le protocole leur collait à chacun un masque officiel au visage, de sorte que personne ne se serait douté à les voir, de la situation tout à fait anormale de ces jeunes époux. Mais pourquoi auraient-ils mis le public dans la confidence de leurs démêlés conjugaux ? Bien assez de gens, au palais, étaient témoins de leur désunion et ne devaient pas se faire faute de jaser. Ces propos ne demeuraient pas dans le cercle assez restreint de la cour ; ils transpiraient au dehors. Stéphanie le sentait à l'attitude de son entourage et commençait à comprendre la justesse de ce que lui avait écrit madame Campan : « Tout est théâtre pour les souverains, et rien n'égale, sur les secrets des cours, l'espionnage et la curiosité des peuples. » Beaucoup de choses avaient déjà percé dans le public et personne n'ignorait que le bon accord était loin d'exister dans le ménage princier. On le crut cependant venu lorsqu'on sut que les jeunes époux allaient partir pour Erfurt. Mais il n'en était rien. Ils allaient à Erfurt comme ils allaient dîner chez la margrave ou chez le grand-duc, par simple obligation de leur rang, tout simplement parce que l'empereur, qui y tenait des assises européennes, les avait invités à y venir et que son invitation était un ordre. Mais Stéphanie était contente de s'y rendre : outre les distractions que devait lui offrir ce voyage, elle avait quelque vague espoir, elle ne savait pas trop de quoi par exemple, à la pensée qu'elle reverrait Napoléon, son père adoptif ; elle se promettait aussi un certain plaisir à connaître enfin l'empereur de Russie dont elle était, par son mariage, devenue la belle-sœur, puisque la sœur de son mari était l'impératrice Élisabeth. Ils arrivèrent à Erfurt le 8 octobre 1808 dans la soirée. Les fêtes qui s'y donnèrent sans interruption pendant le séjour des deux empereurs, le cérémonial, le temps employé aux diverses toilettes de la journée, les visites indispensables à faire et à recevoir, tout cela fit que les jeunes époux n'avaient pas un instant pour le tête-à-tête. D'ailleurs pour parer à cette éventualité désagréable, la princesse avait emmené avec elle une de ses dames pour accompagner, madame de Venningen, et une de ses demoiselles d'honneur, mademoiselle Nelly de Bourjolly qui avait déjà sauvé la situation (n'avait-elle pas plutôt contribué à la perdre ?) le soir de son mariage, et qui jouait au mieux, dans le ménage, le rôle d' « État-tampon. » Ce rôle, du reste, n'avait d'importance qu'en voyage, car le prince Charles, en temps ordinaire, ne s'occupait pas plus de sa femme que s'il n'en avait pas eu. A force de le vouloir ainsi, Stéphanie avait fini par l'obtenir et ces deux époux étaient bien plus étrangers l'un à l'autre que s'ils n'avaient pas été mariés du tout. « Le jeune grand-duc, a écrit M. de Norvins, ne faisait que de rares apparitions à Manheim et, à Carlsruhe, logés sous le même toit, ayant quarante ans à eux deux, ils semblaient être devenus complètement étrangers l'un à l'autre (1). »

Après leurs révérences d'Erfurt, le prince et la princesse revinrent dans le grand-duché. Là, Stéphanie partageait son temps entre Bade, Carlsruhe et Manheim. « Sa cour féminine, a écrit M. de Norvins qui la vit de près, était de son âge et continuait gaiement avec elle le pensionnat de madame Campan. » Eh ! oui, une pensionnaire : c'est ce qu'était restée la princesse après tantôt trois ans de mariage. Pensionnaire elle restera encore quelque temps. Il faudra le malheur pour faire d'elle ce que le bonheur, ou plutôt les grandeurs n'auront pu faire, c'est-à-dire une femme, dans le sens élevé de ce mot.

En attendant, absolument étrangère à son mari, et commençant à sentir vaguement tout ce que sa position avait d'équivoque auprès d'un prince dont elle n'était, en somme, nullement la femme, elle ne cherchait qu'à s'amuser pour s'étourdir sur une situation bien dénuée d'agréments. Les sourdes menées du parti anti-français, à la cour du grand-duc, auraient dû cependant lui faire ouvrir les yeux davantage et développer en elle un sens politique que sa nature

(1) J. de Norvins, *Mémorial*, t. III.

n'avait qu'à un degré fort restreint. La jeunesse n'est nullement un obstacle à l'acuité de ce sens qui n'est au demeurant, chez les princes, que la perspicace entente de leurs affaires et de leurs intérêts. Le parti anti-français était plus mécontent que jamais : pour constituer le royaume de Westphalie qu'il avait donné à son frère Jérôme, Napoléon avait dépouillé de leurs États l'électrice de Hesse et la duchesse de Brunswick, sœurs du prince Charles. Les rancunes, ou plutôt les haines de ces princesses dépossédées s'étaient venues grouper autour de la haine majeure compliquée de griefs personnels et d'ambitions secrètes inavouées de la comtesse de Hochberg, femme morganatique (1) du grand-duc de Bade, et de celles de son fils, le margrave Louis. Au lieu de les observer, de se tenir sur une défensive convenable et non apparente, d'en imposer par cette dignité que sait toujours prendre une âme fière, la frivole Stéphanie avait souvent à essuyer, dans les réunions de la famille grand-ducale, les dédains à peine dissimulés de quelques parents de son mari qui prenaient prétexte de sa situation équivoque auprès de lui pour lâcher la bonde à leur hostilité. Mais Stéphanie, sentant qu'elle prêtait le flanc à une juste critique, se contentait d'en rire et, pour employer une expression de Montaigne, se vengeait « par en médire. » Et elle ne s'apercevait pas que l'hostilité s'accentuait au

____

(1) Pas tout à fait morganatique. Les restrictions qui, en Allemagne, entourent la régularisation de ces unions de princes veufs avec une femme quelconque, leur donnent un caractère tout à fait secondaire.

fur et à mesure qu'on la savait plus délaissée de son mari. Quand, au printemps de 1809, l'Autriche envahit la Bavière, le parti anti-français reprit toutes ses espérances. Voyant déjà la puissance de Napoléon détruite, il ne ménagea pas à la princesse les mauvais procédés : on s'entretenait devant elle des succès que les Autrichiens ne manqueraient pas d'avoir, on parlait avec une joie méchante de la retraite de l'armée française, de sa destruction... Les combats victorieux de Pfaffenhoffen, Thann, Ratisbonne, Eckmühl, mirent un frein aux langues trop tapageuses et, si Essling les démusela pour un temps, Wagram les cloua net.

M. de Norvins, qui se trouvait à Bade en qualité de chargé d'affaires pendant la durée de cette campagne, tandis que M. Bignon y était comme ministre de France, a raconté, dans son précieux *Mémorial,* une démarche qu'il fit auprès du prince Charles pour amener une réconciliation entre sa jeune femme et lui. « Notre position de ministres de famille nous donnait le droit délicat d'intervenir de temps en temps en faveur d'un rapprochement si désirable et si désiré par la princesse. Bignon et moi nous eussions mal reconnu la confiance dont elle nous honorait et mal répondu aux intentions de nos cours respectives, si nous n'eussions pas cherché à pénétrer et à aplanir les difficultés sans motif (1) qui éloignaient le prince de sa jeune épouse. J'étais particulièrement autorisé à aider autant qu'il serait en moi à la réunion

______

(1) Le prince Charles n'aurait pas été de cet avis.

8.

des deux époux. Un jour, et ce fut le grand duc qui m'en fournit l'occasion, un jour que j'étais allé lui faire ma cour avec l'intention de ménager cette réconciliation, où lui seul était brouillé (1), il me dit : « L'empereur ne m'aime plus, je ne sais pourquoi. Vous voyez qu'il ne m'a pas appelé à l'armée comme en 1806 et 1807 » (2). Je ne voulus pas répondre à cette récrimination que réfutait la guerre ; il gardait la France à l'Est. « Monseigneur, lui dis-je, l'empereur ne vous aime pas parce que vous n'aimez pas votre femme. Il vous a donné la plus charmante princesse de l'Europe, sa fille chérie, qu'il a adoptée avec amour ; il vous l'a donnée pour que vous lui soyez bon mari et non pour la flétrir d'un isolement et d'un abandon qui vous compromettent l'un et l'autre aux yeux de tous. Vous savez bien, Monseigneur, que vous n'avez rien à reprocher à la princesse. Elle vous aime, je le sais, et il ne tient qu'à vous de rentrer dans la faveur de l'Empereur et d'être aussi le plus heureux des hommes. Vous devez ce rapprochement à la France, à vos sujets, à vos engagements naturels. »

Voilà qui est bien dit. Mais, à la façon des avocats, ce bon Norvins ne disait pas la vérité. Il savait très

---

(1) M. de Norvins oublie qu'il y avait de quoi, mais il est trop galant pour vouloir donner tort à une princesse, trop dévoué à l'empereur pour condamner sa fille adoptive.

(2) En 1806, l'empereur, sur la demande même du prince Charles, l'avait appelé à faire la campagne de Prusse : il espérait qu'à son retour de la guerre, Stéphanie accueillerait son mari avec affection et se mettrait enfin à vivre, à faire ménage et bon ménage avec lui.

bien que le prince n'avait pas demandé mieux que d'être un bon mari ; il savait non moins bien, tout en disant le contraire, qu'il avait plus d'une chose à reprocher à Stéphanie, et c'était s'avancer beaucoup que de dire à cet époux dédaigné et repoussé tant de fois : « Elle vous aime, je le sais... » Enfin, tout cela était dans son rôle de médiateur, de pacificateur et il eut raison de le dire. Mais il y perdit son éloquence.

« Peu de jours après, continue-t-il, comme nous étions au château de la Favorite, le grand-duc vint passer la plus grande partie de la journée ; mais sous le prétexte des affaires militaires du grand-duché, dont il avait la direction, il repartit pour Carlsruhe après le dîner. Cette visite fut tout le résultat de mon éloquence. Nous avions beau chanter : *Quand le bien-aimé reviendra*, il ne revenait que de loin en loin, soit à Bade, soit à la Favorite, soit à Manheim ; et à Carlsruhe, où ils étaient porte à porte, il ne venait pas. »

Pendant plus de deux ans encore, il ne vint pas. La pauvre Stéphanie, qui l'aurait voulu voir venir et le souhaitait maintenant avec autant d'ardeur qu'elle en avait eu jadis à le repousser, se sentait victime de sa mauvaise tête et de son obstination inconsidérée. Elle s'ennuyait, se « mangeait les sangs », comme dit le peuple, et cherchait à tuer le temps de son mieux. Quand l'état du ciel le permettait, et même quand il ne le permettait pas, elle faisait des excursions dans ce charmant pays de Bade. Accompagnée de M. de Norvins, de madame de Walsh, sa dame d'honneur, ou de mademoiselle de Mackau, ou de mademoiselle de Bourjolly, ses anciennes compagnes de Saint-Germain, qu'elle préférait aux autres dames ou demoiselles de son service d'honneur, elle allait visiter les environs de chacune de ses résidences. Par curiosité un peu, par désœuvrement surtout. Elle allait aux eaux de Kintzingerthal, elle allait partout... L'impératrice et la reine Hortense s'étant rendues à Strasbourg, pour y passer le temps que durerait cette nouvelle guerre et l'absence de l'empereur, la reine de Westphalie, y étant venue également, la princesse Stéphanie, poussée par M. de Norvins, les y alla rejoindre.

M. de Norvins espérait toujours qu'au retour d'un de ces petits voyages les deux époux, se retrouvant, tomberaient dans les bras l'un de l'autre, que la glace, entre eux, serait enfin rompue et que la réconciliation se ferait sincère, complète, définitive... Mais les occasions de se rencontrer n'étaient pas fréquentes et le prince de Bade, qui avait la faible excuse de ses occupations militaires dans le grand-duché, ne vint point à Strasbourg retrouver sa femme.

Le temps, en cette ville, se passait pour ces quatre princesses comme il s'était passé à Mayence : une partie de la journée était consacrée à la toilette, une autre partie à la table ; il restait à peine une ou deux heures pour faire une promenade en voiture et, le soir, après dîner, des amusements de petite fille réunissaient ces pauvres désœuvrées au salon. Dans ce milieu, fort tempéré d'idées, il ne se passa donc rien de particulièrement digne d'être transmis à la postérité. La nouvelle de la victoire de Wagram était venue calmer les inquiétudes qu'avait fait naître, six semaines auparavant, surtout chez Joséphine, l'échec d'Essling. Peu de jours après, Napoléon fit connaître à l'impératrice qu'il resterait quelque temps encore en Autriche : il l'engageait à retourner à Paris et à y attendre, en toute tranquillité, la conclusion de la paix. Joséphine ne se le fit pas répéter et la petite cour de Strasbourg se disloqua aussitôt. Tandis que sa tante, sa cousine et la reine de Westphalie rentraient, chacune dans ses États, la princesse Stéphanie rallia Carlsruhe.

CHAPITRE IV

A Carlsruhe, Stéphanie reprit son genre de vie
accoutumé. Pendant une année encore, on vit les
deux jeunes époux vivre séparés. Par dignité à présent, Stéphanie avait renoncé à faire des avances
qu'elle voyait impitoyablement repousser : prisonnière maintenant de la situation qu'elle s'était faite,
situation semblable à celle où elle avait elle-même
bloqué son mari dans les premiers temps du mariage, elle en pouvait savourer toutes les amertumes.
Mais c'était un curieux spectacle que de voir ce

prince et cette princesse qui, au fond, se désiraient l'un l'autre, employer à se fuir les manœuvres de la plus compliquée diplomatie de ménage, qu'ils auraient voulu employer à se rechercher. Tout à coup, comme s'ils avaient été touchés de la baguette magique d'une fée, la scène change : ils se remettent ensemble et ne se quittent plus. Prompt comme la foudre, le bruit se répand que les deux jeunes époux sont raccommodés, que les nuages sont chassés de leur ciel, que le prince est devenu amoureux de Stéphanie comme s'il ne l'avait jamais vue jusque-là et que celle-ci, plus jolie que jamais, le couve maintenant des yeux avec un air de bonheur inexprimable.

C'était vrai. Voilà maintenant ces jeunes époux aussi empressés à se rechercher qu'ils l'étaient auparavant à s'éviter. Chaque jour ils se promènent dans leur parc ensemble, ils se montrent en public ensemble, ils déjeunent ensemble, ils dînent ensemble... Le résultat de cette intimité ne se fait pas attendre et, au mois d'octobre 1810, le prince Charles, au comble du bonheur, annonce que Stéphanie est enceinte. Le 11 juin 1811, la princesse met au monde une petite fille qui reçoit les noms de Louise-Amélie-Stéphanie (1).

A peine est-elle remise que son ancienne compagne de chez madame Campan, Annette Mackau, se voyant négligée pour le mari et pour l'enfant, s'avisa de trouver qu'elle était bien malheureuse à Bade, si loin de sa famille... Elle s'arrangea de

(1) Cette princesse épousa, le 9 novembre 1834, le prince Gustave de Wasa.

façon à le faire savoir à l'impératrice, qui avait déjà eu tant de bonté pour elle. Oh! on savait se débrouiller dans la famille Mackau (1).

Joséphine qui, lors du divorce, s'était vue abandonner par plus d'une de ses dames dont l'ambition s'accommodait mieux de servir une impératrice qui avait été archiduchesse d'Autriche, qu'une petite parvenue disgrâciée et *retraitée*, Joséphine avait plus d'un vide à combler dans les rangs de ses dames du palais. Elle ne fit point difficulté de demander à sa nièce de lui céder mademoiselle de Mackau. Stéphanie, maintenant qu'elle avait son mari, n'en fit pas davantage pour lui envoyer celle dont elle n'avait pu se passer jusqu'alors. Car la voilà maintenant qui se mêle d'avoir du bon sens, de la gravité... Et c'est ainsi qu'Annette Mackau fut attachée au service d'honneur de l'impératrice Joséphine (2).

(1) Le frère de mademoiselle de Mackau avait sollicité, en qualité d'ancien élève du collège de Juilly, comme Jérôme Bonaparte, d'être embarqué sur le *Vétéran* que commandait ce prince. Après la campagne, il ne quitta point Jérôme qui, nommé roi de Westphalie et très bon pour ceux qui le flattaient, ne lui fit pas regretter de s'être venu placer sous sa protection.

(2) Mademoiselle de Mackau n'oublia point sa première patronne, si l'on en juge par ce couplet qu'elle chanta à la fête de l'impératrice, le 19 mars 1812, à Navarre. Ce couplet, il faut le dire, était l'œuvre de M. Deschamps, secrétaire des commandements de Joséphine, et Stéphanie, après tout, était toujours nièce de l'impératrice, fille adoptive de l'empereur et princesse régnante :

Air : *L'hymen est un lien charmant.*

Loin d'elle j'ai dû regretter
Une princesse auguste et chère.

Le bon accord du ménage princier fut, cette fois, définitif. Quoique le grand-duc ne permît point à sa femme de s'occuper de politique, — et elle eût bien aimé maintenant à s'en mêler, — ce fut un ménage modèle. Le bonheur y régnait, augmenté encore par la naissance d'un fils. Tout à coup, le malheur s'abat comme un coup de foudre sur cette félicité de si fraîche date. On apprend un matin à Stéphanie que son fils a été trouvé mort dans son lit. Éperdue de désespoir, elle écrit à l'empereur : « J'étais trop heureuse de pouvoir dire à Votre Majesté que j'avais un fils, lui demander de l'aimer, de le protéger ; un fils me faisait oublier bien des chagrins et était bien nécessaire à ma position dont les devoirs sont quelquefois difficiles... J'ai dû renoncer à toutes mes espérances !... (1). » L'empereur, à peine échappé aux neiges et aux désastres de la Russie, lui répond des Tuileries, le 29 décembre 1812 : « Ma fille, je reçois votre lettre du 20 décembre. Vous ne pouvez pas douter de la part que j'ai prise à la perte que vous avez faite ; mais vous avez du courage et de la raison et j'espère que

> Manheim l'adore et la révère,
> Et j'ai pleuré de la quitter.
> Mais quand j'ai vu de son image
> Le modèle dans notre cœur,
> Mon cœur sentit un doux présage ;
> Bientô' les charmes du séjour
> Ont seché les pleurs du voyage.

Ce couplet était absolument dans le ton du caractère courtisan de la jeune fille. Celle-ci épousa plus tard le général Walhier de Saint-Alphonse.

(1) Fr. Masson, *Napoléon et les femmes*, p. 161.

l'année qui va commencer vous apportera quelque sujet de consolation (1). »

Elle lui en apporta en effet, sinon dans les événements politiques, du moins dans ses affections de famille. Une nouvelle grossesse ne tarda pas à survenir chez la jeune princesse et, le 21 octobre 1813, la naissance d'une fille, qu'on appela Joséphine-Frédérique-Louise (2) vint donner à Stéphanie un peu de ces consolations que lui avait souhaitées l'empereur. Mais, à côté de ces consolations domestiques, il y avait chez elle bien des désolations.

Formée maintenant par le devoir et par la maternité, son âme s'était dégagée de ces brouillards de vaines frivolités qui l'avaient enserrée jusqu'alors. Elle commençait à apprendre par elle même (n'est-ce pas toujours par soi-même qu'on apprend ?) que la femme n'a pas été créée uniquement pour parader à des fêtes, porter de belles robes, de beaux chapeaux et de beaux bijoux, obéir à ses caprices et faire damner son mari : elle se rendait compte qu'il y a au monde, même pour une princesse, des devoirs infiniment plus élevés. Le sérieux maintenant la gagnait peu à peu ; elle était remise de ses enivrements de princesse et voulait se remettre de ses décevants orages de jeune femme : elle s'apprenait à réfléchir. Loin de nuire à sa beauté, cette disposition nouvelle de son âme lui donnait une petite pointe de gravité qui s'alliait à merveille à la pointe un peu

(1) Lecestre, *Lettres inédites de Napoléon*, t. II, p. 203.
(2) Mariée le 21 octobre 1831 au prince Charles de Hohenzollern-Sigmaringen.

mutine de sa physionomie et lui seyait à ravir. Ses épaules, sa poitrine s'étaient développées en même temps et ajoutaient à son port cet air de dignité qu'on appelle « majesté » chez les princes, même quand ils ne l'ont pas, et dont elle eût bien fait de se munir dès sa sortie de chez madame Campan. Bref, il ne restait plus rien de la petite pensionnaire fantasque, si ce n'est la grâce et la jeunesse rendues plus séduisantes par la constante volonté d'être aimable.

Hélas! la jeune femme ne s'était ainsi formée que pour mieux sentir les douleurs des mauvais jours. Car ceux-ci étaient venus en même temps que lui étaient venus l'intelligence pour en comprendre les causes, l'étendue et les conséquences, et le cœur pour en souffrir. L'effervescence qui se produisit si violente, en Allemagne, à la suite de nos désastres de Russie, et qui avait commencé à s'y manifester quatre ans auparavant, dès que le peuple espagnol avait donné l'exemple de la résistance au conquérant, l'effervescence était maintenant plus forte que jamais. L'Allemagne s'était levée toute entière au cri de : *Vaterland! Vaterland!* comme la France s'était levée en 1792 au cri de : *la patrie est en danger!* et les appréhensions les plus justifiées envahissaient maintenant les Français les plus aveuglés par leur foi en Napoléon. A la cour de Bade, le parti antifrançais triomphait ouvertement et ne se gênait plus pour afficher bien haut ses espérances, c'est-à-dire la chute de Napoléon, mais le maintien des agrandissements de territoire qui avaient été le prix des complaisances grand-ducales pour lui.

La princesse Stéphanie, en cessant d'être une petite fille, avait appris à sentir en femme, en Française. Bien qu'elle fût devenue Allemande par son mariage, bien qu'elle désirât sincèrement le bonheur du peuple badois, son cœur était resté français. Elle était navrée des désastres qui s'abattaient sans répit sur sa patrie et elle en souffrait doublement : comme Française d'abord, comme fille adoptive de Napoléon ensuite. Elle en souffrait aussi, d'une façon tout intime et plus amère encore pour son amour-propre en entendant les propos pleins d'une jactance triomphante que la comtesse de Hochberg, le margrave Louis, de hauts fonctionnaires de la cour et même des subalternes avaient le mauvais goût de tenir ouvertement devant elle.

C'est que la bataille de Leipzig avait eu lieu : les troupes saxonnes, les troupes bavaroises, voyant que la victoire abandonnait les Français, les abandonnaient aussi et se tournaient contre eux. Écrasés par le nombre, à demi-détruits, ceux-ci allaient repasser le Rhin. Le grand-duc de Bade ne se prononça qu'un des derniers contre le lion qui était à terre : poussé par toute sa parenté allemande, il finit, le 20 novembre, par se joindre aux Alliés et les contingents badois firent la campagne de France en 1814. La grande-duchesse Stéphanie n'avait rien pu à cela. Les évènements sont plus forts que toutes les combinaisons humaines. Avec une joie mauvaise qu'ils ne cherchaient pas maintenant à dissimuler, les gens de cour, à Bade, ne se gênaient plus pour parler tout haut devant Stéphanie de leurs revendications et de leurs espérances. On lui faisait durement sentir, par mainte allusion blessante, et sans avoir l'air d'y toucher, qu'elle n'était qu'une intruse, qu'elle avait été plus subie qu'acceptée. Si l'heure présente lui était cruelle, l'avenir était menaçant. Et c'est maintenant que la pauvre Stéphanie regrettait de ne pas avoir été toujours une irréprochable épouse pour son mari : elle pouvait porter la tête haute, assurément, mais quelle force morale lui aurait donné la conscience d'avoir de tout temps rendu au prince amour pour amour, d'avoir été de tout temps pour lui ce qu'elle aurait dû être, de savoir tout au moins que l'on ignorait ses torts des premiers temps...

Sa position, durant l'agonie de l'Empire, fut fort difficile. A force de tact, au prix de bien des blessures intimes, elle s'en tira. Mais, une fois l'Empire tombé, une fois l'empereur à l'île d'Elbe, quel déchaînement contre elle dans toute la nombreuse famille de son mari! On oublia que c'était à Napoléon qu'était dû l'agrandissement du territoire de Bade, son érection en grand-duché; ou, si l'on s'en souvint, ce ne fut que pour essayer de faire chasser d'auprès du prince régnant, du prince Charles qui, depuis 1811, avait succédé à son grand'père, cette fille adoptive de l'homme qui, en si peu de temps, en avait décuplé le territoire et la puissance. Oui, on cherchait à persuader au grand-duc de Bade que l'intérêt de son peuple, que l'intérêt de sa couronne exigeaient qu'il divorçât d'avec cette intruse, cette petite parvenue, imposée par un abus de la tyrannie de celui qui était pour jamais maintenant enchaîné aux roches de fer de l'île d'Elbe : la politique ne pouvait-elle défaire ce que la politique avait fait ?

Mais l'amour était là, plus fort que la politique : le prince Charles aimait sa femme et ne prêtait pas l'oreille à ces insinuations. Les habiles parlèrent alors plus haut, les langues se délièrent davantage...

Tout à coup, ces langues se taisent : celui qu'on avait pour jamais cloué à l'île d'Elbe est en France. Il sera peut-être demain à Paris, après-demain à Bade !... Que de transes pour Stéphanie ! Mais les épreuves lui ont appris si non la dissimulation, du moins la réserve : les bavardages inconsidérés des gens de cour lui ont appris le silence et la prudence, leurs maladresses, l'habileté. Elle sait que la situation est trop grave pour manifester le moindre sentiment. Son attitude est toute politique : son âme, qui fait en secret des vœux pour Napoléon, ne se détache nullement de son mari qui est libre d'agir comme il l'entendra :

> Le cœur est pour Pyrrhus et les vœux pour Oreste.

Elle s'enferme dans son palais, dans ses devoirs de femme et dans ses réflexions.

Pendant ce temps, le prince Charles, qui était allé au Congrès de Vienne et s'était fait confirmer par les puissances dans les possessions que Napoléon lui avait données, adhérait à toutes les déclarations du Congrès. Il mit à la disposition de la coalition tout ce qu'il avait de troupes et sa petite armée de 16,000 hommes touchait à peine le territoire français que la nouvelle de la bataille de Waterloo mettait fin aux hostilités.

Depuis ces événements, la situation de la grande-duchesse de Bade était plus difficile que jamais. La princesse était tenue aux plus grands ménagements envers les susceptibilités des gouvernements alliés, à la plus grande réserve envers ceux qu'elle eût voulu aider de toutes ses forces. C'est ainsi qu'elle ne put même recevoir M. de Lavalette, mari de sa cousine Émilie de Beauharnais, sauvé de la haine sanguinaire de Louis XVIII par le dévouement de sa femme et qui, fuyant la proscription, aurait voulu chercher un asile dans ses États. Mais le grand-duc de Bade refusait tout passage aux proscrits qui venaient de France (1), non par sentiment de malveillance, mais pour que les alliés ne le soupçonnassent point de ne pas garder une stricte neutralité et aussi pour ne pas se faire d'affaire avec le gouvernement français.

Quelques jours après, ce fut la reine Hortense, cousine de Stéphanie, autre épave de la famille impériale qui, chassée de Suisse, venait également chercher asile sur le territoire badois. A peine sa présence fut-elle signalée à Constance que le maire de la ville, assez inquiet, vint lui faire une visite sous le prétexte de lui présenter ses devoirs. Mais, auparavant, il avait expédié un courrier au grand-duc pour l'informer de l'arrivée d'Hortense à Constance. Celui-ci avait aussitôt envoyé un de ses chambellans pour s'informer des intentions de l'ex-reine de Hol-

(1) Comte Lavalette, *Mémoires*, t. II, p. 333.

lande et lui exprimer tous les regrets du grand-duc de ne pouvoir, comme il eût été heureux de le faire, lui accorder l'hospitalité dans ses États ; mais cela lui était absolument interdit, les puissances alliées ayant décidé que les membres de la famille Bonaparte ne pourraient habiter que la Prusse, l'Autriche et la Russie.

La grande-duchesse, de son côté, chercha à dorer la pilule à sa cousine et lui écrivit une longue lettre où elle lui disait combien elle était désolée que les exigences de la politique ne fussent point d'accord avec son cœur : « Prenez patience, disait-elle en terminant, tenez-vous bien tranquille et peut-être au printemps les choses s'arrangeront-elles à la satisfaction de tout le monde ; d'ici-là, les passions seront calmées et bien des choses oubliées (1) ».

On voit que les années et les épreuves avaient apporté un peu d'expérience à Stéphanie en mûrissant son caractère. Elle ne faisait, en écrivant ces choses à sa cousine, que lui dire ce qu'elle se répétait chaque jour à elle-même. En butte à la haine du parti qui maintenant dominait à la cour de Bade ; étant, comme devant, demeurée en quelque sorte la « bête noire » de la famille grand-ducale, son esprit, son caractère s'étaient formés, occupée qu'elle était sans cesse à se défendre contre mille intrigues qui tendaient à déterminer son mari à un divorce. Et celui-ci n'avait pas trop de toute la force de son

(1) Mademoiselle Cochelet, *Mémoires sur la famille impériale*, t. II, p. 104.

amour pour résister aux sollicitations pressantes, menaçantes même de sa famille : il aimait sa femme et la défendait envers et contre tous. Aussi n'avait-il nul besoin de la complication d'embarras qu'allait lui donner l'arrivée de la reine Hortense : il en avait bien assez sans cela ! Hortense cependant promit de vivre de la façon la plus retirée : elle s'établit sur la frontière du grand-duché, non loin de la ville de Constance, et s'y tint en effet tranquille.

Le pays lui ayant plu, elle voulut y acheter une partie de forêt d'où l'on jouissait d'une vue superbe. Elle eût mieux fait de s'abstenir, encore pour un temps, de satisfaire cette fantaisie. La forêt, en effet, appartenait au prince Louis de Bade, oncle du grand-duc, et en partie au prince Frédéric. C'était une partie des biens de l'évêque de Constance que Napoléon leur avait donnés en apanage. Hortense, toujours prompte à ne se refuser aucun caprice, écrivit au grand-duc pour le prier de lui faciliter cette acquisition. Cette demande fut désagréable au mari de Stéphanie qui avait bien d'autres chats à fouetter sans qu'on vînt encore lui lever ce lièvre là : en vérité le moment était bien mal choisi.

Mademoiselle Cochelet, lectrice de la reine Hortense, à qui la princesse Stéphanie avait aimablement écrit, en sa qualité d'ancienne compagne de chez madame Campan, pour s'excuser de la « raison d'État » qui l'empêchait de la recevoir, mademoiselle Cochelet lui avait mandé, à elle aussi, le désir qu'avait sa capricieuse patronne d'acquérir une portion de la forêt du prince Louis pour y faire construire une habitation au milieu d'un parc. La grande-duchesse lui répondit elle-même que « son mari s'était chargé d'écrire à la reine sur une chose qui lui aurait fait bien du plaisir, si elle eût été possible, c'était concernant la demande d'achat des bois de Lorette; nous avons tout retourné pour pouvoir l'arranger, disait-il, mais la moindre chose substituée amène tant de difficultés quand on veut changer de propriétaire, surtout quand le propriétaire est le prince Louis, et de plus encore, le prince Frédéric, que cela a été impossible. J'aurais bien désiré que la reine pût trouver quelque autre chose qui lui convînt, ajoutait Stéphanie, car la pensée qu'elle possède une propriété ici me serait une si grande consolation pour tout ce que j'ai éprouvé; car chacun a ses peines, chère Louise, et ce n'est pas dans ma position, avec mon nom et le pays qui m'a vue naître, qu'on en est exempt, et il me semble qu'en la sachant là, je retrouverais famille et patrie (1) ».

A la bonne heure! voilà de bonnes paroles, bien senties et qui viennent du cœur : c'est pour les faire entendre que nous avons cité cette lettre d'affaires dont l'intérêt, sans elles, serait nul pour le lecteur.

Stéphanie n'allait pas garder longtemps dans son grand-duché sa cousine Hortense. La présence de cette souveraine découronnée sur le territoire de Bade ayant été signalée, par M. de Talleyrand à ce qu'il semble, aux puissances alliées, celles-ci signi-

____

(1) Mademoiselle Cochelet, *Mémoires sur la famille impériale*, t. II, p. 162.

fièrent au prince Charles qu'il eût à la renvoyer de ses États. Elle n'y faisait pourtant que des romances. Le prince se vit forcé d'obéir. Il chargea un de ses chambellans de lui porter cet ordre en même temps que ses regrets d'avoir à le faire exécuter. Stéphanie, de son côté, lui écrivit une lettre pleine d'affection. Elle en écrivit une autre à mademoiselle Cochelet, après son départ. La lectrice de la reine Hortense n'était pas femme à laisser ignorer à la postérité dans quels termes une souveraine correspondait avec elle.

« Je suis heureuse, lui mandait Stéphanie, que M. Franck (le chambellan du grand-duc) vous ait convaincue ; j'avais besoin de quelqu'un qui pût expliquer tout ce que j'ai ressenti dans cette circonstance. Figurez-vous, chère Louise, quel sentiment de consolation j'ai éprouvé en voyant que la reine avait deviné mon cœur ! qu'elle l'avait deviné tout entier ! Cela m'était nécessaire pour me faire supporter tout ce que cette privation de ne pas la voir avait de pénible pour moi, *sous tous les rapports*... Vous me demandez de vous parler franchement, ma chère Louise, je le ferai volontiers, car, avec un cœur comme le vôtre, on ne craint jamais de dire la vérité tout entière.

« Le grand-duc, par l'attachement qu'il m'a montré, s'est rendu suspect à ceux qui ne veulent jamais séparer la personne des choses, par conséquent cela lui a ôté la possibilité d'être aussi utile à la reine qu'il l'aurait voulu ; sans cela n'aurait-il pas reçu la reine comme une parente, comme une amie malheureuse ? N'aurait-il pas demandé qu'elle n'eût d'autre asile que son pays? Tout cela était si naturel pour un cœur comme le sien ! Mais la méfiance de la France contre le grand-duc retombait sur la reine. Quand elle est arrivée, j'espérais qu'au milieu des événements qui se succédaient, les haines personnelles s'éteindraient et que peu à peu on ne parlerait plus de son séjour à Constance ; c'est ce qui m'a fait l'engager d'attendre avec patience ; je me suis trompée, il y a des gens que tout effraie, et l'on a mis sur le compte de la reine bien des choses auxquelles elle n'a jamais pensé.

» Que la reine sache bien que, dans toutes les occasions, comme dans toute circonstance, tout ce qui est et dépend de nous personnellement est à son service.

» Sa romance est charmante, et, si j'étais l'hirondelle, l'hiver ne me chasserait pas! Je ne puis dire tout ce qu'il y a de mélancolie dans ce chant! J'ai pleuré! tant pleuré! Je crois que je ne la chanterai jamais devant personne ; il y a des choses qui sont comme les prières, il faut les dire seul (1). »

C'est gentil, cette dernière pensée, et l'on sait gré aussi à Stéphanie de sa sensibilité ; elle pleure maintenant à la mélancolie d'une romance. Allons, madame Campan avait raison : on pouvait en faire quelque chose, mais, comme pour les autres, il fallait que le malheur s'en mêlât. On voit aussi, dans cette lettre, que le bon accord règne toujours dans le ménage princier et que nul des deux époux ne cherche

(1) Mademoiselle Cochelet, *Mémoires sur la famille impériale*, t. II, pp. 338-339.

à imposer sa volonté à l'autre, que tous deux ont les mêmes sentiments et que, si l'on n'a pas fait pour Hortense ce qu'elle désirait, c'est qu'on a été obligé de s'incliner devant des volontés toutes-puissantes qui ne l'eussent point permis.

Ce petit épisode, tout anodin qu'il est, n'en est pas moins le plus gros incident de ménage de la vie de la grande-duchesse de Bade pendant la période difficile qui suivit les événements de 1815. La vie avait repris à Bade, tranquille et monotone. Le grand-duc aimait sa femme et celle-ci avait même parfois à se plaindre de sa jalousie, lorsqu'une fusée de sa gaieté inconsidérée de jadis partait sans qu'elle y prît garde devant quelque jeune officier ou diplomate pour lequel une telle familiarité pouvait éveiller la susceptibilité toujours un peu ombrageuse de l'amoureux. Comme la princesse se rendait compte à présent que le passé ne justifiait que trop un pareil sentiment chez son mari, elle le lui pardonnait et faisait son possible pour ne plus lui donner sujet de plainte. Sa conduite était maintenant aussi mesurée qu'elle l'avait été peu durant son temps de fiançailles et les premières années de son mariage. Le prince Charles avait enfin avec sa femme un peu de cette tranquillité qu'il n'est pas toujours facile d'obtenir en ménage et qui tient lieu de ce bonheur après lequel tout homme soupire et qu'il n'atteint jamais. Il en jouit pendant toute l'année 1817, qui fut douloureusement marquée, pour lui, par la mort de son oncle le margrave Frédéric. S'il venait à mourir à son tour, n'ayant plus d'héritier mâle, la couronne grand-ducale devrait passer au prince Louis, son plus jeune oncle, qui n'était pas marié. Mais il était jeune, Stéphanie aussi et ils auraient sûrement de nouveaux enfants pour assurer la dynastie directe de la maison de Bade.

Tout d'un coup, et sans que rien l'ait pu faire prévoir, dans toute la force de sa santé et de son âge, voilà le grand-duc qui tombe malade. Qu'avait-il? On ne sait : les médecins ne se prononçaient pas et ne comprenaient rien à son état : ils pensaient toujours que la force de la jeunesse allait triompher rapidement d'un malaise passager et indéterminé, mais leurs espérances ne se réalisaient pas. Le prince s'affaiblissait de jour en jour et la science n'arrivait ni à conjurer le mal ni à en découvrir la source. Le malheureux se voyait mourir et ne concevait rien, non plus que les médecins, à cette mystérieuse maladie. Il traîna ainsi toute une année, puis, sans que personne s'attendît à un dénouement si prompt et si terrible, son état s'aggrave tout à coup, les souffrances s'exaspèrent et le malheureux prince est emporté dans une crise aiguë, le 8 décembre 1818.

Que fut la vie de Stéphanie après la mort de son mari?

Le grand-duc de Bade n'avait pas laissé d'enfant mâle. On se rappelle la lettre désolée par laquelle Stéphanie annonçait à l'empereur la mort de son fils. Le prince Louis, oncle du prince Charles, avait succédé à son neveu et après celui-ci la couronne devait passer à l'aîné des fils de la comtesse de Hochberg. C'était, du reste, la volonté du grand-duc, nettement exprimée dans son testament, qui donnait en même temps à Stéphanie le château de Manheim et une pension viagère de cent mille florins.

Douairière de Bade maintenant, et bien jeune douairière, Stéphanie s'enferma dans son château de Manheim et dans un veuvage sévère. Durant ces longues soirées d'hiver où le vent gémissait sous les portes mal jointes avec des plaintes semblables à celles d'un mourant, et s'engouffrait dans les vastes corridors nus et glacés, elle rêvait à ce qu'elle avait été, à ce qu'elle aurait dû être, à ce qu'elle aurait pu être. Souvent, entourée de quelques familiers, elle reportait sa pensée vers les temps brillants et fébrilement actifs de l'Empire ; elle parlait de la cour de Napoléon, du séjour à Fontainebleau, de la petite cour que l'impératrice Joséphine avait tenue à Mayence, à Strasbourg ; elle racontait les fêtes inoubliables de son mariage, celles du mariage du roi de Westphalie ; elle parlait des personnages marquants de cette époque extraordinaire, racontait sur eux mainte anecdote... Toute jeune encore, elle avait plus de souvenirs à dire que les plus vieilles douairières des temps passés, et quels souvenirs ! De la cour de Napoléon, elle passait aisément à la cour de Bade : elle faisait l'éloge des qualités de son mari, elle disait ses angoisses pendant les événements qui amenèrent la chute du grand échafaudage impérial ; elle affirmait que le cœur du prince Charles avait toujours conservé, avec la plus grande admiration pour le génie de Napoléon, le souvenir reconnaissant de ses bontés particulières et de ce qu'il avait fait pour l'agrandissement du grand-duché, mais qu'il n'avait pu résister au courant des événements, plus forts que toute volonté humaine, que le vœu des peuples allemands s'était prononcé hautement contre la tyrannie que l'empereur faisait peser sur eux, et que force lui avait bien été de suivre toute l'Allemagne : c'étaient d'ailleurs l'empereur d'Autriche, beau-père de Napoléon, et l'empereur de Russie, son propre beau-frère, qui l'y avaient décidé. Mais que d'angoisses avant d'en venir là ! Que d'hésitations et de réflexions amères !

Puis, comme se parlant à elle-même, elle disait : « Comment un homme d'une si belle santé que le prince Charles, dans toute la force de son âge, avec toute la résistance de ses trente-cinq ans, a-t-il pu tomber malade ?... Et cette maladie, à laquelle les médecins ne comprenaient rien, où nul organe n'était atteint, quelle pouvait-elle être ?... C'est bien mystérieux. Puis cette mort si prompte ?... Bien mystérieux aussi. Et la mort de mon fils ?... Oh ! celle-là... Oui, je me rappelle, et je m'en veux à jamais de n'avoir pas, en dépit de tout, suivi l'instinct de mon cœur. Mais, est-ce que je pouvais me douter ?... Oh ! c'est affreux. Je me rappelle que lorsqu'on est venu m'apprendre un matin que mon fils avait été trouvé mort dans son berceau, je me levai et, en simple peignoir, pieds nus je me précipitai pour le voir, l'embrasser, le rappeler à la vie par mes baisers. Les baisers d'une mère, c'est si puissant ! Mais on ne me laissa pas pénétrer dans la chambre : on disait que l'émotion me ferait mal, qu'elle me tuerait... Je ne pus voir — et de loin seulement — qu'une petite tête coiffée de dentelles, et l'on m'arracha, plus morte que vive, de la porte de la chambre, en me disant qu'il fallait me ménager. Je voulus y retourner, on ne me le permit pas. Je voulus me précipiter : on me retint. Oh ! j'aurais dû écarter tous les obstacles, m'ouvrir un passage par la force, marcher sur le corps de ceux qui prétendaient m'empêcher de voir mon enfant... Je ne le fis pas. J'étais anéantie de douleur. Mon fils... je ne l'ai pas vu : on m'a dit qu'il était mort ; je ne lui ai pas donné le dernier baiser... On n'a pas voulu. Et s'il n'était pas mort ? Si on me l'avait enlevé pour mettre à sa place un enfant mort dans le berceau ?... Oh ! cette pensée me tue !... Car pourquoi ne pas m'avoir laissé approcher ? Une mère peut toujours approcher de son enfant... Et la maladie de langueur qui frappa mon mari, dix-huit mois après que les affaires européennes étaient arrangées et que tout présageait une longue paix ?... Et sa mort ?... Mystères que tout cela !... Oh ! ces Hochberg !... »

Que de fois, à quelques amis sûrs, la grande-duchesse douairière de Bade ne fit-elle point ces douloureuses confidences du plus intime de son âme ? Que de fois n'épancha-t-elle pas ainsi ses amertumes et ses doutes ?... On se rappelle que le fils de Stéphanie était mort, ou du moins qu'on avait annoncé sa mort en décembre 1812. Des bruits étranges avaient circulé en Allemagne à propos de la fin de ce jeune prince. Beaucoup de personnes étaient persuadées qu'il n'était pas mort du tout, mais qu'il avait été enlevé de son berceau et qu'on lui avait substitué un enfant mort. D'où venaient ces bruits ? Qui les avait répandus? On ne sait, mais on peut remarquer qu'une pareille substitution ne pouvait se faire sans qu'il y eût plusieurs affidés, entre autres des subalternes. Tout payés qu'ils fussent, ceux-ci, l'un d'eux seulement peut-être, avaient parlé. Enfin, comme tout bruit, celui-là finit par s'éteindre. Les grands événements qui marquèrent la fin de cette année 1812, les contingents badois qui avaient péri avec l'armée française dans les neiges de Russie, les grandes levées d'hommes pour Napoléon en 1813, puis la grande levée de boucliers contre ce mangeur d'hommes, le retour fabuleux de l'île d'Elbe, Waterloo, avaient complètement détourné les idées de ce mystère lorsque la mort étrange du prince Charles, succédant à une maladie plus étrange encore, vint remettre en circulation les mystérieux propos qui s'étaient tenus à mi-voix six ans auparavant sur la fin du jeune prince son fils. On se demanda qui pouvait avoir intérêt à cette double disparition, qu'on s'obstinait à ne pas trouver naturelle. Et comme le prince Louis, successeur du prince Charles à la couronne grand-ducale, n'avait pas d'enfants, et que cette couronne, après lui, passait à l'aîné des fils de madame de Hochberg, maîtresse épousée morganatiquement à la suite de la naissance de ce fils, on se répondit simplement par cet axiôme de droit : *is fecit cui prodest.*

Ainsi, dans l'esprit du peuple allemand, le fils du grand-duc de Bade n'était pas mort : on l'aurait enlevé de son berceau et l'on aurait mis un petit cadavre à sa place. Cela, moins pour supprimer un héritier de la couronne de Bade donné par une *princesse fran-*

çaise de fabrication impériale, que pour assurer aux descendants du mariage morganatique du vieux margrave, devenu grand-duc par la faveur de Napoléon, la succession à cette couronne. Puis, la princesse Stéphanie ayant donné, le 11 octobre 1817, une troisième fille à son mari (1), ceux qui avaient fait enlever le jeune prince au berceau auraient trouvé que le meilleur moyen d'empêcher le prince Charles d'avoir un garçon était de le supprimer lui-même. De cette façon, la couronne passerait sûrement, après une pause plus ou moins longue sur la tête du prince Louis, aux fils de la comtesse de Hochberg. Le grand-duc tomba malade on ne peut plus à propos et mourut, comme on le sait, un an après. Si la princesse Stéphanie, et non son mari, était morte, cela ne serait nullement revenu au même pour la succession à la couronne, car le grand-duc était encore très jeune, se serait remarié et aurait eu bien probablement d'autres héritiers. Voilà pourquoi la mort aurait frappé le prince Charles et non sa femme.

Dans ses rêveries de chaise-longue, la pauvre Stéphanie avait beau se dire : « Mais c'est impossible ! jamais elle... eux... Non, cela ne se peut ! » Elle avait beau se dire : « cela ne se peut », une sorte d'instinct, d'intuition, de seconde vue — les femmes, dans certains cas, ne sont-elles pas des voyantes? — lui disait qu'elle ne se trompait pas ; il s'établissait comme un lien, une corrélation entre la disparition du fils et la mort du père ; une certitude morale se dégageait

(1) La princesse Marie-Élisabeth-Amélie-Caroline, mariée le 23 février 1843 au marquis de Douglas, duc d'Hamilton.

pour elle de certains détails, de certaines paroles surprises dans la bouche de certains personnages, de faits d'apparence insignifiante qui lui revenaient à la mémoire et qui maintenant s'expliquaient pour elle, de choses à elle connues, d'autres choses qu'elle ne connaissait pas mais qu'elle devinait et qu'elle voyait se dresser comme des preuves vivantes devant elle et devant ses morts. Des lueurs de vérités terribles jaillissaient du choc de tout cela... Mais que faire? Se plaindre?... A quoi cela aboutirait-il? A un scandale, voilà tout. On la dirait folle, on la ferait surveiller étroitement comme telle, sans lui permettre jamais de communiquer avec l'extérieur, et on alléguerait que ses malheurs lui avaient fait tourner la tête.

Elle ne pouvait donc que garder le silence, et elle le garda, si ce n'est avec quelques intimes sur la discrétion desquels elle pouvait compter.

Les années se passaient ainsi lorsque le bruit d'un étrange événement, dont le mystère commençait à passionner l'Allemagne, arriva jusqu'à elle.

Dans le courant du printemps de l'année 1828, le 26 mai, lundi de la Pentecôte, entre quatre et cinq heures du soir, un bourgeois de Nuremberg fut accosté sur le marché au suif de la ville par un jeune homme d'aspect singulier, qui tenait une lettre à la main. Ce jeune homme le pria, en termes presque inintelligibles, de lui indiquer la demeure de la personne dont l'adresse était sur la lettre. Il était bien fait, d'une taille moyenne, plutôt lourde que svelte, mais bien proportionnée. Ses cheveux, abondants, blonds, retombaient à droite et à gauche de la tête et cachaient complètement les oreilles, comme ceux du général Bonaparte dans son beau portrait par Guérin. Le visage était un peu allongé. Mais il y avait dans son regard bleu une sorte d'inquiétude, dans sa démarche aussi, et ses vêtements, qui n'étaient pas à la mode du pays, indiquaient cependant qu'ils devaient être ceux d'un paysan aisé. Avec sa culotte qui ne descendait pas au-dessous du genou, avec sa veste courte, son très large chapeau de feutre et ses longs cheveux, on l'eût pu prendre pour un paysan de la basse Bretagne. Cependant sa peau était fort blanche, ses mains et ses pieds d'une petitesse remarquable ; on eût dit qu'il avait de la race.

Le bourgeois prit la lettre et vit qu'elle était adressée à un commandant du 6ᵉ régiment de chevau-légers en garnison à Nuremberg. Il fit quelques questions au jeune homme, mais celui-ci le regardait avec des yeux qui ne comprenaient pas et répondait des mots qu'on ne comprenait pas davantage. Son langage pourtant était à peu près allemand : c'était le dialecte d'une province de Bavière, et encore ce garçon le parlait-il mal. Enfin, montrant toujours sa lettre à chaque question qu'on lui faisait, on l'ouvrit. Il n'y avait ni date, ni indication de lieu ; il n'y avait que ceci :

« Monsieur, je vous adresse un enfant qui pourrait servir fidèlement son roi et sa patrie. Il m'a été remis le 7 octobre 1812. Sa mère m'a prié de l'élever mais sans me donner un seul renseignement sur lui, et je n'ai pas déclaré à la justice que cet enfant m'avait été confié. Je suis un pauvre ouvrier, père de dix enfants. Je ne puis conserver celui-ci plus longtemps. Je l'ai pourtant regardé comme mon fils, et je l'ai élevé chrétiennement ; mais, dès le jour où je l'ai reçu, il n'a pas fait un pas hors de ma maison. Personne ne l'a vu, et lui-même ignore complètement le lieu où il a vécu. Interrogez-le à ce sujet, il ne pourra vous répondre. Je lui ai appris à lire et à écrire. Je l'ai conduit jusqu'à la place même, et il doit de là se rendre auprès de vous. Je lui ai dit que, lorsqu'il serait devenu soldat comme son père, j'irais le reprendre. Je l'ai fait voyager de nuit et n'ai pu lui donner un seul kreuzer. Je vous salue très respectueusement. Je ne me nomme pas, car j'ai peur d'être puni. »

L'enveloppe contenait aussi un petit papier, épinglé à la lettre, et qui semblait avoir été écrit longtemps avant celle-ci. On y lisait : « L'enfant a été baptisé. Il s'appelle Gaspard. Conservez-lui son nom. Il est né le 30 avril 1812. Élevez-le jusqu'à l'âge de dix-sept ans et envoyez-le à Nuremberg pour qu'il entre dans le 6ᵉ régiment de cavalerie, où son père a servi. Pour moi, je ne puis le garder. Je suis une pauvre femme, et mon père est mort. »

Tout cela était bien mystérieux. Aussi, ne comprenant pas grand chose aux réponses de Gaspard, qui comprenait encore moins ses demandes, le bourgeois crut devoir conduire ce jeune homme au bureau de police. Le commissaire pensa d'abord à une mystification, mais, après plusieurs questions, il fallut bien se rendre à l'évidence et reconnaître qu'on avait affaire à un garçon qui avait été séquestré loin de tout centre d'activité humaine, de toute habitation, et qu'il ne connaissait aux choses de la vie guère plus que l'enfant qui vient de naître. On le fit marcher en ville : on constata qu'en passant devant une tour il eut un mouvement de frayeur; on lui montra, au loin, une montagne : il s'en étonna beaucoup; il n'en avait jamais vu. On voulut le faire manger : il fut impossible de lui faire prendre de la viande et de la bière : leur odeur le dégoûtait jusqu'à la nausée ; celle du tabac lui était profondément désagréable. C'était décidément un enfant poussé à l'état sauvage dans une séquestration absolue. On aurait tout à lui apprendre. Ne sachant qu'en faire, on l'enferma provisoirement dans la prison de la ville comme vagabond. Puis, le bourgmestre, M. Binder, le prit charitablement chez lui et chercha à le dégrossir un peu, mais ce ne fut chose aisée ni pour le maître, ni pour l'élève. On constata avec étonnement qu'il ne voulait prendre absolument que du pain et de l'eau. Tout le reste le dégoûtait. Ce qui ne le dégoûtait pas, par exemple, c'était son lit : il s'y trouvait si bien qu'il n'en serait jamais sorti. On sut, un peu plus tard, qu'il avait jusque là, toujours couché sur la terre dure.

Au bout d'un certain temps, habitué à cette vie nouvelle qui le changeait si fort de celle qui avait été la sienne jusqu'alors, il parvint à s'exprimer d'une façon à peu près compréhensible et voici ce qu'il raconta : « Je ne me rappelle pas avoir jamais vu autre chose que la cabane où je vivais, cabane qui n'était guère plus grande que deux fois la guérite d'un factionnaire. Elle avait deux fenêtres, mais petites, petites .. Je dormais sur un mince tas de paille, par terre, vêtu de ma culotte et de ma chemise de toile, mangeant du pain et buvant de l'eau ; j'étais heureux. Ne connaissant rien, je ne désirais rien. Je ne m'ennuyais pas : j'avais pour me tenir compagnie deux petits chevaux et un chien en bois sculpté, comme ceux qu'on fait à Nuremberg. C'étaient mes amis et ils me suffisaient. Quand je m'étais bien amusé avec eux, je m'endormais sur ma paille et c'est pendant ce temps-là qu'on venait remplacer le pain que j'avais mangé, l'eau que j'avais bue. Qui venait? Je l'ignore. Comment étais-je venu moi-même dans cette cabane? Je ne sais. Combien de temps y suis-je resté? Je ne le pourrais pas dire davantage. Mais un jour, j'eus peur : un homme, — je n'en avais jamais vu, — vint à moi : il me parla, il voulut m'apprendre à marcher. Toujours étendu sur ma paille, je ne m'étais jamais mis debout, je n'avais jamais marché ; mes jambes étaient raides, raides... Oh! comme cela me faisait mal de me tenir debout en m'appuyant au mur de la cabane pour ne pas tomber, de mettre un pied devant l'autre !... Pour la première fois, je souffris ; pour la première fois, je pleurai : je commençais à vivre! L'homme me força à marcher encore ; je ne le voulais pas : Il me menaça : j'obéis. Il m'apprit à lire et je regrettais de perdre mon ignorance de tout quand un jour il m'apporta un habit, un chapeau de feutre à larges bords et me conduisit à Nuremberg. Il me quitta en vue de la ville. Vous savez le reste. »

A la fin du mois de juillet de cette même année, Gaspard fut confié aux soins du docteur Daumer, de

Nuremberg, qui fit sur lui mainte expérience curieuse. Toute la ville ne s'entretenait que de lui et de son étrange séquestration. Bientôt toute l'Allemagne en parla aussi. Le bruit de l'intérêt bien naturel qu'il excitait dans le public arriva sans doute jusqu'aux oreilles de celui ou de ceux qui avaient jadis séquestré le malheureux garçon : peut-être ceux-là craignirent-ils qu'on ne perçât le mystère d'une origine que des intérêts, assez dénués de scrupules pour avoir déjà fait commettre un crime, voulaient absolument dissimuler : toujours est-il qu'un soir, le 17 octobre 1828, Gaspard fut trouvé sans connaissance, étendu dans une mare de sang. Il avait une large blessure à la tête. On l'entoura de soins; il revint à lui. Au bout de trois semaines, il put raconter qu'un homme, vêtu d'un grand manteau noir et dont il ne se rappelait pas les traits, s'était jeté sur lui, l'avait frappé, et qu'il était aussitôt tombé sans connaissance. Il ne savait ce qui s'était passé depuis ce moment jusqu'à celui où il s'était réveillé dans son lit, endolori de partout et la tête enveloppée de linges.

Il disait assurément la vérité, mais, malgré toutes les recherches, la police ne put découvrir son meurtrier.

Cette tentative d'assassinat sur un malheureux qui ne pouvait exciter que la pitié eut un immense retentissement en Allemagne. On se demandait quelle pouvait bien être l'origine de ce Gaspard pour qu'on l'ait d'abord séquestré loin du monde, ensuite pour qu'on ait tenté de le supprimer par l'assassinat. Un Anglais qui voyageait alors en Allemagne, le comte Stanhope, neveu de Pitt, fut touché du sort de ce pauvre garçon : croyant que les gens qui avaient intérêt à sa disparition n'hésiteraient peut-être pas devant un nouvel attentat où leurs mesures seraient mieux prises et dont Gaspard ne se tirerait pas, il voulut le soustraire à ce sort fatal. Après avoir obtenu des autorités de Nuremberg et du docteur Daumer que le jeune homme lui fût remis, il l'emmena à Anspach et le plaça chez un instituteur, M. Meyer. Il était là bien ignoré, bien en sûreté, à l'abri de tout malheur. De plus, le comte Stanhope, voulant éclaircir le mystère de sa naissance, remit une certaine somme à un savant d'Anspach, M. Feuerbach, qu'il chargea de faire des recherches sur l'origine de Gaspard. Il n'y avait pas deux ans qu'il était à Anspach, menant la vie la plus paisible du monde, s'instruisant et réparant par son application le temps perdu de son enfance, lorsqu'un matin il fut trouvé à terre, frappé mortellement d'un coup de poignard au flanc gauche. Cette fois, ses ennemis ne l'avaient pas manqué. Le pauvre garçon eut cependant assez de force, avant de mourir, pour expliquer comment il avait été attiré dans un guet-apens et pour donner le signalement de son assassin. Celui-ci ne put jamais être découvert : on a même accusé la police bavaroise de ne l'avoir pas recherché avec tout le zèle désirable.

Si vous passez jamais par Anspach, allez au cimetière : vous y verrez encore la tombe de Gaspard avec cette épitaphe :

Hic jacet Kaspar Hauser, enigma sui temporis.
Ignota nativitas, occulta mors.

« Ici repose Gaspard Hauser, l'énigme de son temps.
« Sa naissance est ignorée et sa mort mystérieuse. »

Les conjectures allèrent leur train dans toute
l'Allemagne à la nouvelle du second attentat, réussi
cette fois, qui venait de trancher par une mort mystérieuse la vie plus mystérieuse encore de ce nouveau
Masque de fer. La princesse Stéphanie qui, comme
on le sait, vivait fort retirée au fond de son château
de Manheim, avait été vivement frappée du nuage de
mystère qui entourait ce malheureux Gaspard Hauser. Un enfant inconnu, séquestré... Si c'était le
sien? Car la pauvre femme ne pouvait, en dépit des
années, croire que son fils était mort. Son instinct de
mère lui fait rapprocher des dates : qui sait? l'enfant
qu'elle pleure encore, qu'elle croit inébranlablement
lui avoir été enlevé, ne serait-il pas ce Gaspard Hauser? Pour elle, les rapprochements de dates, les calculs qu'elle fait sont exacts et ses présomptions prennent vite dans son esprit toute la clarté lumineuse
des certitudes. Frémissante, elle voudrait le voir :
mais comment faire? Et puis, à quoi cela pourrait-il
la mener? Comment, à quels signes reconnaîtrait-
elle qu'il est son fils? Et lui, comment verrait-il qu'elle
est sa mère? Il était si nouvellement venu au monde
quand il lui a été enlevé! Elle ne pourra jamais avoir
qu'une conviction morale : même avec ses calculs et
ses rapprochements de dates, avec certaines paroles
ambiguës surprises à des personnes de la cour ; ja-

mais elle ne pourra faire la lumière, mais une lumière éclatante pour tout le monde, sur ce dont elle est convaincue. Et la malheureuse se disait : « Que faire ? Que faire ?... » et se tordait les mains de désespoir.

Quelles qu'aient pu être les présomptions de Stéphanie, il ne paraît pas qu'elle ait fait le nécessaire pour les tirer au clair : pourquoi ? Il ne paraît pas non plus qu'on soit jamais arrivé, touchant les faits plus qu'étranges qu'elle soupçonnait véhémentement, à une conviction bien établie et bien authentique : mais le soupçon suffisait déjà et il planera éternellement sur ce mystère.

Le temps, qui apaise toutes les douleurs, amenait peu à peu un apaisement dans celle de la princesse, et, quand elle apprit que le malheureux Gaspard avait succombé sous les coups de ses ennemis, elle ne put que le plaindre de sa destinée fatale : elle porta pour la seconde fois, mais dans son cœur, le deuil de son fils, et Gaspard Hauser, cet enfant sans famille, fut longuement pleuré par la grande-duchesse douairière de Bade !

Mais tout a une fin, la douleur comme le reste. Stéphanie, que ses goûts mondains ne quittèrent jamais, et qui avait une ravissante habitation de campagne à quelque distance de Fribourg, y recevait ses intimes et étendait peu à peu le cercle de ses invitations. Elle y donnait des bals. « Il est impossible, a écrit une femme d'esprit qui eut l'honneur d'assister à ces bals, d'être plus charmante, plus gracieuse ; aussi était-elle adorée dans le pays, où le peuple et la bourgeoisie ne l'appelaient que « la bonne duchesse » (1). La reine Hortense se plaît aussi à reconnaître le bon cœur de sa cousine : on a vu que Stéphanie avait fait ce qu'elle avait pu pour lui être utile pendant cette année de 1815, si douloureuse pour elle. Aussi Hortense a-t-elle écrit dans sa reconnaissance, doublée d'un amer souvenir pour d'autres dont elle n'avait pas eu à se louer, qu'elle n'oublierait jamais « la constante affection de la grande-duchesse de Bade qui, seule de ma famille, dit-elle, m'a donné des soins dans mes malheurs » (2).

Son temps se passait agréablement ; elle menait la vie des princes d'alors, qui n'était pas, matériellement, plus opulente que la vie des gros bourgeois d'à présent, au contraire. Elle s'était liée assez particulièrement avec la princesse de Metternich, troisième femme du célèbre homme d'État autrichien qui, dans son *Journal*, trouve qu'elle « est extrêmement aimable » et fait d'elle les meilleurs éloges (3). Elle les méritait d'ailleurs, même physiquement, car elle avait en dépit des années, conservé une apparence jeune.

L'arrivée au pouvoir du prince Louis-Napoléon Bonaparte, fils de la reine Hortense, comme président de la République française, lui apporta une grande joie et c'est elle qui venait à Paris, quand le prince donnait des bals, pour faire les honneurs de

(1) Comtesse Dash, *Mémoires des autres*, t. II, p. 129.

(2) *La reine Hortense pendant l'année 1831*, fragments de ses *Mémoires inédits*, écrits par elle-même, p. 7, Paris, 1864.

(3) *Journal de la princesse Mélanie de Metternich*. Fragments cités dans les *Mémoires du prince de Metternich*.

l'Élysée. Quand, après le coup d'État de décembre, elle vit l'Empire rétabli en France, elle crut voir resplendir à nouveau les temps brillants de la cour du premier Napoléon ; elle aimait à retrouver, pour en parler avec eux, les survivants de cette époque extraordinaire. Elle écrivait, le 3 mars 1854, à M. J. de Norvins, qui avait été jadis envoyé auprès d'elle par l'empereur, en quelque sorte comme *directeur intime* : « Croyez bien que tous les souvenirs d'autrefois sont profondément gravés dans mon cœur et dans ma mémoire. Hélas ! mes meilleurs moments sont ceux où je pense à ces temps-là, temps de gloire et d'espérance ! — Vous vous souviendrez aussi de nos courses dans les montagnes, souvent par un temps bien mauvais, mais, à l'âge que j'avais alors, la pluie ou le soleil sont à peu près indifférents (1). »

Et c'est en croyant à un avenir indéfini pour la dynastie rétablie par Napoléon III ; c'est après avoir vu la naissance du prince impérial, les succès de la guerre de Crimée et ceux de la guerre d'Italie, que sans se douter des vices rongeurs qui minaient ce gouvernement d'apparence si solide et qui devaient, à bref délai, en amener la chute au milieu des revers et des désastres les plus épouvantables ; c'est au sein des splendeurs éphémères du second Empire que la princesse Stéphanie, grande duchesse douairière de Bade, mourut à Nice, le 29 janvier 1860.

Le 2 février, la dépouille mortelle de celle qui avait été, en 1806, la légère Stéphanie, fut embarquée à

---

(1) J. de Norvins, *Mémorial*, t. III. — *Papiers de Norvins.*

Nice, à bord d'un bâtiment de l'État, le *Caton*. L'empereur avait envoyé un de ses aides de camp, le général Roguet, pour le représenter à Nice et ramener le corps de celle qui avait été la fille adoptive de Napoléon, jusqu'aux frontières de Bade. Le *Caton* arriva le 3 février à Toulon. Au milieu des salves d'artillerie de toutes les batteries de la côte et de tous les bâtiments en rade, le corps fut transporté à la gare. Le lendemain, il arrivait à Strasbourg. Là, un service funèbre fut célébré en grande pompe à la cathédrale. Puis un nombreux cortège accompagna l'archiduchesse jusqu'au pont de Kehl où la remise du corps fut faite par le général Roguet aux délégués du grand-duc de Bade.

A Carlsruhe, il n'y eut point de cérémonie publique. Le corps fut exposé dans une chapelle ardente, conduit à Pforzheim et inhumé dans le caveau de la famille grand-ducale de Bade, à côté du corps du prince Charles, dans la chapelle du château.

LA

DUCHESSE DE CHEVREUSE

CHAPITRE PREMIER

Napoléon et la noblesse. — Rapport de madame de Genlis à
l'empereur sur l'esprit frondeur des salons. — Madame de
Chevreuse est signalée comme royaliste incorrigible. — M. de
Talleyrand arrange les choses. — Le duc de Luynes. — Madame de Chevreuse est nommée dame du palais de l'impératrice. — Sa naissance, son enfance, son portrait. — Madame
de Chevreuse sous le Consulat. — Mystifications. — La duchesse de Luynes. — Madame de Chevreuse reine du faubourg
Saint-Germain. — Grande maîtresse de la mode. — Fantaisies de la duchesse. — Madame de Genlis : la duchesse de Chevreuse entre en relations avec elle.

Napoléon avait le préjugé de la noblesse. Méneval
a beau dire, il l'avait. Un grand nom de la monarchie, un nom bien sonore et qui avait bonne mine en
imposait au-delà de ce qu'on croit généralement à

« l'homme aux mille coudées », à « l'homme des
siècles. » N'est-ce pas par suite de cette faiblesse
qu'il s'était laissé séduire par la vicomtesse de Beauharnais ? Enjôlé tout d'abord par le joli nom de la
coquette créole, qu'il s'imaginait valoir quelque chose
au faubourg Saint-Germain, avant de l'être par ses
grâces nonchalantes qui valaient encore moins, il
avait fini par se laisser faire, croyant épouser un
grand nom de la noblesse française. Ce n'est que
plus tard que M. de Talleyrand, surtout madame
de Genlis et le comte Louis de Narbonne rectifiè-
rent ses idées un peu « province » sur le noble faubourg.

Dès le Consulat, il fit des avances aux représentants des vieilles familles, par politique bien certainement, mais beaucoup aussi par goût. Joséphine,
sur ce point, se fit avec plaisir sa collaboratrice. Il lui
donna ses instructions et sembla ne s'occuper en rien,
lui qui avait si soigneusement trié, une fois consul,
les relations de sa femme, des personnes qui la venaient voir dans son appartement du rez-de-chaussée
des Tuileries. C'étaient surtout des femmes, mais
des femmes « d'ancien régime », comme on les appelait alors. Intrigantes pour la plupart, elles venaient
entretenir Joséphine des intérêts des Bourbons, des
siens aussi, disaient-elles, mais surtout des leurs.
Madame Bonaparte promettait toujours tout ce qu'on
lui demandait ; elle ne parlait même à ces dames
qu'avec une certaine timidité, d'un petit air soumis,
comme si elle demandait pardon de son élévation à
des personnes de si haute compagnie ; le plus souvent

elle se lamentait « en femme étonnée et embarrassée de sa grandeur présente », comme le remarquait justement une des habituées de ces audiences du matin, l'*amie* de l'agent royaliste d'Antraigues. Et c'est dans ce salon du rez-de-chaussée que venaient, à petit bruit, se faire les adhésions des royalistes au gouvernement consulaire. Madame Bonaparte en était à la fois le courtier et le négociateur. Le premier consul se réjouissait de ces adhésions auxquelles, de part et d'autre, chacun trouvait son avantage. Il faisait rayer de la liste des émigrés ceux qui déclaraient se rallier à lui et offraient quelque garantie ; il leur faisait rendre leurs biens séquestrés non vendus, accordait des places aux faméliques capables de les remplir et comptait, en retour, sur une reconnaissance qu'il n'obtenait presque jamais. Il était certainement heureux de rendre service à d'intéressantes victimes de nos bouleversements politiques ; il l'était davantage de le faire pour des gens de l'ancien régime. Il y mettait même une certaine vanité. Car il y eut toujours en lui, et très appréciable, le côté parvenu, et, même après le traité de Campo-Formio, même après Marengo, après Austerlitz, Iéna et Friedland, après la paix de Tilsit, il subissait le prestige des noms de l'ancien régime. Qu'était-ce cependant à côté de l'immortel éclat du sien? Et il se mettait, pour ceux qui les portaient, en frais de coquetterie. C'est donc un peu par admiration de la vieille noblesse, un peu aussi par jalousie, qu'il eut plus tard la pensée très politique, mais qu'on ne regarda pas alors comme heureuse, de créer une noblesse à lui, qui lui serait, espérait-il, dévouée, qui lui formerait une cour brillante, neutraliserait dans les provinces, en même temps que l'esprit rétrograde, l'influence de l'ancienne noblesse et, s'amalgamant peu à peu avec celle-ci, l'absorberait et la ferait oublier. Cet amalgame devait se faire, comme il l'avait prévu, mais après plus d'années qu'il ne le pensait : les jalousies, les haines réciproques sont tombées, les moqueries se sont tues, et grâce au puissant adjuvant de l'or sans lequel elles ne peuvent vivre et par lequel, d'ailleurs, elles périront à bref délai parce qu'elles ne veulent pas travailler, ces deux noblesses, qui ne comptent plus comme corps dans la vie du pays, se recherchent maintenant et s'allient entre elles.

En attendant, le premier consul cherchait à conquérir les vieilles familles et à s'en entourer. M. de Rémusat, M. de Luçay, M. de Cramayel, furent au nombre des quatre préfets du palais nommés par lui pour faire son service d'honneur aux Tuileries, et les quatre *dames pour accompagner* madame Bonaparte étaient mesdames de Luçay, de Talhouët, de Rémusat et de Lauriston. Toutes appartenaient à l'ancienne noblesse. A une si petite distance de la Révolution, il fallait, outre un sincère désir d'apaisement, avoir vraiment l'amour de la « gentilhommerie » pour risquer de s'aliéner le parti républicain en s'entourant de la sorte. Il est vrai qu'il était difficile, en dehors de la noblesse, de trouver l'éducation et les bonnes manières que Bonaparte voulait faire revivre en France. On peut observer aussi que c'était en même temps, de la part du consul, une manière de ballon d'essai pour se rendre compte de ce qu'il pouvait se permettre en fait de réaction, une façon de tâter le pouls à l'opinion en vue du rétablissement à son profit, du pouvoir personnel et absolu. L'essai avait réussi.

La proclamation de l'empire permit à Napoléon de satisfaire plus largement son goût pour les gens à titres et à particules. Il en peupla ses antichambres. « Il n'y a, dit-il un jour à propos de M. de Narbonne qui, en campagne, lui avait présenté une dépêche sur le revers de son chapeau, il n'y a décidément que les nobles pour savoir servir. » Et, lorsqu'il créa cette cour impériale si brillante, il leur ouvrit à deux battants les portes de son palais. Ils s'y précipitèrent en foule. Mais ce n'était pas des gentilshommes obscurs et besogneux qu'il lui fallait maintenant. Dans sa vanité de parvenu plus encore que dans l'intérêt de son fameux *système de fusion* dont il a tant parlé à Sainte-Hélène, il ne voulut prendre à ses gages, pour son service intérieur, que les plus vieux noms de la vieille France. Il lui fallut une La Rochefoucauld pour en faire la dame d'honneur de l'impératrice : en y mettant le prix, il l'eut. Beaucoup de femmes « d'ancien régime » ne se vendirent pas aussi cher et, sans attendre que l'empereur vînt les chercher, sollicitèrent de simples places de dames du palais, de lectrices même. Quand elles les obtenaient, par exemple, un peu honteuses devant leurs amies et leurs relations royalistes, elles prétendaient que la chose leur avait été imposée. Ah ! comme madame de Rémusat avait raison de dire que « les nobles

sont de la race des chats et s'attachent à la maison
plutôt qu'à leurs maîtres. » Elle calomniait bien un
peu les chats en disant cela, car ces bonnes petites
bêtes sont pleines de cœur et s'attachent à leurs
maîtres beaucoup plus qu'on ne le croit généralement : il s'agit seulement de ne pas les maltraiter et
de savoir les comprendre.

Mais, pour en revenir à la noblesse et montrer que
nous n'en parlons pas par esprit de dénigrement
mais en toute vérité, nous ajouterons que Chateaubriand partageait, sur celle qui s'était ralliée
à l'Empire l'opinion de madame de Rémusat : il
s'exprimait sur son compte avec la plus libre et
la plus méprisante franchise : « On ne s'explique pas de prime-abord, a-t-il écrit dans ses
illustres Mémoires, comment des hommes que leurs
noms rendaient bêtes à force d'orgueil, s'étaient mis
aux gages d'un *parvenu*. En y regardant de près,
on trouve que cette aptitude à entrer en condition
découlait naturellement de leurs mœurs : façonnés à
la domesticité, point n'avaient souci du changement
de livrée, pourvu que le maître fût logé au château à
la même enseigne... » Chamfort, quelques années
avant la Révolution, n'avait-il pas dit, à propos d'un
mot outrageant du comte d'Artois pour la noblesse (1), dont il était pourtant l'idole : « Cela n'em-
pêchera jamais la noblesse française de briguer en

(1) Voici ce mot : le jour de ses noces, le comte d'Artois, entouré de ses officiers, avait dit à sa jeune femme : « Tout ce
monde que vous voyez, ce sont nos gens. » Le mot avait été
entendu et n'avait plu que médiocrement.

foule des emplois où l'on fait exactement la fonction de valet. »

Tout le monde cependant, parmi les « gros bonnets » du faubourg Saint-Germain, ne mit pas le même empressement à endosser la livrée impériale, et si beaucoup de solliciteurs déclarèrent hypocritement avoir été *forcés* d'accepter une place aux Tuileries ou dans les maisons des princesses impériales, place qu'ils avaient le plus souvent sollicitée de toutes leurs forces, d'autres se virent contraints véritablement de l'accepter pour éviter des vexations et peut-être pis. Les calculs moins dignes qu'intéressés des premiers, leurs petites hontes et leurs petites hypocrisies ont été dévoilés et mis en scène de la plus sprituelle façon du monde par un des maîtres de l'art d'écrire, Prosper Mérimée, dans sa délicieuse saynète des *Mécontents*.

L'empereur était informé de cet esprit frondeur par ses polices et ses contre-polices. Mais c'est plus particulièrement madame de Genlis qui était chargée de le renseigner sur l'état d'esprit et sur les sentiments des salons de Paris. Madame de Genlis était logée à l'Arsenal et recevait un traitement de six mille francs par an pour faire ce service qui, en ses mains plus pratiques que délicates, devint bientôt un joli petit service d'espionnage. Mais c'était là, a dit madame de Rémusat, « servir l'empeur comme il voulait être servi », et la fine mouche le savait bien. Ce n'était pas très digne, par exemple, pas très honnête non plus, mais pouvait-on demander à cette « vieille marcheuse » de madame de Genlis d'avoir de la dignité et de l'honnêteté autrement que sur le papier?

A la fin de l'année 1805, le lendemain même du triomphe d'Austerlitz, l'empereur reçut le rapport de quinzaine de madame de Genlis. Ce rapport roulait entièrement sur l'état d'esprit de la société parisienne, sur les propos qui s'y tenaient, sur la crise financière et l'effet produit par la faillite de la banque Récamier... Madame de Genlis dénonçait particulièrement certaines libertés de langage, offensantes pour l'empereur, que l'on s'était permises dans quelques maisons du faubourg Saint-Germain. Elle citait ces maisons. Elle répétait ces propos. Ceux-ci, paraît-il, étaient plus que mordants. Ils blessèrent au vif l'amour-propre de l'empereur.

— Ah! vous vous croyez plus forts que moi, messieurs du faubourg Saint-Germain! disait-il en marchant à grands pas, jurant et sacrant comme un vieux caporal des grenadiers de sa garde ; nous verrons! nous verrons!

Ces mots étaient menaçants : celui qui les prononçait voyait alors à ses genoux tous les souverains de l'Europe et leur parlait en maître ; il pouvait se venger à sa fantaisie des traits plus ou moins venimeux que lui décochaient les vieilles douairières et les jeunes frondeuses des salons royalistes. Il ne voulut pas cependant, pour commencer, trop montrer les dents : il craignait de s'aliéner des bonnes volontés qui ne demandaient pas mieux, après avoir pris, devant le monde, un délai convenable pour bouder, que de venir à lui. Il s'occupa, avant tout, d'enrayer par des mesures promptes et vigoureuses, le mal apporté au crédit public par la crise financière. Après quoi, il s'occupa de ses ennemies. Les rapports de la police, corroborant les délations de madame de Genlis, signalaient douze ou quinze personnes comme incorrigibles et proposaient de les éloigner de Paris. Mesdames d'Avaux, de Chevreuse et Récamier étaient citées au premier rang ; puis venaient mesdames de Tourzel, de Charost, de Léon, d'Escars... Cette dernière, nous ne la plaindrons pas : mettant ses préférences dynastiques avant tout patriotisme, cette mauvaise Française avait été vue jetant au feu de colère le bulletin qui annonçait la victoire d'Austerlitz, et dénoncée le jour même.

Fouché, ministre de la police, était, à ce que nous apprennent les *Mémoires* de son successeur, le duc de Rovigo, l'auteur de ce beau projet d'exil. L'empereur, en route pour la France, se trouvait à Munich lorsque le rapport lui parvint. Sa colère contre les salons du faubourg Saint-Germain le reprit. M. de Talleyrand chercha à le calmer. Très intéressé naturellement à tout ce qui concernait « le faubourg », il eût regretté de voir frapper quelques-unes des personnes dénoncées, qui étaient de ses amies. Leur exil eût changé désagréablement ses habitudes à son retour à Paris. Il aurait surtout vu avec chagrin chasser madame de Chevreuse. Son éloignement de Paris aurait sûrement amené la fermeture des salons de l'hôtel de Luynes, et il en eût été bien fâché, car la jeune duchesse de Chevreuse, qui en était le boute-entrain, l'amusait par sa vivacité et ses boutades lorsqu'il allait, le soir, y faire sa partie. Aussi dit-il à l'empereur qu'on lui avait exagéré les choses, qu'il ne fallait point attacher trop d'importance à un rapport de policier, qu'il était prudent de se défier des excès de zèle de ses agents, toujours portés à accueillir de simples on-dit, à les amplifier pour plaire et se faire distinguer. Il ajouta que la duchesse de Chevreuse, particulièrement, ne pouvait être coupable, qu'elle était fort jalousée pour son esprit, sa beauté, sa fortune, son rang, et qu'il y en avait là plus qu'il n'en fallait pour expliquer les calomnies et la dénonciation dont elle était l'objet. Bref, il se portait garant des sentiments de la famille de Luynes en général, de ceux de la duchesse de Chevreuse en particulier, et concluait en disant, de son petit air détaché, qu'en toute cette affaire il n'y avait pas de quoi fouetter un chat.

L'empereur, tout en doutant, et avec raison, des sentiments de fidélité ou de sympathie que ces royalistes de vieille souche pouvaient avoir pour sa personne et son gouvernement, ne demandait pas mieux que d'ajourner les sévérités. Le vainqueur d'Austerlitz subissait le prestige du nom des ducs de Luynes et de Chevreuse, plus que ceux-ci ne subissaient le prestige de la gloire guerrière qui était dès lors attaché au sien pour l'éternité. Il raya donc de la liste de Fouché le nom de madame de Chevreuse.

— Mais, poursuivit M. de Talleyrand, pourquoi ne nommeriez-vous pas la jeune duchesse de Chevreuse dame d'honneur de l'impératrice, — ou quelque chose comme cela? Ce serait là un acte de bonne politique et qui pourrait avoir une bien grande portée...

L'empereur eut beau lui objecter que la duchesse se drapait dans un royalisme intransigeant et qu'elle se faisait, à l'hôtel de Luynes, chez son beau-père, le centre des intrigues et des espérances de ses ennemis, M. de Talleyrand, avec un petit haussement d'épaules discrètement dédaigneux, lui répondit que c'étaient là des cancans et propos de concierges, répétés par des agents trop zélés qui donnaient à d'insignifiants commérages de femmes une importance qu'ils n'avaient pas. Il ajouta, que, d'ailleurs, il répondait de tout.

L'empereur ne demandait pas mieux que de se laisser convaincre. Au nombre des familles les plus considérables et les plus considérées qu'il voulait rapprocher de lui était la maison de Luynes. Pour se la concilier, il avait déjà, le 1er septembre 1805, nommé sénateur, en même temps que le duc de Choiseul-Praslin, le duc Albert de Luynes. Le noble duc, bien qu'il eût été député aux États généraux, n'avait rien qui le recommandât spécialement pour un mandat législatif, ou plutôt pour une fonction publique, car un sénateur alors n'était pas autre chose qu'un fonctionnaire ; la souplesse de son échine et de sa conscience était à peu près toute la capacité qu'on exigeait de lui, et, pourvu qu'il dit *amen*, à toutes les volontés de l'empereur et fût muet sur le reste, sa nullité, son oisiveté et sa servilité étaient bien rentées et il jouissait lui-même de toute liberté et de toute considération. Le duc de Luynes n'avait pas un caractère moins accommodant que les autres sénateurs. On doit cependant lui reconnaître un mérite : celui de n'avoir nullement ambitionné le siège que l'empereur lui donna dans son Sénat. Le digne homme ne manquait pourtant pas d'une certaine aptitude à l'occuper, ayant la fâcheuse infirmité de « s'endormir partout où il s'arrêtait seulement une minute. » Mais qu'importe? Dans les hautes fonctions publiques, pour les représentants du peuple et pour les ministres, ne sait-on pas que de tout temps point ne fut besoin de capacité? « On prend constamment pour ministres dans le pays où il y a le plus d'esprit, a écrit le prince de Ligne, les hommes qui en ont le moins. » On exige un apprentissage et du savoir-faire du moindre ouvrier cordonnier, et l'on n'en exigeait pas pour les fonctions politiques les plus importantes. Passe encore si l'on eût exigé de la probité!... Je ne parle pas, bien entendu, du temps présent : on me dit que les choses ont complètement changé. Allons, tant mieux : il en était grand besoin.

Quoiqu'il en soit, le duc de Luynes avait dû se résigner à sortir un peu de ses habitudes casanières, et c'est au palais du Luxembourg que ce gros paquet de sénateur allait maintenant, à petit bruit, reposer la masse épaisse et informe de son corps, et faire de temps en temps sa sieste digestive. Il avait été ravi de sa nomination au Sénat, mais, par genre, par pose devant ses amis royalistes, il laissait volontiers entendre qu'il avait été contraint de l'accepter, que des raisons... de haute convenance, la crainte qu'on ne lui confisquât ses biens... son amour pour ses enfants auxquels il ne voulait pas faire de tort... bref, il s'était sacrifié et le faubourg Saint-Germain aurait eu tort de ne pas lui tenir compte de son héroïsme.

L'empereur se méprenait un peu sur les sentiments de ces royalistes qu'il croyait plus sincèrement ralliés qu'ils ne l'étaient en réalité à son gouvernement et à sa personne. Aussi bien ne pouvaient-ils si tôt oublier leurs privilèges et leurs traditions. Il faut au moins trois générations pour changer ainsi du tout au tout la manière de voir d'une masse de familles, surtout quand celles-ci ont été atteintes si cruellement dans leurs biens. En outre de ces griefs et d'un attachement véritable à leurs princes, les royalistes avaient des trésors de haine contre ce parvenu des champs de bataille qui incarnait les idées de la Révolution, bien faussées pourtant, sous sa couronne impériale, et qui forçait quelques-uns d'entre eux à choisir entre la honte d'un servage doré et l'honneur d'une indépendance, fût-elle besogneuse et pauvre. Non pas tant par cette mise en demeure d'opter, que parce que leur option démasquait leur bassesse en montrant qu'ils préféraient l'argent à la fierté et à la liberté. Voilà surtout pourquoi l'empereur était détesté de ceux mêmes qui acceptaient ou qui sollicitaient ses bienfaits, de ceux qui, plus que personne, auraient dû lui vouer fidélité et dévouement, si les âmes vénales étaient capables de voir au monde autre chose que leurs intérêts matériels. Mais la noblesse commençait à s'embourgeoiser après cette longue crise de la Révolution et c'est elle qui est un peu responsable de ce culte du veau d'or, de cet amour effréné de l'argent, du luxe, de la représentation, de la jouissance à outrance, de l'oisiveté et de toutes les corruptions qu'elle traîne à sa suite, plaies sociales qui sont, de nos jours, les principales causes d'affaiblissement de la France, surtout dans sa natalité, et lui font plus de mal qu'une guerre malheureuse.

Si l'empereur gardait quelques illusions sur les sentiments des royalistes à son endroit, il ne croyait guère à de la reconnaissance pour lui à l'hôtel de Luynes (1). M. de Talleyrand ne l'avait pas convaincu. Cela ne l'empêcha pas cependant, soit pour forcer la maison de Luynes à s'attacher à lui par les liens de la gratitude, soit seulement dans l'intention plus personnelle de donner du lustre à sa propre maison, de se rendre à l'avis émis par son ministre des relations extérieures. Aussi, le 10 février 1806, la duchesse de Chevreuse, belle-fille du duc de Luynes, était nommée dame du palais de l'impératrice. Dans la même promotion figuraient madame de Mortemart, madame de Montmorency-Matignon, et même une impérialiste fort dévouée, madame Maret, la future duchesse de Bassano.

La nomination ne s'était pas faite sans quelque appréhension chez l'empereur. Il avait eu soin de la préparer et de la faire négocier dans toutes les formes. Ce fut une véritable affaire diplomatique. M. de Talleyrand, qui était l'ami de toutes les duchesses, l'était surtout de la duchesse de Luynes.

(1) L'hôtel de Luynes contenait, outre le duc et la duchesse, presque toute la famille de madame de Luynes, son fils et sa belle-fille, son gendre et sa fille, son frère le duc de Laval et son neveu Adrien de Montmorency.

C'est lui qui la détermina à accepter pour sa belle-
fille cette place de dame du palais. Il avait trouvé de
la résistance par exemple, mais il en avait triomphé
en agitant devant les yeux de la duchesse, en cas de
refus, le spectre de la disgrâce, de la confiscation des
biens et de l'exil.

Ce n'était pas tout que d'avoir l'assentiment du
beau-père et de la belle-mère : il fallait aussi celui de
la belle-fille, et celui-là pouvait être plus difficile à
obtenir. Quant à l'avis du mari, il n'en était pas question : le duc de Chevreuse, malgré sa bonté et son
bon sens, à cause d'eux plutôt — car sa femme, qui
traitait tout légèrement, n'appréciait guère ces qualités — et à cause qu'il avait plus de philosophie résignée que de caractère, le duc de Chevreuse avait
abdiqué toute autorité devant les abus de fantaisie de
sa femme. Aussi n'était-ce pas sur lui que la duchesse
avait placé ce qu'elle pouvait avoir de sentiments ro-
manesques au cœur. M. de Chevreuse ne comptait
pas chez lui. M. Geoffrin avait-il compté davantage
auprès de son illustre épouse ? M. de Staël, M. de
Krüdener, tout ambassadeurs qu'ils étaient, M. Récamier, comptaient-ils pour quelque chose auprès, on
plutôt aux yeux de leurs non moins illustres femmes ?
Ah ! il n'est pas besoin qu'une femme soit célèbre, on
cherche à le devenir pour reléguer son mari au rang
de quantité négligeable : laissez-lui toute licence et la
bride sur le cou, et vous verrez ce qu'il en adviendra
de votre autorité et de votre liberté. Et cela, même
avec la femme la plus laide et la plus sottement insignifiante. A plus forte raison quand elle a des pré-

tentions à la beauté et à l'esprit, et qu'elle est, de plus, personnelle, capricieuse et fantasque comme l'était la duchesse de Chevreuse.

Cette jeune femme a tenu une trop grande place dans la société parisienne de son temps pour qu'on ne rappelle pas les principaux traits de son caractère et de son visage, ainsi que les épisodes les plus marquants de sa vie, avant le moment où Napoléon voulut sertir ce joyau nobiliaire sur sa couronne impériale. Car avant de devenir une manière de personnage officiel, de fonctionnaire du palais, la duchesse avait eu une époque antérieure, celle du Consulat, sur laquelle il est nécessaire de s'étendre un peu.

Ermesinde de Narbonne-Pelet, dont on aurait pu croire le prénom choisi parmi ceux des héroïnes de mademoiselle de Scudéri, le tenait pourtant de sa famille. Depuis que la vicomtesse Ermesinde Béranger de Narbonne avait épousé en l'an 1190 Manrique de Lara, grand seigneur espagnol, ce nom d'Ermesinde était, comme une infirmité, demeuré héréditaire dans la famille.

Est-ce l'influence de ce nom de roman qui fit de madame de Chevreuse une personne aussi excentrique que romanesque ? Il y contribua peut-être, mais les gâteries dont furent entourées son enfance et sa jeunesse firent bien plutôt l'ouvrage : elles développèrent, en tout cas, au lieu de les réfréner, ses dispositions à l'indépendance du caractère. Ermesinde n'était cependant pas une enfant des plus charmantes, à en croire les mémorialistes : une de ses compagnes prétend qu'elle n'était alors qu' « un paquet grognon », et il paraît certain que, par le peu de soin qu'elle prenait alors de sa mise, elle avait vraiment quelque affinité avec un paquet mal ficelé; que, de plus, l'expression de son visage maigre et pâle était fort boudeuse, que sa nature l'était aussi, et que rien, en somme, ne faisait pressentir en elle la svelte et élégante jeune femme qu'on la vit devenir après son mariage.

En attendant, sa famille la gâtait à l'excès. C'était un mauvais service à lui rendre, mais que voulez-vous ? Les parents sont presque tous les mêmes et ne sont contents que lorsqu'ils ont fait de leurs enfants des petits despotes aussi insupportables dans une famille que les grands dans une nation. Pour les jeunes filles cependant cela a moins d'inconvénients que pour les garçons, car le monde a d'inépuisables indulgences pour leurs défauts, surtout quand ils s'appuient sur un grand nom et sur une grande for-tune. C'était le cas pour la jeune Ermesinde. De plus, il était convenu dans son entourage de lui trouver de la beauté. Née dans une situation modeste, personne n'eût jamais songé à lui en découvrir, n'eût même daigné jeter sur elle un regard bienveillant. Mais, belle-fille du duc et de la duchesse de Luynes, née Narbonne, duchesse elle-même et un demi-million de revenu par dessus le marché, qui donc ne l'eût pas proclamée belle entre les plus belles, parfaite entre les plus parfaites ? Elle avait les yeux si vifs, la peau si blanche !... Mais la peau des rousses. Car Erme-sinde était rousse. Non pas de ce roux sombre et majestueux des femmes de l'Albane ou du Corrège, le roux de Marie Stuart, mais, j'ai regret de le dire, du plus vulgaire rouge carotte. Ses compagnes — les enfants sont sans pitié — l'avaient surnommée *queue de vache* et aussi *quenouille*. C'était montrer un bien vilain cœur car, même en regardant comme un défaut la brillante rutilance de ses cheveux, ces petites filles, aussi méchantes que si elles étaient déjà grandes, auraient dû penser que nul ne peut être rendu responsable de la couleur de sa peau et de sa chevelure. Ermesinde elle-même, malgré une indulgence exagérée pour sa personne, partageait ce préjugé sur les couleurs qui, au fond, ne sont qu'une affaire de mode. Toute nuance est belle quand elle est portée avec grâce par une femme bonne, douce et aimable. Mais, malgré son mépris du *qu'en dira-t-on*, Ermesinde n'avait pas, sur ce point, le courage de ce qu'elle était. Elle avait eu la faiblesse de se faire tondre au ras du crâne et portait perruque, une adorable petite perruque blonde, mais d'un blond vivant et doré qu'elle s'était fait faire par Duplan, ce grand artiste en perruques qui devint le coiffeur de madame Bonaparte et de toutes les femmes de la famille consulaire. Qu'eût-elle dit de notre époque où tant de femmes passent plusieurs heures par jour, — ces heures qui fuient si vite et qui ne suffisent pas à tout ce que nous devrions faire ! — à teindre en roux les cheveux qu'il a plu à la nature de leur donner d'une autre couleur ?

Enfin, la duchesse de Chevreuse n'était nullement jolie, quoiqu'on en ait dit. Elle avait assurément une certaine grâce, mais dans son allure et dans sa personne plutôt que dans son visage ; une certaine distinction aussi, mais toute de surface et plus voulue que naturelle. A détailler ses traits, on n'en eût pas trouvé un seul qui fût régulier ou bien fait. On a même prétendu, et c'est une femme qui l'a écrit, qu'elle avait « tout ce qu'il fallait pour être laide. » Dire qu'elle le fut serait cependant trop dire. Ses yeux étaient assurément trop petits, sa bouche trop grande, son nez insignifiant. Mais comme la jeune femme se relevait par un art à elle de tirer parti de si minces avantages ! Comme l'élégance de sa taille, l'imprévu de ses manières, l'originalité de ses grâces un peu gamines et certain attrait personnel qui montre qu'on est soi et non la copie d'un autre, faisaient vite oublier une beauté qu'elle n'avait pas ! On ne peut dire qu'elle fût fière, — ce qui eût été une qualité. Mais elle était, — ce qui n'en est pas une, — un peu trop pétrie d'orgueil nobiliaire et de vanité féminine, personnelle, hautaine, méprisante, d'une nature à la fois nonchalante et active. Une âme nullement poétique d'ailleurs, et qui ne fut jamais tourmentée par trop d'idéal. Non, le « mal sacré, » elle ne l'avait pas et était bien incapable de l'avoir jamais. Elle ne tenait pas à être aimée, mais, comme le disait mademoiselle de l'Espinasse de la plupart des femmes du monde, elle ne demandait qu'à être *préférée* : par exemple, elle voulait l'être de tout le monde, du moins dans son monde. Le reste, à ses yeux, n'existait pas. Convaincue de ses talents et de son esprit, munie d'un aplomb des mieux conditionnés, elle se drapait en femme supérieure et, de fait, était supérieure à bien des femmes, non pas parce qu'elle le croyait et cherchait à le faire croire, mais parce qu'elle avait une véritable originalité d'allures et de caractère. Elle eût assurément mieux fait de chercher à se perfectionner, à se corriger de ses défauts. Mais qu'elle est donc la femme qui se donnerait l'ennui d'une pareille tâche ? La nonchalance d'Ermesinde d'ailleurs trouvait trop son compte dans le laisser-aller pour qu'elle prit la peine de se réprimer sur le moindre point. Son instinct de femme doublé de son expérience des salons lui disait que le monde se contente généralement des apparences. Alors, pourquoi se donner le désagrément de se contraindre puisqu'elle plaisait comme cela ? Pourquoi se corriger, pourquoi travailler à acquérir des qualités, puisque, sans qu'elle se donnât la moindre peine on portait aux nues ses défauts?... Elle avait d'ailleurs de la verve, de la saillie, de l'esprit d'à-propos. Mais pas de nuances, par exemple ; ce n'était pas son genre. Avec sa mine hautaine et son petit air de n'y pas toucher, personne mieux qu'elle, de sa langue acérée, ne vous piquait une épigramme au visage... ou dans le dos ; si elle s'avisait de mordre, personne mieux qu'elle n'emportait le morceau. Et j'ai dit qu'elle n'avait pas de qualités !... Malheureusement, en tout elle forçait la note, pour forcer l'admiration, et réussissait à merveille. Dénuée d'équilibre, parfois aussi de sens commun — et, au fait, elle était encore bien jeune — il lui arrivait presque toujours de manquer de mesure. Sujette aux engouements et aux antipathies, prompte, mobile, incapable de réflexion, de discipline et de retenue, ses excentricités étaient trop souvent de mauvais goût. Trop souvent aussi elles furent de mauvais ton et, par suite de son extrême naturel, elles tournèrent à l'extravagance par une liberté qui ne connaissait pas de bornes. Comme en ce jour où elle fit le pari passablement hasardé de se promener seule, à onze heures du soir, sous les galeries du Palais-Royal, d'y accoster son frère Albéric qu'elle savait devoir passer par là, et de lui prendre le bras sans être reconnue de lui. Une femme au cœur haut et aux sentiments délicats n'imaginerait jamais une plaisanterie aussi déplacée. Cela, elle ne l'avait pas compris. Son frère, qui la reconnut tout de suite à sa voix, le lui fit comprendre et la tança rudement. On voit d'ici la scène, sous des arcades éclairées faiblement par de sombres quinquets. La jeune femme avait compté sur un succès de fou rire et d'esprit : elle n'eut qu'un succès de fâcheries et de réprimande. Et c'est fort déconfite et pleurant tout le long du chemin que l'inconsciente Ermesinde fut reconduite par son frère, qui n'eut jamais tant raison que ce soir-là, jusqu'à l'hôtel de Luynes.

Mais, le lendemain, les larmes et la leçon étaient oubliées et la jeune duchesse courait à de nouveaux plaisirs et à de nouvelles fredaines. Les mystifications étaient alors de mode : lisez les *Mémoires* de la duchesse d'Abrantès, ceux du duc de Raguse, ceux du général Thiébault... vous y verrez ce qu'était ce sot divertissement, qu'on trouvait alors spirituel. La

duchesse de Chevreuse aimait trop à s'amuser et
était trop la femme de la mode pour ne pas se mêler
elle aussi, de mystifier les gens. Mais, là encore, un
bon goût impeccable ne présidait guère à ses inven-
tions. Ne s'avisa-t-elle pas, toujours aussi inconsciem-
ment étourdie que lors de son équipée du Palais-
Royal, oublieuse, de plus, du respect qu'elle devait à
des parents âgés, de mystifier son beau-père ? Elle
fit venir à l'hôtel de Luynes un vieux mendiant porteur d'une vénérable barbe blanche, qu'elle avait remarqué sous le porche de l'église Saint-Roch, et lui
expliqua ce qu'elle attendait de lui. Il s'agissait tout
simplement, pour le vieillard, de se laisser « accommoder » par un perruquier, d'endosser un « habit
habillé », de laisser battre une épée le long de ses
tibias préalablement enfermés dans des bas de soie
noire, de se chamarrer de cordons et de rubans de
tous pays, et, ainsi fait, de venir comme un invité à
une soirée qu'on donnait à l'hôtel de Luynes. La duchesse lui recommanda de se laisser faire, de suivre
exactement ses instructions et surtout de ne pas dire
un seul mot, de ne proférer que quelques sons inintelligibles en réponse à tout ce qu'on lui pourrait
dire. Il aurait, après la fête, la pleine propriété des
beaux vêtements qu'elle ferait faire pour lui, celle de
l'épée et des décorations, sans compter une bonne
gratification par-dessus le marché. Heureux de
cette aubaine, le mendiant promit tout ce qu'elle
voulut.

Le soir du bal, se pavanant majestueusement dans
son « habit habillé », bombant la poitrine pour mieux

étaler ses décorations et ses ordres multiples, le vieillard fait son entrée dans le salon, au milieu des autres invités. La duchesse de Chevreuse, qui le guette, court à lui, le prend gracieusement par le bras et, lui renouvelant tout bas ses instructions, le mène à son beau-père. Elle le lui présente sous un nom impossible à prononcer et l'annonce comme un des principaux personnages de la cour du roi de Suède. Aussitôt on comble le vieillard de prévenances, on s'empresse autour de lui, on loue la distinction de ses manières... Pendant ce temps, la jeune espiègle jouissait jusqu'à la racine des cheveux, sous sa perruque blonde, du succès de sa petite manigance : elle était littéralement aux anges en voyant le mendiant jouer son rôle à ravir et mystifier tout le salon. Le lendemain seulement, pendant le déjeuner, tandis que le duc de Luynes ne tarissait pas d'éloges sur le noble Suédois, sur son bon ton, sur sa façon suprême, l'enfant terrible qu'était Ermesinde se tordait de joie sur sa chaise, et c'est en riant aux larmes qu'elle avoua sa supercherie. Comme c'est elle qui faisait la pluie et le beau temps à l'hôtel de ses beaux-parents, on lui passa cette mauvaise farce comme on lui passait les autres ; peut-être même lui fit-on compliment sur son esprit et sur son bon goût, car elle recommença de plus belle ses excentricités. La Rochefoucauld l'a bien dit : « L'esprit de la plupart des femmes sert plus à fortifier leur folie que leur raison. » D'ailleurs, il faut bien le dire, à cette époque on ne songeait guère qu'à s'amuser, et l'on n'était pas très difficile sur le choix de ses amusements. On avait été si longtemps privé de distractions pendant la crise révolutionnaire, tant en France que pendant l'émigration, qu'on s'évertuait à rattraper le temps perdu. Comme on craignait aussi de nouveaux bouleversements, qu'on voyait que le pouvoir du premier consul, de jour en jour plus grand, se changerait rapidement en pouvoir absolu et, comme tel, tendrait à la tyrannie, que, de plus, la guerre avec l'Angleterre venait de se rallumer après la rupture du traité d'Amiens, on voulait s'amuser par avance et faire provision de plaisir pour les temps difficiles. Car pouvait-on prévoir les épreuves que l'avenir semblait réserver encore à la France ? Aussi s'amusait-on comme à la tâche, pour le passé et pour l'avenir, mais surtout pour le présent.

L'hôtel de Luynes était peut-être le lieu de Paris où l'on donnait les plus belles fêtes. Le maître de la maison, homme faible, était en tout, assez insignifiant ; on sait que c'est un peu pour cela, beaucoup pour son nom, drapeau qui devait rallier à l'Empire les royalistes, que Napoléon avait fait de lui un sénateur. Son ancêtre, le connétable, homme méprisable, qui illustra son nom comme ministre et favori du roi Louis XIII pour le mérite distingué qu'il avait à « bien dresser des faucons » et à sonner du cor « sans baver dedans », et aussi en poussant le roi à faire assassiner le maréchal d'Ancre, avait eu assurément d'autres qualités que l'histoire n'a pas enregistrées (1)

(1) Voici un autre genre d'illustration dans la même famille. « On sait, raconte Chamfort, que M. de Luynes ayant quitté le service pour un soufflet qu'il avait reçu sans en tirer vengeance,

et qui faisaient totalement défaut au nouveau sénateur de l'empereur. Mais la duchesse de Luynes était
supérieure à son mari. Née Elisabeth de Montmo-
rancy-Laval, elle avait été d'une grande beauté dans
sa jeunesse : une physionomie charmante, une peau
fine, blanche et rose, transparente et nacrée comme
un pétale de camélia, un nez fin et spirituel... Malheureusement, la petite vérole avait mis bon ordre à tout
cela et laissé sur ces traits délicieux des marques dé-
solantes de son passage. Le visage de la duchesse
était absolument ravagé. Quel deuil!... Il lui avait
fallu renoncer, la pauvre, à l'enivrante carrière de
jolie femme qui, à peine ouverte devant elle, s'était
brutalement refermée. Elle en prit cependant son
parti avec courage, — il le fallait bien, hélas! — et,
tout en conservant sa place de dame du palais de la
reine Marie-Antoinette, elle renonça aux occupations
de son sexe, c'est-à-dire à ne rien faire. Elle commença par enfiler sous sa robe une culotte de peau,
finit par ne plus guère s'habiller qu'en homme et

fut fait bientôt après archevêque de Sens. Un jour qu'il avait
officié pontificalement, un mauvais plaisant prit sa mitre et,
l'écartant des deux côtés : « C'est singulier, dit-il, comme cette
» mitre ressemble à un soufflet. » Il devint cardinal, mais le
prince de Ligne avait une pauvre idée de son esprit.

Depuis, d'autres membres de la maison de Luynes conqui-
rent une illustration de meilleur aloi, et il serait injuste de ne
pas citer le duc de Luynes qui écrivit de bons *Mémoires* anec-
dotiques sur le règne de Louis XV, un autre duc de Luynes
qui fut un archéologue distingué et fit beaucoup pour l'étude
de la Grande-Grèce, un autre qui mourut au champ d'honneur,
à Patay, en 1870, un autre enfin qui, depuis, se livre avec
succès à l'étude des sciences...

passa presque toutes ses journées à cheval, escadronnant par toutes les routes, galopant par monts et par vaux, chassant perpétuellement et passant sur de malheureuses bêtes qui n'en pouvaient mais la mauvaise humeur qu'elle ressentait toujours de n'avoir pu devenir un de ces jolis meubles de salon, une de ces poupées parlantes pomponnées, poudrées, enrubannées et musquées qu'elle aurait été sans sa fâcheuse maladie. Il lui arrivait bien par-ci par-là, à force de courre le cerf et le sanglier, de se casser un bras, une jambe... Mais aucun de ces menus détails ne la rebutait : à peine raccommodée, elle se remettait en selle et courait à de nouveaux hasards et à de nouvelles aventures. C'était, je vous dis, un vrai garçon. Aussi, quand elle s'habillait en femme, ce qui lui arrivait bien quelquefois, elle était la première à se moquer d'elle-même et de sa tournure qu'elle appelait sa *dégaine*. Ses goûts d'indépendance et de liberté au grand air ne l'avaient pas empêchée de se marier : au contraire, puisqu'en France une femme n'acquiert l'indépendance que dans les liens du mariage. En 1768, donc, elle épousa Louis d'Albert, duc de Luynes, homme très peu remarquable si ce n'est pas son obésité, et dont on avait fait un maréchal de camp, puis un député aux Etats-Généraux. C'était au physique comme au moral, l'être le plus mou qu'on pût imaginer. Aussi justifiait-il de tout point ce mot du duc de Laval, frère de sa femme, lorsque celui-ci apprit la première grossesse de la duchesse : « Pardieu, avait-il dit, je suis bien aise de ce que j'apprends là. Cela me prouve deux choses dont je n'étais pas sûr :

c'est que ma sœur est une femme et que mon beau-
frère est un homme (1). »

Telle qu'on la connaît, et malgré certaines tendances libérales — influence de ses vêtements masculins sans doute — qu'elle avait eues en 1789 et que
son amie, la marquise de Laage de Volude lui a fort
reprochées dans ses *Souvenirs*, la duchesse de
Luynes était donc bien faite pour comprendre sa
belle-fille. Quoique la passion du jeu ait remplacé
chez elle, avec l'âge, la passion de la chasse, les fantaisies d'Ermesinde ne la choquaient jamais. N'avait-
elle pas elle-même, ce qui avait beaucoup plus scan-
dalisé ses amis du noble faubourg que ses vêtements
d'homme et ses éternelles courses à cheval, installé à
son château de Dampierre une imprimerie, et n'avait-
elle pas appris le métier d'imprimeur ? Une Montmorency, une de Luynes, quoiqu'elle s'avise de faire,
ne déroge jamais : on l'avait critiquée cependant, et
pour la chose la plus intelligente qu'elle eût faite de
sa vie. Mais personne ne se permit plus de rien dire
après qu'elle eût appris aux ignorants que madame
de Pompadour avait imprimé elle-même, de ses jolies
mains de maîtresse du roi, à Versailles, une tragédie
de Corneille, *Rodogune ;* qu'Horace Walpole, un
lord, le fils d'un grand ministre, avait lui aussi une
imprimerie à sa belle résidence de Strawberry-Hill
et que le prince de Ligne en avait une également à
sa superbe terre de Bel-Œil. Au demeurant, comme

______

(1) M. le duc de Laval, frère de la duchesse de Luynes, était
père d'Adrien de Montmorency.

sa belle fille, elle se moquait absolument du *qu'en
dira-t-on* et laissait aux sottes la petitesse de s'en
émouvoir, — ce en quoi elle avait joliment raison.
Elle avait un profond mépris de la mode et, en 1805,
elle s'habillait, moins la culotte de peau, comme
en 1778. Elle avait d'ailleurs renoncé aux vêtements
masculins depuis la Révolution.

Sans s'offenser, par esprit de corps sans doute, du
rôle effacé de son fils auprès de sa femme, (le duc de
Luynes n'était-il pas aussi effacé dans sa propre
maison?) non seulement elle pardonnait tout à Ermesinde, qu'elle appelait avec une câline complaisance
« ma charmante », mais elle l'admirait en tout, particulièrement en ses fredaines les plus tapageuses. Car
cette pauvre Ermesinde ne pouvait se passer d'en
faire. Et pourquoi se serait-elle privée de ce plaisir ?
Chez elle, toute sottise était trouvée spirituelle. L'a-
veuglement qu'on avait pour ses inconséquences
était tel, que son faible époux et son non moins faible
beau-père lui laissèrent la direction, non seulement
de la maison, mais encore de la fortune de la famille.

C'était là une grave et imprudente erreur. Mais
ces femmes ardentes, ces natures déséquilibrées ne
se montrent telles et ne sont si envahissantes que
parce qu'elles n'ont pas trouvé « leur mâle », l'homme
qui les aurait disciplinées, domptées plutôt, c'est le
mot, par sa force de caractère et de volonté : elles ont
besoin de sentir l'étreinte d'une main de fer, dûssent-
elles en être meurtries : un peu de brutalité ne leur
déplaît pas ; elles ne peuvent aimer qu'un plus tyran

qu'elles. Celui-là, par exemple, si elles le trouvent, elles l'adoreront. Mais un homme doux, aimant, rangé... Ah ! fi. Il leur faut un maître, vous dis-je, et non pas un esclave.

C'est en mettant en pratique la facile philosophie du monde, perfectionnée par elle et adaptée à merveille à ses fantaisies, que la duchesse de Chevreuse avait su imposer ses supériorités frivoles dans le milieu élégant et distingué des royalistes et des émigrés rentrés qui formaient le fond du salon de l'hôtel de Luynes. C'était là tout un monde, mais un monde fermé et bien à part, ce qu'on appelait « les honnêtes gens » au dix-huitième siècle, et qui étaient une jolie promiscuité nobiliaire. Ces honnêtes gens selon le monde étaient M. de Talleyrand, acrobate de la politique, un des hommes les plus salement tarés dont l'histoire fasse mention, plus toléré, il est vrai, que souhaité chez les de Luynes, et que l'on recevait plus pour sa naissance et l'élévation de son rang, il le faut croire, que pour celle de ses sentiments : mais n'était-on pas un peu digne de lui puisqu'on ne lui faisait accueil que parce qu'on pouvait avoir besoin de lui?... A ses côtés, d'une courtoisie sémillante et quelque peu outrée, politiquant aimablement avec les femmes, chiffonnant de même avec les hommes, causant, jouant, posant, à la fois bon enfant et grand seigneur, toujours content et toujours à l'aise, étincelait le comte Louis de Narbonne : un peu cousin de chacun, dans ce salon où sa liaison avec la vicomtesse de Laval, mère du vicomte Mathieu de Montmorency, était vue avec beaucoup trop de bienveillance, Narbonne, ce

roi des snobs, avait de jolies qualités, bien françaises,
et de jolis défauts, bien français aussi; à quelques
talents trop vantés, il joignait quelques insuffisances
qu'on appréciait peut-être davantage. Car, dans ces
salons plus égalitaires qu'on ne croit, un talent vrai
ne serait pas de bon ton, un esprit dépassant trop le
niveau permis ne serait pas bien vu, un génie, s'il
s'en rencontrait, serait regardé de travers. Des lieux
communs rebattus, des imbécillités à la mode, des
mots boulevardiers, à la bonne heure! Parmi les maîtres de ce genre, il y avait toujours à l'hôtel de Luynes
M. de Montrond, un des plus mauvais sujets de la
bonne compagnie, et qui bénéficiait, en cette qualité,
de l'estime de toutes les femmes et de la jalouse admiration de tous les hommes; M. de Sainte-Foix,
dont l'honneur ne se serait pas bien trouvé si l'on
avait, avec nos idées d'aujourd'hui, un peu scruté son
passé; M. Adrien de Montmorency, fat, gonflé de
morgue, mais vide de toute autre chose, grand diseur
de ces riens à la mode, si prisés des imbéciles, qui lui
valaient dans le monde la considération distinguée
qu'on y a toujours pour les sots frottés de haute cuis-
trerie et de bonnes manières, munis de bonnes rentes
surtout et qui savent jargonner suivant la formule du
jour; M. de Choiseul-Gouffier, célèbre pour s'être
trouvé parmi les naufragés de Calais; M. de Nassau,
M. le bailli de Ferrette... Du côté des femmes, il y en
avait peut-être d'honnêtes, mais celles qui étaient le
plus en vue donnaient une triste idée des autres : madame de la Ferté, une des femmes les plus tarées de ce
monde trop chatouilleux sur un faux point d'honneur

pour l'être sur le véritable honneur, marchait en tête de cette noble racaille : elle était digne de toutes ces défaillances et de ces malpropretés titrées ; madame de Balbi, maîtresse de tout le monde, excepté du comte de Provence qui l'avait entretenue fastueusement pendant des années (1) et pour laquelle chacun avait tout le respect qu'elle ne méritait pas ; madame de Vaudémont, sœur de prince de Lambesc, etc... Tout ce monde, qui attachait une très médiocre importance au chapitre des mœurs et qui avait trop de tact et de délicatesse pour se montrer sévère sur ces choses-là, continuait à rouler vers l'abîme dans une débauche aveugle et fleurie. Reste d'une société qui achevait de mourir sans éclat, après s'être perdue par des fautes trop éclatantes, il s'amusait, riait, jouait et était bien incapable de faire autre chose. Perverti par l'ennui et par une fête continuelle, avachi par le « rien faire » il ne savait s'occuper que de commérages de salons ou de coteries et assistait en spectateur impuissant aux événements extraordinaires qui, depuis une quinzaine d'années, transformaient de fond en comble la vie sociale en France. Dès le commencement du Consulat pourtant, la société royaliste semblait chercher un chef, une tête, — moins cependant pour prendre une importance politique et lutter contre un ordre de choses qu'elle n'approuvait pas, que pour mieux prendre part aux mille divertissements de la vie mondaine dont la renaissance se dessinait chaque jour d'une façon

(1) Voir notre ouvrage sur *Les favorites de Louis XVIII.*

de plus en plus éclatante. Faute de mieux sans doute, on se groupa autour de la duchesse de Chevreuse.

L'engouement pour elle avait vite débordé de l'hôtel de Luynes, où se ralliaient les épaves de l'ancien régime échappées à la proscription et à l'émigration, dans le faubourg Saint-Germain tout entier. La jeune femme en était devenue la *pièce* la plus importante. Elle y était sur le pied d'une petite merveille. Mais aussi, grâce à ses dispositions prononcées pour la domination, elle était une de ces femmes qui, lorsqu'elles sont en situation de le faire, et sans avoir de facultés hors ligne, ont le don de grouper autour d'elles par je ne sais quoi de personnel qui s'impose et un tour séduisant qui leur appartient en propre, les aspirations et les rancunes, les regrets et les espérances d'un parti; qui font de tout cela un faisceau, en jouent habilement et le manient comme un général sait manier ses troupes sur le terrain de manœuvres. Appuyée sur une grande fortune et sur un grand nom, mais plus illustre alors qu'illustré réellement, la duchesse de Chevreuse avait eu le génie, assez facile d'ailleurs dans sa situation, de prendre au faubourg Saint-Germain une place prépondérante, et personne ne songeait à la lui disputer. Mais il faut remarquer qu'en travaillant à la conquérir elle avait peut-être moins obéi à son dévouement pour la cause de ses princes et à son aversion pour le général Bonaparte et le nouveau gouvernement, qu'à son goût pour se mettre en avant et à son amour de la célébrité. Tenant par-dessus tout à l'admiration de son monde blasonné et aux suffrages de ses nombreux adorateurs, elle cherchait toutes les occasions de les obtenir et de se mettre en évidence par des épigrammes piquantes contre le premier consul et sa famille, par des mots bien trouvés qui circulaient ensuite, comme une monnaie frappée à son effigie, parmi cette société de frondeurs. Mais frondeurs tout platoniques : ils avaient trop bonnes façons pour passer jamais d'une hostilité de salon, comme il faut, distinguée et toute parlante — dont, au demeurant, ils paraissaient satisfaits — à de grossières et brutales hostilités de rues, qui d'ailleurs, n'auraient plus servi à rien.

Avec son besoin de se faire admirer et de faire dire d'elle : *c'est une femme incomparable!* elle donnait le ton au « faubourg ». Elle était devenue l'arbitre des élégances et la grande-maîtresse de la mode. Cette mode, naturellement, était juste le contre-pied de la mode qu'on suivait à la cour consulaire. Ainsi, par exemple, la duchesse de Chevreuse avait adopté une coiffure particulière pour empêcher de voir qu'elle portait perruque : c'était un petit fouillis de cheveux, fort gracieux du reste, qu'elle faisait friser sur son front pour dissimuler la raie, toujours défectueuse dans une perruque. Aussitôt, sans se rendre compte des raisons, à elle particulières, que pouvait avoir la duchesse pour se coiffer de la sorte, toutes les femmes du « faubourg », jusqu'à madame de Montmorency, sa parente, dont le goût sûr et bien personnel faisait autorité en ces graves matières, suivirent son exemple et se couvrirent le front d'une touffe de cheveux frisés. La duchesse d'Abrantès, qui nous rapporte ces détails, nous apprend aussi que la capricieuse Ermesinde faisait faire à ses corsages des manches bien plus amples et une taille bien plus longue que ne les portaient les femmes de la cour consulaire. Le faubourg Saint-Germain les adopta après elle, et c'est ainsi qu'on pouvait, avant la proclamation de l'Empire, reconnaître à la forme de ses manches et à la longueur de son corsage les opinions politiques d'une femme, ou plutôt de son milieu, car une femme a-t-elle jamais une opinion politique bien à elle?

Les excentricités et les bizarreries de la duchesse de Chevreuse avaient groupé autour d'elle ce troupeau de désœuvrés mondains qui ont toujours besoin d'applaudir à des sottises quand ils ne sont pas eux-mêmes occupés à en faire, — surtout lorsque ces sottises sont l'œuvre d'une femme que la mode est de dire jolie, et qu'on sait très noble et très millionnaire; surtout aussi quand ces manèges se font sous le prétexte d'une opposition politique, ce qui, on le conçoit, donne bien plus de ragoût à la chose. Se montant peu à peu à un diapason admiratif invraisemblable, tous les hommes de sa cour — car elle en avait une véritable — en étaient venus à regarder ses moindres paroles comme des oracles. Aussi en prenait-elle de plus en plus à son aise avec les usages et avec les convenances. C'était reçu. Non seulement on lui pardonnait tout, mais on admirait tout. Comme une souveraine, comme une simple enrichie infatuée de son or et de sa sottise, comme aussi sa belle-mère, elle ne rendait pas de visites. C'est cependant le signe d'un mauvais cœur et d'un bien faible esprit que de répondre à une politesse par une impolitesse. Mais la duchesse avait si bonne grâce à ses impertinences, plus voulues peut-être que naturelles, — ce qui les rend encore moins pardonnables, — on était si à genoux devant son rang et sa fortune, qu'on les lui pardonnait très volontiers, qu'on les citait même comme des traits de génie, tout au moins comme de belles actions. Poseuse et fantasque en tout, bien plus que la baronne de Krüdener, cette grande coquette du Consulat (1) sur laquelle elle sembla d'abord se modeler avant de vouloir elle-même servir de modèle à l'escadron moutonnier de ses admiratrices, elle avait l'amour de la louange, mais elle manquait de cet esprit d'élévation qui fait qu'on ne la désire que pour le bien et pour les grandes choses : aussi, comme elle ravalait tout à sa personne et à ses succès dans un cercle frivole, son originalité ne portait que sur des vétilles mondaines. Ainsi, par exemple, elle mettait son amour-propre à ne paraître au théâtre qu'au moment où la pièce allait finir, à ses propres bals que deux ou trois heures après que tout le monde était arrivé. Jusque-là elle demeurait nonchalamment étendue sur sa chaise-longue, son « lit de repos », comme on disait alors. « Mais venez donc, lui disait-on ; tout le monde est là... » — « Pas encore, répondait-elle, je n'aime un bal que lorsqu'il est près

(1) Voir notre ouvrage qui a titre : *Une illuminée au XIX*^e *siècle : la baronne de Krüdener.*

de finir. » Elle oubliait que son devoir de maîtresse
de maison devait passer avant un caprice d'enfant
gâtée, ou, si elle s'en souvenait, elle n'en avait cure.
Car, chez elle, un caprice primait tout, une lubie passait avant une convenance ou un devoir. Ses fantaisies, voilà quelles étaient ses grâces de salon si
prisées, et c'est pour ses défauts qu'elle était le plus
admirée. Ses familiers l'approuvaient toujours et
aucun d'eux n'aurait eu la pensée de se formaliser
d'une seule de ses impertinences, personne ne se fût
permis d'en hausser les épaules : « C'est Ermesinde »,
disait-on. Et ce mot absolvait tout. Aussi Ermesinde
avait-elle le droit de tout dire, de tout faire, — et
elle en usait largement.

Rappelons, pour mémoire, certaine de ses fantaisies, bien innocente à la vérité, mais, pour tout
dire, bien ridicule aussi. Elle eut quelque temps la
manie de ne s'habiller que de blanc, sous prétexte
que, n'ayant pas encore d'enfant après deux années
de mariage, elle s'était vouée au blanc pour que le
Ciel fit cesser sa désolante stérilité. Mais elle avait
tort d'emprunter à madame Récamier qui, elle, au
moins, avait ses raisons pour le faire, « cette ridicule
et indécente enseigne de virginité », pour employer
les expressions d'une de leurs contemporaines (1).

Elle s'était enfin mise sur un tel pied dans le noble
faubourg, qu'une fleur, qu'un bout de ruban donnés
par elle, étaient conservés comme les plus précieux
souvenirs. « Je me souviens, a écrit la comtesse de

____

(1) Madame Cavaignac.

Sainte-Aulaire, belle-mère du duc Decazes, d'avoir
gardé bien longtemps, enfermé dans mon porte-
feuille, un petit bonbon qu'elle m'avait donné au bal,
et cela avec le sentiment d'un antiquaire qui conser-
verait les armes authentiques de César. » C'est elle
qui faisait les réputations, distribuait selon son caprice le blâme et l'éloge, prêtait de l'esprit aux
hommes, de la bonté et de la beauté aux femmes, ou
leur refusait tout cela, — quitte à changer d'avis le
lendemain et à défaire par une boutade plus ou
moins bienveillante l'ouvrage fantaisiste de la veille.
Une autre aurait vite été remise au pas ou laissée de
côté : elle, on l'adorait, on la recherchait, on la voulait partout. « Aucun bal ne comptait, a encore écrit
la comtesse de Sainte-Aulaire, quand elle n'y paraissait pas. On disait sérieusement : « Ce ne sera pas
un bal, madame de Chevreuse n'y sera pas. » Alors
les demoiselles ne mettaient pas leurs *robes de bal*,
mais leurs *robes de soirées dansantes*. » Et, naturellement, la jeune capricieuse faisait école. On se
modelait sur elle, on l'imitait en tout, principalement
en ses défauts et cela au grand désespoir des maris
qui, s'ils aiment assez les excentricités et les folies
chez les femmes, les apprécient moins chez les leurs
que chez celles des autres.

Le duc de Chevreuse devait être excédé de celles
de sa jeune femme. Jugez un peu des agréments que
devaient lui donner à lui, sérieux et paisible, la petite
tête assez folle pour se livrer, sous prétexte de mystification, à la singulière plaisanterie que voici,
cueillie entre bien d'autres du même goût :

La jeune duchesse apprend, par une de ses femmes de chambre, qu'un petit rentier de la rue de la Perle, au Marais, vieil épicier retiré, attend par la diligence de Rouen une nièce, grande fille de vingt ans, qu'il n'a jamais vue. Elle questionne sa *Fatime*, comme on disait alors, et qui était cousine de la jeune fille en question ; elle se fait mettre au courant, sans en avoir l'air, par la femme de chambre, étonnée d'un intérêt si subit pour sa famille, de tout ce qui concerne l'épicier, la nièce, toute la parenté, la manière dont ils vivent, etc. ; elle s'informe exactement du plus petit détail. La femme de chambre la renseigne, la « documente » à souhait. Après quoi la duchesse se fait habiller le plus modestement possible, ou plutôt avec des vêtements aux couleurs criardes comme les affectionnent les *demoiselles* de campagne. Après quoi elle monte en voiture, se fait conduire à la place Royale et gagne à pied la rue de la Perle. Elle sonne chez le vieux marchand de moutarde et se présente à lui comme sa nièce Pulchérie venue de Rouen avant le jour fixé. On s'embrasse. « Comme te voilà grande ! — Et sage aussi, mon oncle. — C'est étonnant comme tu ressembles à ma sœur ! — Tout le monde me le dit, mon bon oncle », répond la duchesse, amusée, mais peu flattée intérieurement de ressembler à la sœur d'un épicier.

Et madame de Chevreuse, qui était étourdissante d'entrain et de gaieté quand elle le voulait, se met à jargonner des propos absolument renversants au brave homme ; elle lui dégoise les aphorismes les moins bourgeois, les plus bizarres, et lui gazouille

toute une kyrielle de phrases saugrenues et de mots
à la mode, enfin tout ce qui lui vient à l'esprit. L'épicier, qui ne s'attendait pas à une pareille nièce, demeure tout ahuri devant le *brio* ultra-parisien de la
soi-disant provinciale : les yeux écarquillés, la
bouche ouverte jusqu'au gosier, il boit toutes ces
extravagances avec une admiration des moins dissi-
mulées, tout comme s'il eût été son mari. Il en a
même la tête tournée à ce point qu'il veut pour tout
de bon le devenir. Il demande en mariage séance te-
nante celle qu'il croit sa nièce, il la demande à elle-
même — dans ce petit monde on n'est pas très for-
maliste — et il se fait fort d'obtenir du pape une
dispense pour épouser une nièce aussi charmante. Et
au moment où il veut sceller par un baiser la pro-
messe qu'il fait de la prendre pour femme, la duchesse lui file entre les mains et se sauve en riant
comme une folle.

Il va sans dire que le récit de cette équipée eut le
plus grand succès dans les salons du faubourg Saint-
Germain, et, de fait, l'aventure était drôle. Mais la
duchesse aurait dû comprendre que la dignité de son
rang cadrait mal avec de semblables amusements.
Le prince de Mecklembourg-Strelitz, qui fut mys-
tifié lui aussi, et plus d'une fois, par l'incorrigible
Ermesinde, s'amusa beaucoup du récit de cette farce.
Tout le monde d'ailleurs s'en amusa. Mais des esprits plus sérieux que ceux qui fréquentaient l'hôtel
de Luynes auraient bien fait, au lieu de l'applaudir,
de représenter à la trop frivole Ermesinde que les
temps se prêtaient mal, pour un parti politique qui

prétendait prendre position en face des conquêtes
révolutionnaires et de la puissance du premier
consul, à se répandre ainsi en mauvaises farces ; ils
auraient dû essayer de lui faire comprendre, s'ils
l'avaient pu comprendre eux-mêmes, qu'il était plus
sage, plus digne aussi, surtout chez la femme la plus
en vue du parti, de se recueillir et de se donner,
faute de mieux, les apparences de la gravité. Il lui
eût été si facile, si agréable aussi, de passer à lire ce
temps qu'elle perdait, au grand détriment de son intelligence, à faire mille folies. « Cela donne les pâles
couleurs à l'esprit, disait madame de Sévigné, que
de ne pas se plaire aux lectures sérieuses. » La duchesse de Chevreuse, non plus que son frivole entourage, ne se plaisait à aucune lecture et était
comme les gens de qualité du temps de Molière qui
savaient tout sans avoir jamais rien appris. Si elle
elle avait été « dirigée » au lieu d'être adulée, si ses
goûts avaient été aiguillés vers les choses sérieuses
de la vie au lieu de les laisser, comme des herbes
folles, croître à l'abandon, ses qualités se seraient
développées et seraient entrées en valeur au lieu de
demeurer en friche. Elle eût pu ainsi devenir une
femme remarquable. Mais on l'adorait trop pour
s'apercevoir qu'elle avait des lacunes. Ni ses parents
ni ses amis ne s'avisaient qu'il y aurait eu pour elle
quelque chose de mieux à faire que de s'éparpiller
en folies. Les leçons de la Révolution, celles de
l'émigration n'avaient point corrigé ces incorrigibles. Frivoles ils étaient partis, frivoles ils étaient
revenus. Ils le restèrent toujours et il ne semble

guère que leurs descendants soient autrement.

La duchesse de Chevreuse, malgré l'allure de femme politique qu'elle cherchait parfois à se donner en affichant, avec tout l'absolu de la jeunesse, une aversion irréductible contre le nouveau régime, n'avait au fond d'autre ambition que d'obtenir de ces hommes faibles, légers et indolents si ce n'est pour les plaisirs, d'obtenir de ces frivoles le sceptre de *reine des frivolités*. Il y avait de la concurrence, par exemple, et, sans parler de madame Bonaparte, trop confite dans son paresseux et nonchalant *farniente* des Tuileries, la princesse Pauline Borghèse, sœur du premier consul, avait déjà mérité et obtenu à la cour consulaire le titre de *reine des colifichets*. Mais les natures de ces deux jeunes femmes, malgré quelques points de ressemblance, étaient essentiellement différentes et les succès de l'une ne pouvaient en aucune façon porter ombrage aux ambitions de l'autre. D'ailleurs, la sphère mondaine où *travaillait* chacune de ces deux oisives était trop séparée, trop ennemie de celle de l'autre pour qu'elles pussent même se jalouser. Un point commun à toutes les deux était un parfait mépris des convenances, ou plutôt, chez la duchesse, des choses convenues, une indifférence absolue pour les jugements mondains et, par un manque de logique bien remarquable — bien naturel aussi peut-être — elles avaient toutes deux un désir immodéré d'obtenir l'attention et les suffrages de ce monde dont elles méprisaient l'opinion. Mais allez donc demander de la logique à ces grandes coquettes, à ces déséquilibrées, ces névrosées qui n'ont pour tout principe et toute règle de conduite que leur bon plaisir et le caprice du moment ! Ah ! comme on aurait pu dire d'Ermesinde ce qu'Horace Walpole avait dit un soir de la duchesse de Fleury : « Elle est bien drôle et bien amusante à un souper, mais que fait-on de cela à la maison ? » C'était fort bien dit, mais le jeune ami de la vieille marquise du Deffand oubliait qu'il y a une foule de femmes qui, sans avoir le brillant, moins or que plaqué, plus strass que diamant, de ces coquettes, sans avoir leur grâce, leur aimable enjouement, leur brio, leur beauté (et tout cela a bien son prix) cumulent tous les défauts de celles-là sans avoir, pour se les faire pardonner, une seule de leurs qualités, sans avoir aucune excuse de leurs légèretés (car la laideur et la sottise ne sont point un préservatif) et sans apporter à leur mari la moindre compensation à tout ce qu'elles n'ont pas.

« On ferait un volume, et même deux, a écrit la duchesse d'Abrantès, des aventures, des mystifications, des histoires de tous les genres provoquées, supportées par madame de Chevreuse. On ne conçoit pas comment elle n'a pas eu une réputation perdue et mille fois perdue. » Le fait est que la jeune duchesse avait un art à elle pour combiner des nuances très particulières de légèreté et de correction, de gaminerie et de « comme il faut » qui déconcertaient l'esprit le plus largement ouvert à l'indulgence pour les extravagances dont elle avait fait la trame de sa vie ; le fait est aussi qu'on n'eût jamais passé à une autre jeune femme la centième partie de ce que se permettait impunément Esmesinde. Cela ne fait pas grand honneur à l'impartialité et à l'équité humaines, mais cette injustice est de tous les temps, de tous les milieux, et cette remarque de la Fontaine est éternellement vraie :

> Selon que vous serez puissant ou misérable,
> Les jugements de cour vous feront blanc ou noir.

A cette époque des premiers temps du Consulat, la mode était d'aller faire visite à madame de Genlis. C'était là une idée bien singulière, car cette veuve du secrétaire du duc d'Orléans, Philippe-Égalité, ce « gouverneur (1) » en jupons des princes et des princesses, avait une réputation telle qu'une honnête femme n'aurait jamais dû se permettre de mettre les pieds chez elle. Et cette réputation était plus que méritée. Après tout, quand on ne regardait pas à recevoir chez soi des femmes comme madame de la Ferté et madame de Balbi, on pouvait aller chez madame de Genlis.

Cette femme s'était trouvée dans un dénuement presque absolu lorsqu'elle était rentrée de l'émigration. Le savant chimiste Chaptal, ministre de l'Intérieur, qui avait l'Instruction publique dans ses attributions ministérielles, lui avait accordé un logement dans les bâtiments de la bibliothèque de l'Arsenal. Elle y vivait du produit de ses ouvrages et de quel-

---

(1) C'était le titre officiel de madame de Genlis auprès des princesses d'Orléans, filles de son amant Philippe-Égalité. Sa tante, madame de Montesson, avait été maîtresse du duc d'Orléans, père d'Égalité, avant de réussir à se faire épouser par lui.

ques secours sur les fonds attribués aux gens de lettres. Ce n'est qu'un peu plus tard que l'empereur, devant l'admiration aussi bruyante qu'intéressée que madame de Genlis professait alors pour lui, lui fit une pension de six mille francs (1) et la chargea de lui adresser tous les quinze jours des notes confidentielles sur les salons de Paris et sur ce qui s'y disait. Cette femme de lettres, « prodigieusement vaniteuse » comme ne peut s'empêcher de dire le bienveillant Méneval, était très en vogue sous le Consulat. Les *Souvenirs de Félicie* venaient de paraître et avaient un immense succès : si l'on en excepte ses *Mémoires*, c'est le moins mauvais des ouvrages, si vantés alors, de cette femme verbeuse à qui ne manquaient cependant ni le talent ni surtout la facilité.

La duchesse de Chevreuse, l'oracle du goût en modes, eût été bien fâchée de ne pas entrer en relations avec madame de Genlis, l'oracle du goût, mais du mauvais goût, en littérature. Elle ne voulut pas se faire présenter à la façon vulgaire des autres femmes au célèbre bas-bleu. Romanesque en tout, dévorée aussi du désir de se singulariser et de ne jamais faire comme tout le monde, — ce qui est fort louable quand c'est pour faire mieux que tout le monde et qu'on sait se tenir dans les limites du bon goût — elle trouva drôle de lui écrire en signant ses lettres du pseudonyme de *Jeanneton*. Madame de Genlis qui, sous le papier de luxe et le

---

(1) Cette pension fut élevée à huit mille francs, le 12 avril 1811, après la publication, par madame de Genlis, d'une pièce dithyrambique sur la naissance du roi de Rome.

parfum discret et élégant de ces lettres devinait, dans sa correspondante anonyme, une personne distinguée, n'eut garde de ne pas lui répondre. Des relations écrites suivies s'établirent entre les deux femmes et, au bout de quelque temps, madame de Genlis exprima à son inconnue le désir qu'elle avait de causer avec elle autrement que par l'intermédiaire du facteur.

— Je le veux bien, répondit *Jeanneton*, mais à la condition que vous ne me verrez pas.

Et il fut décidé que la conversation se ferait d'une pièce à une autre, au travers de la cloison.

Madame de Chevreuse, qui trouvait la chose de plus en plus drôle, vint à l'Arsenal. Elle fut introduite dans une salle et se mit à causer avec madame de Genlis qui se tenait dans la pièce voisine. Les deux femmes se quittèrent enchantées l'une de l'autre, mais sans s'être vues.

Quelques jours après, madame de Genlis était chez elle, « au milieu de livres poudreux » dans son logement obscur et « bien mal tenu » de l'Arsenal. Elle était, dit un témoin oculaire, « assise devant une table de bois de sapin noircie par l'usage. Cette table offrait le bizarre assemblage d'une foule d'objets en désordre : on y voyait pêle-mêle des brosses à dents, un tour en cheveux, deux pots de confitures entamés, des coquilles d'œufs, des peignes, un petit pain, de la pommade, un demi-rouleau de sirop de capillaire, un reste de café au lait dans une tasse ébréchée, des fers propres à gaufrer des fleurs en papier, un bout de chandelle, une guirlande commencée à l'aquarelle, un peu de fromage de Brie, un encrier en plomb, deux volumes bien gras et deux carrés de papier sur lesquels étaient griffonnés des vers. »

Madame de Genlis était donc devant sa table, dans ce cadre excessivement peu élégant, lorsqu'on vient lui dire qu'une jeune paysanne, apportant un grand panier de fleurs, demande à lui parler. La paysanne est introduite. Tout en jetant un coup d'œil un peu étonné sur ce « beau désordre » qui n'était nullement « un effet de l'art » et sur les objets hétéroclites qui encombraient la table et la salle, elle dit, dans un jargon tout émaillé de *j'venions* et *j'allions*, qu'elle venait de la part de *Jeanneton* porter une botte de fleurs à madame de Genlis.

Celle-ci n'était pas moins étonnée que sa visiteuse. Elle examinait cette jeune paysanne d'opéra-comique qui, avec sa taille souple, ses mains blanches et délicates, ses poignets fins et ses vêtements tout flambants neufs, ne pouvait la tromper. Elle devina qu'elle avait affaire à *Jeanneton* elle-même et reconnut presque aussitôt sous cette mascarade la fantaisiste Ermesinde. Mais elle eut la bonté, pour lui être agréable, de faire semblant de ne s'en être pas aperçue.

La jeune femme était ravie du succès de son déguisement et de cette prétendue méprise. Mais madame de Genlis, toute souriante, y mit fin en lui demandant des nouvelles de sa belle-mère la duchesse de Luynes.

CHAPITRE II

La duchesse de Chevreuse allait bientôt changer ces vêtements de paysanne contre le grand habit de cour de dame du palais. On sait qu'elle ne l'accepta, cet habit, qu'à son corps défendant. Elle n'était nullement éblouie par le prestige de la gloire de Napoléon, et toute la diplomatie sceptique et utilitaire de M. de Talleyrand n'avait pas été de trop pour la déterminer au sacrifice. On avait agité devant ses yeux l'épouvantail de la confiscation des biens de la maison de Luynes. On avait fait allusion à je ne sais quel

projet de revision du procès du maréchal d'Ancre :
on avait insinué que les de Luynes le perdraient, car
les valeurs soustraites par le maréchal appartenaient
au roi, par conséquent à la France, et qu'il serait
facile de prouver que le roi n'avait pas eu le droit de
les abandonner à leur ancêtre. Malgré une prescrip-
tion indéniable, les de Luynes avaient eu peur.
Comme ils tenaient avant tout à conserver la dépouille
de Concini et qu'ils faisaient, comme de simples et
vulgaires bourgeois, plus de cas de la fortune (1) que
de l'indépendance du caractère, ils s'étaient inclinés,
et la fière duchesse de Chevreuse s'était résignée à
devenir dame de l'impératrice, — moins facilement
cependant que son beau-père ne s'était résigné, cinq
ou six mois auparavant, à venir siéger au Sénat impérial. C'était peut-être prudent, mais ce n'était pas
très digne. La dignité, au reste, n'était guère le fait
des royalistes. Personne, sur ce point, n'est plus sévère pour eux qu'un ancien émigré, le gentilhomme
royaliste Chateaubriand : « Vous trouveriez à peine
un nom historique, a-t-il écrit de sa plume la plus
amèrement méprisante, qui ne consentît à perdre
son honneur plutôt qu'une forêt. » La duchesse de
Chevreuse n'accepta la place que pour sauver des
terres qu'on ne menaçait pas. Mais elle voulut en
même temps sauver du naufrage de sa dignité son
rang de reine de l'opposition royaliste. Le cumul

(1) « M. de Luynes avait conservé sa fortune et même l'avait
augmentée dans la Révolution, en acquittant des rembourse-
ments en assignats, et rachetant des droits de cette même manière. » (Duchesse d'Abrantès, *Histoire des salons de Paris*.)

était difficile et, avec un peu de réflexion, elle aurait
dû se douter que l'empereur n'était pas homme à le
tolérer. Elle l'essaya cependant, et c'est par ses vel-
léités de révolte que, dans cette cour impériale plus
que docile, la duchesse de Chevreuse se détache vi-
goureusement sur ce fond de femmes passivement
disciplinées parmi lesquelles elle s'était fourvoyée.

Elle commença par témoigner par une bouderie
continuelle ses sentiments de très médiocre sympathie pour un gouvernement dont le chef poussait
l'arbitraire jusqu'à combler d'honneurs une famille
qui n'en voulait pas. Elle avait un peu raison, mais
elle aurait eu raison tout à fait si elle avait nettement
refusé la faveur que l'empereur lui accordait. Cela
l'eût dispensée de le bouder en marque de reconnaissance. Il est fâcheux que des motifs d'intérêt
aient fait plier ce caractère entier qui, au reste, ne
tarda pas à se redresser avec une certaine vigueur,
mais qui ne peut faire oublier sa faiblesse première.

En attendant, la duchesse se contentait de bouder
et son air d'ennui tournait à la consternation quand
il ne prenait pas une allure trop décidée d'hostilité :
elle se vengeait ainsi de sa capitulation de conscience
et se soulageait de sa contrainte par des épigrammes.
D'ailleurs, fronder était un peu dans ses traditions
de famille. Ne portait-elle pas le même nom que la
duchesse de Chevreuse du temps de la Ligue, cette
« brouillonne de cour » comme l'appelait Richelieu,
qui s'était si bien fait distinguer comme frondeuse
un siècle et demi auparavant et dont elle avait lu le

portrait outré et chargé, mais séduisant tout de même, dans les *Mémoires du cardinal de Retz?* Ne savait-elle pas que sa devancière avait tenu tête à Richelieu et à Mazarin? Ne pouvait-elle donc, elle, tenir tête à Bonaparte?... Aussi, pour commencer, se montra-t-elle plus froide et plus hautaine que respectueuse le jour de sa présentation à l'impératrice, malgré les gracieuses avances que Joséphine, qui avait des tendresses toutes particulières pour les vieux noms de la vieille France et qui s'était mise en frais d'amabilité pour une jeune femme tenant une telle place dans le faubourg Saint-Germain, se plut à lui adresser. Les princesses impériales, sur la foi de son nom, qu'on leur avait dit être illustre, et surtout sur le bruit de ses excentricités et sa réputation de grande originale qui la recommandaient spécialement à toute leur bienveillance, la cajolèrent aussi de leur mieux, mais sans parvenir à faire fondre la glace de son maintien. Et quand la nouvelle dame du palais fit sa visite de rigueur à *Madame Mère* (la mère de Napoléon), celle-ci ne se méprit point sur ses sentiments et dit à une de ses dames : « Cette femme-là ne nous aime point, et il est certain qu'elle déteste l'empereur. J'en suis sûre... Avez-vous remarqué son sourire et ce mouvement de tête dédaigneux lorsque je lui ai dit qu'elle devait être bien contente d'être auprès de l'impératrice? Avez-vous remarqué son silence quand je lui ai demandé si son mari était attaché à la maison de l'empereur? »

Il eût fallu être plus que naïf pour s'imaginer que

la duchesse de Chevreuse allait incontinent se mettre
à adorer le gouvernement impérial parce que Napoléon l'avait un peu mise en demeure d'opter entre une
place de dame du palais et l'exil en province. On
devait au contraire s'attendre à une recrudescence de
haine chez l'altière jeune femme, puisque, à l'aversion ancienne venait maintenant se joindre un res-
sentiment tout intime pour l'humiliation d'avoir cédé,
par intérêt, devant une menace de spoliation, — menace qui d'ailleurs ne fut jamais faite. Une attitude
froide et résignée, juste aux antipodes de celle qu'il
était dans sa nature de prendre, était tout ce qu'on
pouvait espérer de sa condescendance. C'est d'ailleurs l'attitude qui, avec la résignation en moins et
avec une hauteur méprisante en plus, fut, dès ce
jour, la sienne. C'était son attitude de protestation,
celle de la faiblesse obligée de subir les abus de la
force. C'eût été fort bien si ce mobile avait été le seul
de sa conduite. Mais n'y avait-il pas surtout dans
cette façon de se camper ainsi le poing sur la hanche,
le désir de plaire au faubourg Saint-Germain en portant, au cœur même de la cour impériale, l'expression très accentuée des sentiments d'opposition d'un
parti dont elle se drapait en reine ? N'y aurait-on pas
trouvé également, tout au fond, en scrutant bien, une
certaine rancune de ce qu'avait à souffrir sa vanité de
femme de ne pas se voir la première à cette cour, de
n'y point remporter les mêmes succès que dans sa
propre « cour » à elle, au faubourg Saint-Germain ?

Sur ce point, cependant, la conduite de Napoléon
à son égard aurait pu lui donner toute satisfaction et

dédommager amplement son amour-propre. Mais
voilà : nous ne voulons accueillir, en fait d'hommages,
que ceux des gens qui nous sont sympathiques, et
Napoléon, malgré tout son génie, n'était nullement
dans les petits papiers de la duchesse de Chevreuse.
Comme Joséphine, l'empereur avait, nous l'avons
déjà dit, un faible pour les noms à belle consonance
de la noblesse : il était heureux d'avoir pu mettre sur
l'affiche, à sa cour, une jeune patricienne au nom historique ; heureux aussi, dans sa vanité intime, de la
trouver en espalier, sur son passage, parmi les autres
dames du palais, quand il se rendait chez l'impératrice. Il voulait faire sa conquête, en tout bien tout
honneur, faire sa conquête morale, se la rallier franchement, comme jadis le cardinal de Richelieu avait
tout fait pour gagner l'autre duchesse de Chevreuse,
l'héroïne de la Fronde. Sans se flatter de détrôner
tout de suite son roi et ses princes dans ses affections,
il pensait qu'il ne serait pas long à faire tomber ses
préventions et à se la concilier. Mais il ne se faisait
pas alors une idée exacte de l'aversion, de la haine
plutôt, car c'était cela, qu'on avait pour lui et pour
son gouvernement à l'hôtel de Luynes. Il croyait qu'à
force de bons procédés il finirait par faire oublier à
madame de Chevreuse la servitude dorée qu'il lui
avait fait l'honneur de lui accorder, à elle qui ne la
demandait pas et qui ne la supportait que par crainte
de pis, tandis qu'il était obligé de la refuser à mille
autres dames de l'ancienne aristocratie, et non des
moindres, qui la sollicitaient de toute la force de leur
bassesse. Aussi se mettait-il en frais, lui qui n'en

faisait à personne, pour plaire à la duchesse. « Quelquefois il semblait qu'il en vînt à bout, a écrit madame de Rémusat, et, dans d'autres moments, elle ne dissimulait pas le retour de la mauvaise humeur. Par caractère, elle procurait à l'empereur un plaisir qu'une autre eût cherché à lui donner seulement par adresse : celui du combat et de la victoire. Car, comme il lui arrivait de s'amuser quelquefois des fêtes et des pompes de notre cour, quand elle paraissait parée et gaie, l'empereur, qui aimait jusqu'aux moindres succès, disait en riant : « J'ai surmonté l'aversion de madame de Chevreuse. » Il s'était piqué au jeu et, ne perdant pas de vue les raisons politiques pour lesquelles la duchesse se trouvait à sa cour, il faisait tout au monde pour conquérir la bienveillance, c'est le mot, et ensuite la sympathie de ce caractère hautain, frondeur et boudeur. Avez-vous remarqué que ce n'est en général que pour les caractères de cette sorte, qui devraient éloigner au lieu d'attirer, que les hommes daignent se mettre en frais de plaire? Les autres, les natures douces, affectueuses et bonnes, les seules en définitive qui méritent qu'on se fasse bien venir d'elles, on les laisse de côté, on ne s'en occupe pas. Et l'empereur, sur ce point, malgré le côté politique qui dictait un peu sa conduite dès le commencement de cette affaire, n'était pas autrement que les autres hommes. La duchesse de Chevreuse est la seule à qui il ait fait tant de coquetteries. Mais la jeune femme, qui sentait que ces avances s'adressaient, par-dessus sa tête, au faubourg Saint Germain dont elle était le chef, est la seule aussi qui lui ait répondu, et pour elle et pour ses amis, par la plus décourageante froideur.

Cet accueil glacé provoquait une offensive encore plus gracieuse chez le souverain, étonné de trouver de la résistance : cela le changeait, lui qui voyait toujours tout céder devant le moindre de ses désirs. Il éprouvait une réelle sympathie pour cette jeune femme, une certaine curiosité aussi, parce qu'il la trouvait « pas comme les autres » ; pour lui, elle était « du nouveau » parcequ'elle lui résistait, lui tenait tête et était toujours armée d'un petit air impertinent et hautain qui semblait répondre « je m'en moque » aux avances qu'il lui faisait. La persistance de cette hostilité fut même prise un moment par Napoléon pour du caractère. Il fallait bien tout cela réuni pour exciter son amabilité, car on sait qu'il n'était ni dans son humeur ni dans ses habitudes de perdre son temps à faire de la fine galanterie, à *flirter* auprès des femmes. Excepté avec madame de Rémusat et avec madame Junot, duchesse d'Abrantès, il ne *causa* pour ainsi dire jamais avec une seule. Il était gêné auprès des femmes, et c'est peut-être pour cela que lui-même semblait parfois se gêner si peu dans les quelques paroles qu'il leur adressait. Pour se tirer de sa timidité, qui était réelle et qui provenait de son manque d'éducation première, de cette éducation que donne la femme, la mère, et qui se perfectionne dans les salons par le frottement du monde, Napoléon se montrait brusque et tombait parfois dans une grossièreté non moins réelle que sa timidité. Mais, s'il ne parlait guère aux femmes, il n'aimait pas non plus que celles-ci parlassent : « Elles doivent soigner leur ménage et leurs enfants, dit-il un jour au duc de Vicence, et ne pas se mêler de ce qui ne les regarde pas. » Mais Napoléon a toujours voulu l'impossible. N'a-t-il pas dit aussi à Rœderer, ce qui aurait provoqué un joli et dédaigneux haussement d'épaules chez la duchesse de Chevreuse, si elle l'avait entendu : « Il vaut mieux que les femmes travaillent à l'aiguille que de la langue, surtout pour se mêler des affaires politiques. »

Madame de Chevreuse, qui n'avait jamais travaillé à l'aiguille et dont le travail de langue, en fait de politique — seul travail qu'elle fit jamais — était tout platonique, aurait pu à juste titre se montrer flattée des attentions délicates de l'incomparable homme de guerre qui semblait la mettre, dans son estime, tellement au dessus des autres femmes. Que n'auraient pas donné une foule d'autres, même de sa caste, pour se trouver à sa place ! Car une femme ressent toujours une joie douce, une délicieuse et intime satisfaction d'amour-propre quand elle se voit l'objet de l'attention, des préférences d'un homme distingué : à plus forte raison la duchesse devait-elle être flattée dans son orgueil bien légitime de femme, et aussi dans sa vanité devant les autres femmes, en voyant les coquetteries respectueuses qu'avait pour elle cet homme extraordinaire, le vainqueur de Rivoli, de Marengo, d'Austerlitz, cet homme qui avait plus de gloire militaire à lui tout seul que les plus illustres capitaines de la monarchie ensemble ! Mais aucune avance, aucun procédé flatteur ne venait à bout des répugnances et du parti-pris de celle qu'il voulait se concilier. Pourquoi ? Pour un attachement inviolable à la tradition royaliste et à un fantôme de prétendant, ce frère du malheureux Louis XVI qui, réfugié en Angleterre, avait pris le nom de Louis XVIII et le titre de roi de France et de Navarre ? Ce n'est pas probable. Elle bouda tout d'abord par genre, par bon ton, parce qu'il eût été de mauvais goût dans le parti royaliste de ne pas faire plus ou moins ouvertement opposition à un pouvoir encore si nouveau (on n'était pas encore habitué aux fréquents changements de gouvernement) ; elle le fit ensuite par habitude, comme par gageure vis-à-vis de ses amis et pour ne pas se déjuger.

Contrairement à ce que la duchesse de Chevreuse voulait faire croire par son attitude frondeuse, les autres femmes « d'ancien régime » introduites à la cour impériale ne s'y déplaisaient nullement. Une de ses cousines, madame de Montmorency, y avait une tenue absolument irréprochable : « Elle fut très bien à cette cour, témoigne madame de Rémusat ; sans hauteur, sans bassesse, paraissant s'y plaire et n'affectant point de s'y trouver par contrainte. » C'était là une marque de bon goût, car on savait fort bien que Napoléon n'était pas le souverain de ses rêves et qu'elle ne se voyait pas aux Tuileries avec trop de plaisir. Et quand l'empereur, un peu plus tard, lui imposa un titre de noblesse de sa façon, il fallut bien encore l'accepter. Le moyen d'ailleurs de faire autrement quand on avait déjà les deux pieds dans la maison ? Madame de Montmorency ne se plaignit pas, à proprement parler, de cette faveur de l'empereur, mais il paraît pourtant qu'elle en eut un certain dépit Elle osa réclamer. « Son ambition, a dit le chancelier Pasquier, avait en apparence quelque chose de fort modeste. On l'avait faite comtesse et elle demandait à n'être que baronne, ce titre étant celui qu'elle portait en 1789 et qui avait toujours été préféré par les fils ainés de la famille de Montmorency, jaloux de conserver la qualification de *premier baron chrétien* qui leur appartenait de temps immémorial. Napoléon résista persévéramment à ses instances et, faisant allusion à quelques légèretés de sa jeunesse : « Vous » n'êtes pas, lui dit il, assez bonne chrétienne pour » que je fasse droit à cette prétention. » Et madame de Montmorency reprenait sa résignation dorée et de bon ton.

Beaucoup d'autres femmes, madame d'Arberg, madame de Talhouët, madame de Rémusat elle-même faisaient comme madame de Montmorency et se montraient même fort satisfaites d'être au service et aux gages de l'empereur. Madame de la Rochefoucauld, quoique frondant un peu, en était très heureuse aussi, sans vouloir le paraître : au fond, celle-là tenait surtout aux quarante mille francs par an que lui valait sa place de dame d'honneur de l'impératrice; elle y tenait même beaucoup plus qu'à ses maîtres.

Quant à la duchesse de Chevreuse, toujours poursuivie du besoin de faire parler d'elle, de faire le contraire de ce que faisaient les autres, de prendre une attitude devant ses contemporains, peut-être même déjà devant la postérité, elle avait apporté à la cour ses petits manèges et son opposition de salon. Comme tout le monde baissait pavillon devant la puissance gigantesque de l'empereur, il lui parut qu'elle se mettrait beaucoup plus en évidence, qu'elle se grandirait elle-même bien davantage si elle le combattait, et cela jusque dans son palais. La lutte d'une simple femme contre le géant, ne serait-ce point la célébrité, la gloire?... Le calcul n'était pas mauvais : il eût été très louable s'il n'avait eu pour mobile que la haine de l'arbitraire et de l'oppression, pour but que la réforme des excès du pouvoir absolu; mais n'était-il pas entaché d'un intérêt tout personnel ?

Si la duchesse de Chevreuse n'avait pas eu la faiblesse d'accepter une place à la cour, son opposition intransigeante eût alors, mais alors seulement, mérité la louange que Victor Hugo, plus tard, décerna aux femmes :

Quand tout se fait petit, femmes, vous restez grandes.

Mais ce n'était pas le cas. Il ne faut pas s'y méprendre : ce n'est que dans l'intérêt de sa popularité au « faubourg » que la duchesse de Chevreuse se résolut à la lutte contre le maître qu'elle servait, de même qu'elle n'avait accepté de le servir que dans la crainte chimérique de voir confisquer ses biens. Madame Récamier, sollicitée instamment d'entrer dans la maison d'une des princesses impériales, le refusa nettement, quelque désir qu'elle ait eu d'accepter : mais elle avait un désir plus grand de plaire à ses amis royalistes, MM. Adrien et Mathieu de Mont-

morency, de Noailles, Christian de Lamoignon, etc. ;
les convictions politiques n'étaient pour rien dans ce
refus et l'illustre patronne des coquettes, qui allait
sans scrupule sous le Directoire, quoiqu'elle en ait
dit, aux bals de Barras, ne mérite pas tant d'éloges
pour n'avoir pas accepté, dans sa vanité de bourgeoise fière de frayer avec des ducs, la place que
Fouché était allé lui proposer. Madame de Chevreuse
n'en mérite pas davantage pour avoir entamé une
guerre à coups d'épingles contre Napoléon qu'elle
avait accepté de servir. Cela dit, il faut voir de quelle
façon elle mena la lutte contre le despote, en examiner les différentes phases et aussi les modifications
qu'elles amenèrent dans les sentiments de bienveillance de Napoléon à son égard, avant que les « impertinences » de la jeune femme ne missent fin irrévocablement aux bons procédés qu'il avait pour elle.

Embossée dans son hostilité boudeuse, avec ce tour
dédaigneux qui n'était qu'à elle et qui lui allait si
bien, la duchesse ne répondait que du bout des lèvres
aux flatteuses avances de l'empereur, qui regrettait
sincèrement de se heurter toujours à son indifférence
glaciale. Et pourtant il était bien attentionné pour
elle !... Jugez-en par ce petit épisode : Un jour, après
quelques heures de chasse au bois de Boulogne, qui
n'était pas alors ce qu'on en a fait maintenant, Napoléon s'approcha de la calèche de l'impératrice. La
souveraine avait auprès d'elle, dans sa voiture, trois
dames de service, dont madame de Chevreuse. L'empereur se mit à causer avec enjouement. Il était ce
jour-là de la plus charmante humeur. Pendant la

conversation, le maréchal Berthier, prince de Neufchâtel, grand-veneur, vint au galop lui dire que le cerf était aux abois. « Eh bien, madame, dit l'empereur à la duchesse, que ferons-nous de ce pauvre animal ? — Ma foi, Sire, il m'est fort indifférent, répondit la jeune femme d'un petit air détaché et avec une légère nuance d'impertinence. — Allons, dit Napoléon piqué, mais sans manifester d'impatience, puisqu'il a le malheur de ne pas intéresser madame de Chevreuse, il ne mérite pas de vivre ; qu'on le mette à mort ! » Et, saluant, il tourna bride et s'en fut avec Berthier.

Cet épisode a été travesti et raconté d'une autre façon dans le faubourg Saint-Germain. On n'en peut accuser la duchesse de Chevreuse : elle avait l'âme trop haute pour s'abaisser à un mensonge, fût-ce pour le plaisir savoureux, si habituel aux femmes pour dissimuler leurs torts, de se draper en victime de celui à qui elle voulait nuire et de se placer ainsi plus haut sur le piédestal de la persécution. Voici au reste ce que racontèrent les royalistes : dans cette chasse au bois de Boulogne, l'empereur aurait fait porter avec ostentation à la duchesse de Chevreuse, à elle personnellement, tandis qu'elle se trouvait mêlée à un groupe nombreux, le pied du cerf. C'était afficher, par un insultant honneur, le droit qu'il n'avait pas de la traiter avec cette nuance marquée de distinction qu'un souverain ne prend que vis-à-vis d'une maîtresse. Reconnaissant aussitôt la perfidie de cette trop gracieuse attention, la duchesse aurait pris le pied du cerf et l'aurait sur-le-champ porté à l'impératrice, qui était dans un groupe voisin, en disant : « Madame, le piqueur s'est trompé en m'apportant ce trophée. Il ne connaît évidemment pas Votre Majesté puisqu'il m'a prise pour Elle. Permettez-moi de réparer son erreur et de vous rendre ce qui vous appartient. » Et c'est ainsi que madame de Chevreuse aurait déjoué l'odieux calcul de l'empereur.

A en croire les royalistes, ce n'était pas la première fois que la jeune femme aurait eu à défendre son honneur contre les entreprises du « Corse », et l'on disait couramment au noble faubourg que l'empereur qui voulait coucher une duchesse authentique sur la liste vaniteuse de ses fantaisies galantes, lui avait fait des envois anonymes de fleurs rares et de bouquets superbes. Mais la duchesse avait vite découvert l'aspic sous les fleurs et repoussé avec indignation les perfides et compromettants cadeaux.

A cette époque, le ministre de la police, sous le prétexte d'inobservation du règlement sur la police des jeux, avait fait envahir un soir l'hôtel de Luynes par un commissaire et quelques agents. Il voulait faire constater qu'un salon de jeux de hasard, avec roulette et autres jeux interdits par les règlements, était installé à l'hôtel, et assimiler celui-ci à un tripot. Procès-verbal fut dressé et l'incident n'eut pas d'autre suite. Mais cette vexation fut considérée au faubourg comme une vengeance que Napoléon tirait des rigueurs et de la vertu de madame de Chevreuse. Et, bien que le ministre Fouché ait très probablement, en cette affaire, agi de sa propre autorité, il y eut chez les royalistes, à cette occasion, recrudescence de haine contre l'empereur.

Napoléon avait beau redoubler d'amabilité envers la duchesse, et cela avec un ton respectueux qui excluait toute arrière-pensée de libertinage et rendait inexcusable l'hostilité de la duchesse, il se heurtait toujours au même parti-pris. Cette ténacité systématique et irréductible lui donnait plus de chagrin que de dépit et l'occupait plus qu'il ne voulait bien se l'avouer à lui-même. Malgré toute sa perspicacité il n'en pénétrait pas les vrais motifs. M. Frédéric Masson nous apprend en effet que, plus tard, « il attribuait la constante hostilité que lui témoigna madame de Chevreuse aux rancunes qu'elle avait héritées de son père, M. de Narbonne, contre les Bonaparte, car ce fut Charles Bonaparte qui fit rappeler de son commandement M. de Narbonne. » Mais Napoléon se trompait, peut-être sciemment, et son intention, en faisant intervenir le nom de son père en cette affaire, pouvait très bien n'avoir d'autre but que de lui attribuer une importance qu'il n'avait jamais eue : cela le relevait à ses propres yeux et, croyait-il, aux yeux du monde, de relever le rang de son père et, par conséquent, sa propre origine. C'est un point auquel les Corses ont toujours tenu que celui de la noblesse, de l'importance de leur famille, et Napoléon était trop corse pour qu'on ne puisse lui prêter ce sentiment de fierté, au demeurant, très légitime. Quant à la duchesse de Chevreuse, ce qu'il y avait, en réalité, dans son opposition non dissimulée, c'était d'abord l'esprit de parti doublé de ses préventions de femme, d'idole du faubourg Saint-Germain, contre le soldat parvenu qui avait pris une place qui, d'après elle, était la propriété des Bourbons : sous le roi légitime, est-ce qu'elle n'aurait pas été bien plus reine qu'elle ne pouvait l'être sous Bonaparte ? L'esprit de parti, que les femmes poussent, comme on le sait, bien plus loin que les hommes, se compliquait donc chez elle de déceptions et de rancunes personnelles. On peut y joindre aussi une bonne dose de cet esprit de contradiction assez naturel à toutes les femmes, et l'on aura, je pense, tous les ingrédients qui entraient dans l'hostilité de la duchesse contre l'empereur. Elle se consolait, par une opposition affichée, de tout ce qu'elle était obligée de subir et, son ambition aidant, elle avait cherché dans cette situation, qui la mettait « en difficulté » avec Napoléon, un moyen d'acquérir de la célébrité.

La situation se tendait donc de jour en jour davantage entre l'empereur, qui n'aimait pas qu'on lui résistât, et la duchesse de Chevreuse qui s'était déterminée à pousser à bout son attitude d'opposition et sa verve mordante. Les propos, c'est à peine croyable, commençaient même à s'envenimer et tout présageait un éclat prochain. Qu'on en juge par cet épisode :

Un soir de grand cercle, aux Tuileries, la duchesse de Chevreuse arriva, vêtue de blanc selon son habitude, mais resplendissante de diamants. L'empereur faisait le tour du salon, s'arrêtant devant chaque femme et lui adressant, suivant son usage, quelques paroles plus ou moins obligeantes. Il fut frappé de la profusion et de la beauté des diamants qu'avait la duchesse. « Oh! oh! dit il de son air le plus bon-homme en s'arrêtant devant elle, les belles pierres! Sont-elles toutes vraies? » La question, sans doute, était maladroite et malgré son intention d'être aimable, elle n'en avait pas l'air : ce n'était pas là du fin sel attique et ni Voltaire, ni Rivarol, ni Chamfort n'auraient tourné de cette façon un compliment à une femme. Mais c'était là le ton ordinaire des propos de l'empereur avec les femmes : ses conversations étaient en quelque sorte des duels, et c'est lui qui engageait le fer. C'est bien comme un duel, d'ailleurs, que le prit la duchesse de Chevreuse. Sa riposte ne se fit pas attendre : elle arriva, sifflante, aigüe, barbelée d'insolence mauvaise : « Mon Dieu, Sire, dit-elle négligemment, je ne m'en suis pas assurée, mais pour venir ici, cela est toujours assez bon. »

La réponse était plus que hardie et Napoléon n'aupu être blâmé s'il avait répliqué sèchement à cette inconvenante agression : « Vous voulez dire, madame, que cela est assez bon pour vous. » La duchesse n'aurait pu s'en plaindre. Mais l'empereur était cruellement froissé. Rien n'est plus pénible que de voir un mot, dit pour faire un effet, en produire un tout opposé; rien ne blesse plus un homme que de voir interpréter en mal des paroles dont l'intention était bienveillante et de recevoir une insolence méchante en réponse à une amabilité. L'empereur s'était probablement rendu compte, une fois sa malencontreuse phrase lâchée, qu'elle n'était pas aussi aimable qu'il l'avait désiré : il se rendit compte également que celle à qui il l'adressait ne l'était pas davantage. Mais il s'attendait à ce que sa gaucherie de parole, saisie au vol par un badinage avisé, lui serait retournée gaiement avec un de ces mots à la fois piquants et bienveillants, qu'une femme d'esprit et de cœur lance, à l'occasion, pour châtier une maladroite malice et la pardonner en même temps ; il fournissait ainsi à la duchesse une occasion de prendre brillamment avantage sur lui, de lui faire sentir son infériorité sur ce terrain, de le tenir légèrement en bride à l'avenir et de resserrer ainsi cette convenable intimité que l'empereur aurait voulu voir s'établir entre l'ombrageuse duchesse et lui. C'est là une tactique fréquente dans les salons, et c'est par cette espèce de gymnastique que les esprits s'entraînent à la vivacité tout en ne franchissant jamais les limites d'une urbanité de bon aloi. Madame Regnault (de Saint-Jean-d'Angély) se tira bien plus spirituellement que la duchesse de Chevreuse d'une analogue difficulté. L'empereur, à qui certaines fantaisies trop retentissantes dans la conduite de cette dame (1) donnaient de l'humeur pour le bon renom de sa cour, ayant voulut l'en châtier, lui dit un soir, à un bal chez la grande duchesse de Berg (madame Murat) : « C'est singulier, madame, comme vous vieillissez. » — « Ce que Votre Majesté me fait l'honneur de me dire, répliqua madame Regnault, serait bien dur à entendre si j'étais d'âge à m'en fâcher. » Voilà, j'espère, une réponse spirituelle. La duchesse de Chevreuse

(1) Voir notre ouvrage : *Le monde et le demi-monde sous le Consulat et l'Empire.*

aurait dû en trouver une de cette sorte : elle se devait
à elle-même, elle devait au maître qu'elle servait,
dans le salon duquel elle était, de ne pas sauter à
pieds joints comme elle le fit par-dessus les convenances et se tirer d'embarras par la brutalité. Non
seulement cette réponse montrait que son hostilité
persistait et ne désarmait pas, mais elle était une
véritable déclaration de guerre.

Napoléon le comprit. Il s'aperçut avec chagrin
qu'il ne parviendrait pas à vaincre le parti-pris de la
duchesse. Il ne dit mot ce jour-là, mais, tandis que
la jeune femme triomphante répétait sa réplique à
l'hôtel de Luynes devant tous ses amis et jouissait du
plus étourdissant succès, l'empereur, en lui-même,
se promettait de la châtier de son impertinence et
méditait une prochaine revanche. Oh ! c'était bien la
guerre !...

L'occasion de prendre cette revanche ne tarda pas
à se présenter au souverain qui la cherchait. Mais
cette fois Napoléon n'eut pas à se louer de son inspi-
ration, et il trouva à qui parler. On lui avait dit que
madame de Chevreuse avait les cheveux roux et on
ne lui avait pas laissé ignorer que les jolies boucles
blondes qui frisaient si gentiment sur son front
étaient celles d'une perruque. Toujours lourdaud
avec les femmes, il attaqua la duchesse, et fort peu
galamment, sur ce terrain dangereux. « Ah ! ah ! lui
dit-il un soir de grand cercle, c'est singulier, madame, comme vous avez les cheveux roux ! » —
« C'est possible, Sire, mais c'est la première fois
qu'un homme me le dit. » La riposte était partie si

vite, comme décochée par un ressort, elle avait porté si juste, que l'empereur, décontenancé, se le tint cette fois pour dit et n'osa plus s'attaquer en face à une femme qui, il en savait maintenant quelque chose, avait la répartie si prompte et si joliment acérée. Ce n'est pas avec elle qu'il aurait maintenant entamé une conversation comme il le faisait, de son ton le moins bourru, avec madame de Coigny à qui il adressait invariablement comme entrée en matière ces mots familiers, flatteurs si l'on veut, mais peu galants : « Eh bien ! comment va la langue ? » Il aurait appris de nouveau, et encore à ses dépens, que la langue des femmes, quand on les attaque, va toujours fort bien, qu'elle n'est même jamais si allante, qu'elle est aiguë et barbelée comme une flèche, empoisonnée souvent, et qu'elle atteint son but aussi sûrement qu'il l'atteignait, lui, de son épée.

Joseph Bonaparte, qui prend pour un sentiment délicat l'exclamation inconvenante de son frère devant la duchesse de Chevreuse, a voulu aussi la faire prendre pour ce qu'il la prenait lui-même. « En disant : *Madame, comme vous avez les cheveux roux*, a-t-il écrit, l'empereur faisait un compliment indirect à madame de Chevreuse ; elle ne le sentit pas. Elle eût dû penser que l'empereur aussi avait des yeux ; que ses beaux et blonds cheveux n'étaient pas plus roux à ses yeux qu'à ceux de tous les autres hommes ; il lui disait une contre-vérité ; avec plus d'esprit, elle eût rougi modestement, et cette rougeur eût dit qu'elle appréciait un compliment indirect et savait gré de l'intention, sur laquelle une femme se trompe rarement. Mais madame de Chevreuse portait aux Tuileries des préventions hostiles dont elle se rendit elle-même la victime pour plaire à son faubourg Saint-Germain. »

Cette explication, qui laisse voir d'ailleurs que Joseph Bonaparte ignorait que la duchesse portât perruque (et c'est là qu'était la méchanceté du propos de l'empereur) est bien subtile. Après tout, elle a peut-être quelque chose de vrai et le compliment pouvait, à la très grande rigueur, être dénué de malveillance. Mais c'est douteux. Il l'était assurément d'esprit et pouvait figurer dignement comme pendant de sa question sur les diamants. Mais on sait que Napoléon avait généralement la plaisanterie lourde.

On conçoit fort bien que la duchesse de Chevreuse, qui avait déjà provoqué la colère de Napoléon par son attitude sourdement hostile et par plus d'une impertinence ; qui, d'ailleurs, savait mieux que personne dans quelle mesure elle se trouvait vis-à-vis de lui, n'ait pas été disposée à empocher comme un compliment les paroles de l'empereur. On le conçoit d'autant mieux qu'elles l'atteignaient à l'endroit qui lui était le plus sensible. L'empereur le savait parfaitement et ne s'imaginait sans doute pas que la duchesse prendrait sa boutade de mauvais goût pour un compliment, même indirect. Nulle femme ne l'eût prise ainsi. Et madame de Chevreuse eût tout à fait manqué d'esprit si elle s'était mise à « rougir modestement » et à savoir gré à l'empereur d'une intention bienveillante que, cette fois, il n'avait proba-

blement pas. *Le Mémorial de Sainte-Hélène* est là
pour l'attester. On la mordait : elle le sentit et ne
pensa point que la morsure du lion fût une caresse.
Sa riposte était une représaille et avait couvert l'empereur de confusion aux yeux de toute sa cour. Cela,
il ne devait le lui pardonner jamais. Et pourtant, la
duchesse aurait pu dire, pour sa justification, ce que
dit Arnault, le spirituel auteur des *Souvenirs d'un
sexagénaire*, dans sa fable *La pierre à fusil :*

> Si quelque étincelle m'échappe,
> La faute n'en est pas à moi,
> Elle est à celui qui me frappe.

A la suite de cette algarade, qui fit grand bruit à
la cour, et où la duchesse de Chevreuse, sans être ce
qu'on appelle une femme d'esprit, avait montré une
fois de plus qu'elle savait avoir, à l'occasion, la réplique aussi spirituelle qu'acérée, une sorte de trêve
s'établit entre les deux adversaires. Mais paix armée
plutôt que paix réelle. De part et d'autre on se préparait à une action décisive. La jeune dame du palais comprenait que l'empereur ne lui pardonnerait
jamais une réponse qui l'avait humilié en public; elle
devinait qu'une disgrâce éclatante allait au premier
jour, à la première occasion, remplacer les aimables
avances du passé. Aussi, loin de chercher à effacer
l'impression plus que fâcheuse qu'elle sentait avoir
faite dans l'esprit de l'empereur, loin de chercher à
se faire oublier en se renfermant strictement dans la
régularité de son service, loin même de modérer ses

paroles, elle se gêna de moins en moins. L'empereur apprenait chaque jour avec autant de colère que de chagrin, par sa police secrète du palais, qu'elle se permettait des ricanements, des sarcasmes et des propos fort malsonnants sur sa cour et sur sa famille. Il est de fait que celle-ci y prêtait largement (1). Mais il prit dès lors la résolution d'éloigner des Tuileries madame de Chevreuse aussitôt qu'une occasion favorable se présenterait. Aussi bien la dame du palais en prenait-elle de plus en plus à son aise avec son service et n'en faisait-elle que ce qui lui convenait.

On se rappelle que, dans son ardent désir d'avoir des enfants que la nature s'obstinait à lui refuser, la duchesse s'était « vouée au blanc. » Mais hélas ! la nature persévérait dans son obstination et le « vœu » de la jeune femme n'était couronné d'aucun résultat. En désespoir de cause, elle imagina de faire un autre vœu, celui de ne mettre les pieds dans aucun théâtre tant qu'elle ne serait pas devenue mère. Et à partir du jour où le dépit lui arracha ce vœu, on ne la vit plus ni à l'Opéra, ni à la Comédie française, ni à aucun autre spectacle. Quand son tour vint, comme dame du palais, d'accompagner un soir l'impératrice à l'Opéra, elle refusa formellement de le faire. La dame d'honneur, madame de la Rochefoucauld, chargée de régler et d'assurer le service, lui en demandant la raison, elle allégua le vœu qu'elle avait fait. Sa réponse fut transmise à la souveraine. Avec

(1) Voir notre ouvrage sur *Les sœurs de Napoléon*.

sa bonté ordinaire pour ses dames, avec l'indulgence toute particulière qu'elle avait pour la duchesse de Chevreuse, Joséphine, qui lui passait avec une inépuisable patience ses inexactitudes de service et les railleries amères qu'elle savait qu'elle se permettait sur sa cour, Joséphine ne fit point difficulté d'accepter cette excuse. Mais l'empereur, à qui la chose fut rapportée, en prit note dans un coin de sa mémoire, et le vœu de la dame du palais, assez singulier en effet, et bien imprudent de la part d'une femme que son service appelait fréquemment à accompagner l'impératrice au théâtre, vint grossir le dossier des griefs qu'il amassait maintenant contre elle.

Ces actes répétés d'indiscipline dans une cour où tout était réglé et devait s'exécuter avec la régulière précision des exercices journaliers d'un régiment dans une caserne étaient, pour le personnel des Tuileries, un spectacle tout nouveau. Ces petites choses, les seules dont on osât s'entretenir, et encore à voix basse et à mots couverts, dans les antichambres du palais et les salons des dignitaires et des hauts fonctionnaires de l'Empire, occupaient beaucoup la cour la plus brillante de l'Europe et y étaient un objet de véritable scandale.

Au milieu des péripéties de cette guerre intérieure aux Tuileries, l'on était arrivé à l'année 1808. La campagne de Prusse, illustrée par la double victoire d'Iéna et d'Auerstaedt ; la campagne de Pologne, qui suivit immédiatement celle-là et qui fut couronnée par le triomphe de Friedland, par la réconciliation des deux empereurs de France et de Russie sur le radeau du Niémen, puis par la paix de Tilsitt, avaient porté au comble la puissance de Napoléon. Plus que jamais l'Europe était à ses pieds. L'Angleterre seule continuait à lui tenir tête. L'Angleterre, et aussi la duchesse de Chevreuse. Celle-ci accentuait son attitude hostile à la suite de chaque victoire qui affermissait la puissance formidable de l'empereur et faisait à Napoléon une guerre d'épigrammes.

La création de la noblesse impériale aurait cependant dû, ce semble, amadouer un peu la jeune duchesse et la réconcilier avec un souverain qui, tout parvenu qu'il était, reconnaissait l'importance, l'utilité politique et sociale d'une caste aristocratique privilégiée, et rendait implicitement justice aux mérites de la noblesse puisque, non content d'avoir en France celle d'ancien régime, il la continuait en nommant de nouveaux « nobles » comme il nommait des sénateurs, des généraux et des rois. Mais la duchesse de Chevreuse ne pouvait approuver quoi que ce fût qui vînt de l'empereur. Au lieu de voir un sujet à éternelles railleries dans cette création de la noblesse impériale qui était en quelque sorte une consécration et une reconnaissance de l'ancienne noblesse, au lieu d'y voir aussi une sorte de décor pour mieux mettre en relief la personne de l'empereur dans le pays, en même temps qu'une satisfaction jetée à des vanités de parvenus avides, elle aurait dû considérer ce qu'il y avait de vraiment sérieux dans cette idée, qui cadrait avec la grande machine gouvernementale que Napoléon avait élevée en organisant l'administration

impériale. « La prétention de l'empereur, a écrit le
chancelier Pasquier, était de créer non seulement
une noblesse nouvelle, mais de la fondre avec la
noblesse ancienne, et pour cela il donna à tous ceux
qui portaient des noms anciens et qui s'étaient ralliés
à son gouvernement, des titres autres que ceux qu'ils
portaient avant la Révolution et, malgré la contrariété
qu'ils en ressentirent, il fallut bien les accepter. » La
plupart, d'ailleurs, n'en étaient pas si fâchés qu'ils
prétendaient le paraître ; ils grognaient bien un peu,
mais tout bas, pour la galerie, pour plaire à leurs
amis, jamais en face de l'empereur. Ils se vengeaient
par des médisances et des épigrammes de l'entorse
qu'ils donnaient, en faveur de leurs intérêts, à leurs
opinions, si l'on peut appeler de ce nom les traditions
non réfléchies, acceptées toutes faites avec les héri-
tages de famille, et sans songer la plupart du temps
qu'il en pouvait être autrement pour le bien du pays
et la marche des progrès de l'humanité. Il est vrai
que ce n'était pas trop ici le cas. Mais toutes les
médisances étaient signalées à l'empereur, quelques
indiscrètes qu'elles fussent, et ne présageaient nullement l'amalgame, accompli maintenant, et qu'il rêvait
entre la vieille noblesse et celle qu'il s'occupait de
créer. « Malgré les tiraillements inévitables dans le
début d'une institution qui touchait à tant d'intérêts,
— a encore écrit le chancelier Pasquier qui reçut lui-
même de l'empereur le titre de baron — et qui ne
pouvait satisfaire les uns sans froisser les autres,
malgré le ridicule justement attaché, il faut en convenir, à la manière dont étaient portés quelques-uns

des titres nouveaux, même parmi les plus élevés, la nouvelle noblesse ne tarda pas à prendre pied dans le pays, et elle eut encore plus de facilité à se faire reconnaître à l'étranger où elle se présentait avec le prestige de la gloire militaire ».

La duchesse de Chevreuse, naturellement, ne pouvait reconnaître cette nouvelle noblesse. On devine les plaisanteries par lesquelles elle accueillit, elle et tout le faubourg Saint-Germain, la nomination du maréchal Lefebvre comme duc de Danzig, non pas tant pour lui que pour sa femme. La nouvelle duchesse, dont la naissance était aussi plébéienne que celle de son mari, l'ancien sergent aux gardes françaises, servit de plastron aux épigrammes de toutes les bonnes langues du « faubourg » et aussi de la cour, il faut bien le dire. La duchesse de Chevreuse, qui avait le pied dans les deux camps ennemis, ne fut pas des dernières à ridiculiser la bonne femme. A vrai dire, la couronne ducale de celle-ci, dans une cour, pouvait passer pour un ridicule de plus, et l'on sait que la maréchale en faisait collection. Mais le moyen, quand on est duchesse des plus authentiques, qu'on porte un nom qui a été mêlé à l'histoire des rois de France et à plus d'un grand événement, le moyen, quand on est de si haute lignée, de voir, sans rire, une ancienne blanchisseuse devenir votre égale par le titre ? Le moyen, quand on a eu des parents illustres, de ne pas se croire supérieur à des gens qui ont acquis eux-mêmes leur illustration ? Ah ! l'amour-propre de madame de Chevreuse dut, malgré ses propos dédaigneux, se trouver humilié d'une pareille

promiscuité nobiliaire et l'on peut être sûr que les
épigrammes s'envolèrent toutes seules de sa bouche,
comme les abeilles s'envolent de la ruche aux premiers rayons du soleil. Mais ces nominations de
« nobles », si elles excitaient la verve railleuse de la
jeune femme, exaspéraient aussi ses antipathies et il
était à craindre que les épigrammes ne fussent point
une soupape suffisante à son indignation bouillon-
nante ; on pouvait prévoir que cette indignation ferait
explosion avant peu.

Tout le monde sait qu'il régnait une grande élégance, un grand faste à la cour impériale. Il y régnait aussi un froid glacial. Point de laisser-aller,
point de confiance, point d'entrain. Chacun s'observait parce qu'on se savait observé : les uns avaient
toujours la crainte de faire quelque bévue d'étiquette,
les autres redoutaient de laisser échapper un mot
qui, redit et peut-être travesti, aurait pu attirer sur
eux la disgrâce du Maître. Car on savait que ce
maître, qui ne badinait guère, avait partout des espions
et jamais l'expression « les murs ont des oreilles »
ne fut plus juste qu'aux Tuileries sous l'Empire. Napoléon avait espéré que les dames du palais qu'il
avait cueillies au faubourg Saint-Germain répan-
draient par leur conversation un peu de grâce et de
liant dans cette somptueuse glacière, qu'elles en
attiédiraient l'atmosphère. Héritières des traditions
de l'ancien régime, de ces temps de loisirs où la
seule occupation sérieuse, après la coquetterie, était
la conversation, que l'on avait élevée à la hauteur
d'un art véritable, ces femmes devaient, dans la

pensée de l'empereur, par leur goût inné de la causerie et leurs habitudes de grande compagnie, relever à sa cour le ton des commérages plus ou moins distingués qui formaient le fond presque unique des conversations — non à ses cercles, on n'y causait pour ainsi dire pas — mais dans ses antichambres et ses salons d'attente. Mais il s'était étrangement trompé, comme nous l'apprend une dame du palais, la générale Durand. Venue aux Tuileries en 1810, à la suite du mariage de l'empereur avec l'archiduchesse Marie-Louise d'Autriche, elle a écrit : « ... Le mauvais ton continuait d'y régner, et avec une affectation qu'inspirait sans doute l'esprit d'opposition, les représentants de l'ancienne aristocratie donnaient à cet égard de fâcheux exemples. »

Il faut remarquer ici que c'était la duchesse de Chevreuse qui avait attaché le grelot et donné la première, à la cour, le signal de cette opposition qui se continuait à coups d'épingles, après son départ, dans les antichambres impériales. Les hommes s'en mêlaient aussi et y apportaient une licence de propos incroyable. « Les habitudes soldatesques contractées dans les camps, poursuit la générale Durand, encourageaient aussi la liberté de langage dont les dames du palais avaient à souffrir pendant de longues heures passées au milieu d'hommes impertinents ou mal élevés. Elles étaient obligées d'entendre le récit d'aventures scandaleuses qui faisaient rougir quelques-unes d'entre elles et embarrassaient le plus grand nombre ; elles avaient aussi à supporter quelquefois des persiflages indécents sur leurs liaisons.. »

Ces choses paraissent choquantes à madame Durand, et à nous, après environ un siècle écoulé, elles le paraissent davantage. Mais il est juste de remarquer que ce n'étaient là que des traditions, des restes d'usages « d'ancien régime », de ce monde si vanté des salons du dix-huitième siècle. Lisez les lettres de la marquise du Deffand : vous y trouverez parfois de bien singulières hardiesses de langage, telles qu'on n'en entend plus guère que dans les conversations de chambrées ou de bureaux de ministères. Les mœurs n'avaient pas eu le temps de beaucoup changer sur ce point, et ce n'est pas la Révolution encore si récente qui, en bouleversant la société de fond en comble, les aurait pu modifier. Le régime tout militaire de l'Empire encore moins. M. Paul de Rémusat, l'éditeur des célèbres *Mémoires* de sa grand'mère, dame du palais de l'impératrice Joséphine, n'a pas manqué d'avertir le public, dans sa savante préface, qu'il s'était cru obligé de supprimer, dans le corps de l'ouvrage, certaines expressions dont la crudité, reçue alors, ne le serait plus aujourd'hui. Si une femme de goût, avec l'éducation distinguée qu'avait reçue madame de Rémusat, pouvait se permettre d'écrire de telles choses, on peut se faire une idée des propos que les militaires, sans autre éducation souvent que celle de la caserne et des estaminets, se laissaient aller à tenir devant les femmes.

Mais ce n'était pas seulement chez les militaires que régnait cette licence des conversations. Celle-là paraissait toute naturelle à ces messieurs, et ils eussent été fort étonnés si on leur avait dit qu'il était du dernier mauvais goût de parler devant des femmes comme devant une compagnie de grenadiers. Ce qu'il y a de plus curieux, de vraiment remarquable, c'est que les gentilshommes employés aux Tuileries, chambellans, écuyers et autres, n'avaient pas meilleur ton. Mais, de leur part, ce mauvais ton était « voulu » ; ils le prenaient par mépris d'une cour qui n'était pas celle du « roi », et l'abandonnaient dès qu'ils sortaient des Tuileries. Écoutons encore sur ce point la générale Durand : « Il aurait été naturel, dit-elle, que l'ancienne noblesse réunie en cercle avec la nouvelle, donnât à cette dernière le ton de la politesse d'autrefois ; pas du tout, et je dois faire ici une remarque que plusieurs personnes ont faite avant moi, c'étaient les anciens nobles qui affectaient le plus mauvais ton et dont les discours étaient les plus inconvenants et les plus indécents. Ces mêmes individus, de retour au faubourg Saint-Germain, reprenaient alors les habitudes et la tenue qu'ils n'auraient jamais dû quitter. »

Mais aussi l'empereur leur avait donné un vif sujet de mécontentement. Non pas par la création de la noblesse impériale : cela les avait au contraire comblés d'aise, car c'était, nous l'avons dit, une sorte de reconnaissance de leurs titres plus ou moins anciens. et, d'autre part, ils trouvaient dans les « nouveaux nobles » un sujet intarissable à s'égayer. Mais Napoléon avait déclaré par décret que les anciens titres ne compteraient plus dans le nouvel ordre de choses et que, seuls, les titres qu'il conférait seraient reconnus par lui. A cette nouvelle, grand émoi dans le faubourg Saint-Germain : l'ancienne noblesse se voyait dépouillée de ses titres et l'empire paraissait si solidement établi en France que, malgré leur volonté de regarder comme nuls et non avenus les événements qui s'étaient passés en France depuis 1789, les partisans de l'ancien régime pouvaient croire que ces actes du pouvoir, qui les touchaient dans ce qu'ils avaient de plus cher, leurs vanités, étaient définitifs. De là de nouvelles rancunes, de nouvelles colères, de nouvelles révoltes de salon. Et comme la duchesse de Chevreuse était en quelque sorte le coryphée des mécontents, son attitude à la cour devenait de plus en plus hostile et agressive. Un orage, c'était facile à voir, allait bientôt éclater. L'empereur le sentait et c'est certainement à l'attitude de la duchesse aux Tuileries et au faubourg Saint-Germain que sont dues les réflexions qu'il fit plus tard à Sainte-Hélène, précisément devant un représentant de l'ancienne noblesse, le comte de Las Cases, sur l'hostilité que ses projets rencontrèrent auprès de la noblesse française.

CHAPITRE III

On sait comment, à la suite de la fameuse entrevue d'Erfurt, Napoléon s'engagea dans cette odieuse fourberie qui préluda à l'injuste guerre d'Espagne ; comment le roi Charles IV, la reine, leur fils le futur Ferdinand VII vinrent à Bayonne et furent internés en France. Le faubourg Saint-Germain n'avait pas vu sans une vive indignation les Bourbons d'Espagne dépossédés de leur trône par le soldat couronné dont la France et toute l'Europe subissaient la tyrannie.

Mais il se taisait, de peur que d'indiscrets espions —
il s'en trouvait jusque dans ses salons — n'allassent
rapporter à l'empereur les noms des mécontents. On
n'y parla donc que peu de l'internement en France
des souverains d'Espagne et de la confiscation de leur
couronne. On s'y entretint bien davantage d'un incident dont la duchesse de Chevreuse fut, à ce propos,
l'héroïne.

Lorsque la reine d'Espagne fut envoyée au château
de Compiègne, l'empereur décida que deux dames
du palais de l'impératrice iraient faire le service
d'honneur auprès d'elle. Il désigna spécialement la
duchesse de Chevreuse à madame de la Rochefoucauld pour qu'elle fût une de ces deux dames. Voulait-
il, en l'exilant ainsi momentanément de Paris, lui
faire regretter de ne plus trôner au milieu de ses
amis du faubourg Saint-Germain dont elle était en
quelque sorte la reine, lui donner ainsi le temps de se
recueillir, de faire des réflexions loin de son entourage frondeur et auprès d'une reine découronnée, et
l'amener par cette façon de mesure disciplinaire, à
des sentiments moins hostiles? Voulait-il lui être
agréable en l'envoyant servir des Bourbons, puisqu'elle boudait le service impérial? Ne cherchait-il
qu'à se débarrasser de la présence d'une indépen-
dante aussi irréconciliable? Ou voulait-il simplement,
comme le pense la duchesse d'Abrantès, « l'acquérir
par ce qu'on appelle justement *droit de honte* ? » Il
est difficile de le savoir et il est probable qu'il y eut
un peu de tout cela dans la décision de l'empereur ;
mais on ne peut s'empêcher de remarquer que, ce

droit de honte, la duchesse de Chevreuse l'avait déjà acquis en acceptant une place de dame du palais : la manière si cavalière dont elle en remplissait les devoirs ne l'en lavait nullement. Depuis que la situation s'était si fortement tendue entre l'empereur et la jeune femme par suite de la mauvaise volonté et des mauvais propos de celle-ci, Napoléon avait dû la menacer, et plus d'une fois, « pour de véritables insolences », a-t-il dit plus tard à Sainte-Hélène, de prendre à son égard une décision sévère. Les « insolences » de la duchesse — et le mot n'est pas trop fort — le lecteur les connaît. Un jour, poussé à bout, l'empereur lui avait dit : « Madame, dans vos maximes et dans vos doctrines féodales, vous vous prétendez les seigneurs de vos terres. Eh bien ! moi, d'après vos principes, je me dis le seigneur de la France, et Paris est mon village. Or je n'y souffre personne qui veuille m'y déplaire. Je vous juge par vos lois. Sortez-en et n'y rentrez jamais. »

Ce langage était menaçant. C'était l'avertissement bien clair d'un exil prochain si l'attitude de la jeune dame du palais ne se modifiait pas. Madame de Chevreuse n'en tint compte et continua à fronder. Elle ressemblait à un malade qui ne fait aucun des remèdes que lui ordonne son médecin, pour le plaisir douteux et dangereux de voir comment il se tirera de là en n'écoutant que son caprice, et sans compter que sa santé est l'enjeu de la plaisanterie.

Poussée par son amour immodéré de la célébrité, de plus en plus dévorée du désir de prendre une attitude et de trôner devant son monde de courtisans

et d'adorateurs qu'elle savait fanatiques de tout ce
qu'elle disait et de tout ce qu'elle faisait, la duchesse se
décida à casser les vitres. L'empereur l'attendait là.
La dame d'honneur de l'impératrice, madame de la
Rochefoucauld, l'ayant prévenue qu'elle était dési-
gnée pour aller faire le service auprès de la reine
d'Espagne, elle répondit qu'elle avait sa famille et ses
amis à Paris et qu'elle ne voulait pas aller à Compiègne. C'était catégorique. L'empereur n'était pas
habitué à voir braver ses ordres. Par un reste de
bienveillance et reculant encore devant une mesure
qu'il lui répugnait de prendre, il fit réitérer à la
fonctionnaire récalcitrante l'ordre de se rendre auprès de la reine. La duchesse refusa de nouveau et
ajouta que « l'empereur pouvait bien faire d'elle une
prisonnière, mais qu'il n'en ferait jamais une geô-
lière. »

Le mot était très bien, surtout en ce temps de servilité et d'aplatissement général devant le pouvoir :
il avait de la crânerie, une mâle et spirituelle allure,
une noble et fière indépendance... Aussi ne plut-il
nullement à l'empereur, à qui il fut rapporté sur
l'heure. Napoléon comprit qu'il n'y avait plus à espérer de fléchir une volonté si énergiquement déclarée
contre lui, mais qui aurait mieux fait d'employer sa
force combative, deux ans auparavant, à refuser de
mettre les pieds aux Tuileries. Il dit tout haut : « Je
ne veux plus de cette impertinente chez moi. » Et dès
lors sa volonté fut irrévocablement arrêtée de ne pas
conserver la duchesse à son service.

Il aurait dû la congédier et s'en tenir là. Mais il

eut le tort de vouloir se venger et une décision arbitraire exila l'indocile patricienne à quarante lieues de Paris. Il faut dire ici qu'un des parents de la duchesse de Chevreuse ne se montra pas d'une aussi intransigeante fierté dans la même affaire. C'est en effet le comte de Laval-Montmorency qui, en l'absence de M. de Talleyrand, propriétaire du château de Valençay, reçut en cette somptueuse demeure les infants d'Espagne et resta préposé à leur garde.

La duchesse de Chevreuse était donc exilée par Napoléon comme l'autre duchesse de Chevreuse, celle de la Fronde, l'avait été par Richelieu. Mais Paris et ses environs lui étaient seuls défendus. Ce n'était au fond qu'un demi-exil. Devant ses amis, cela suffisait pour que son orgueil de lutteuse se trouvât plus que satisfait. Il est probable qu'elle eut quelques heures de haute et amère jouissance en se voyant ainsi entrer dans l'histoire. Elle eut de plus le plaisir de se plaindre et celui plus savoureux encore de se voir plaindre. Cela pouvait la consoler quelques heures. Mais il y eut des gens, et beaucoup, qui ne se consolèrent pas de sa disgrâce et qui en furent plus directement atteints qu'elle. C'étaient les pauvres, les malheureux à qui elle faisait libéralement l'aumône. Car, il faut le dire à son éloge, la duchesse de Chevreuse consacrait à la charité et à des œuvres pieuses la totalité de ses appointements de dame du palais, soit douze mille francs par an.

Quand la jeune femme monta en voiture pour s'éloigner de Paris, Paris, le théâtre de ses succès ; quand il lui fallut pour tout de bon commencer à

jouer son rôle, dont on a fort exagéré les souffrances,
de martyre de la liberté, elle put mesurer toute l'é-
tendue des changements qu'allait apporter dans ses
habitudes mondaines la disgrâce qu'elle s'était
acharnée à poursuivre par le trop grand désir de faire
parler d'elle. Ne plus se voir à Paris! La tête lui en
tournait de douleur. Le cœur lui faillit tout à coup et
des larmes inondèrent son visage. Le regret lui vint
alors de ne s'être pas montrée assez souple, après
l'avoir été trop. Car elle se faisait souvent à elle-même
cette amère réflexion, ce reproche que, si elle avait
eu, dès le commencement, l'énergie de se refuser nettement à toute compromission avec « l'usurpateur »,
elle n'aurait rien eu à souffrir de pis que l'exil qui lui
était infligé. Et elle maudissait M. de Talleyrand dont
la langue dorée et la conscience de papier mâché
étaient un peu causes de ce qui lui arrivait. Sans lui,
son attitude devant le faubourg Saint-Germain, devant la France et la postérité aurait été nette, aussi
immaculée que son éternelle robe blanche. Sans lui,
elle ne souffrirait pas du regret, cuisant jusqu'à se
transformer en remords, d'avoir, elle, la fière duchesse de Chevreuse, subi l'humiliation de s'être laissée
domestiquer, d'être entrée au service et aux gages de
l'ancienne maîtresse de Barras devenue la femme du
« Corse. » Et la malheureuse s'abandonnait parfois à
des accès de désespoir qui faisaient mal à voir et à
entendre. Elle s'exagérait d'autant plus volontiers ses
souffrances de l'exil, — absolument nulles, en réalité
— qu'elle sentait bien, en son for intérieur, qu'elle
n'était tout au plus qu'une demi-héroïne et, dans ce

demi-exil, qu'une demi-martyre. Et c'est de n'avoir
pas raison tout à fait, de n'avoir réussi qu'à moitié,
et encore ! à se mettre en glorieuse posture dans sa
lutte contre le tyran, qui l'exaspérait et la faisait surtout souffrir. Mais, de cela, elle ne pouvait s'en
prendre qu'à elle-même. Aussi se dévorait-elle de
chagrin.

Après avoir reconnu, mais tout bas et seulement
au fond de sa conscience, que son grand tort avait
été d'accepter la place de dame du palais, et, une fois
aux Tuileries d'y avoir rendu son renvoi inévitable
pour des propos que, dans sa position, elle n'aurait
jamais dû se permettre, la duchesse aurait bien fait,
ce semble, de se renfermer dans le silence. C'eût été
la manière la plus digne de protester contre l'arbitraire de l'empereur. On ne compose pas avec le
pouvoir qui opprime le droit : quand on ne peut lutter
contre lui, on se recueille, on prend des forces, on
attend ou l'on provoque, si c'est possible et quand on
est prêt, une occasion de prendre sa revanche et de
faire enfin triompher son droit. Mais le goût exclusif
du plaisir amollit les caractères. La duchesse de
Chevreuse ne pouvait se résoudre à se retirer dans
sa dignité comme Achille s'était retiré sous sa tente
et comme les plébéiens de Rome, pour protester
contre les abus des patriciens, se retiraient sur le
mont Aventin. La frivolité l'emportait décidément
sur la fierté dans cette âme plus trempée de vanité
que d'énergie. Elle avait eu le courage de tenir
tête plusieurs fois à l'empereur, parce qu'elle sentait
derrière elle tout un parti politique qui applaudissait

à ses audacieuses gamineries : elle n'eut point le courage de se tenir tête à elle-même parce que ce courage moral, tout intime, n'aurait eu qu'elle pour témoin. Elle eut pu jouir de sa demi-gloire, mais en
jouir à huis-clos n'était pas son fait. Pour vivre, elle
avait besoin du bruit et de la dissipation, du caque-
tage et de l'adoration du monde, de ces mille riens
de société qui, à ses yeux, étaient tout. Pour la lutte,
il lui fallait la griserie des applaudissements de ceux
qu'un courage à l'eau de rose ne grisait pas assez
pour qu'ils osassent eux-mêmes se mettre en avant.
Elle avait voulu être reine d'un parti, reine de l'opposition et parader comme telle devant l'empereur : elle
avait joué avec le feu et s'y était quelque peu brûlée.
Elle avait perdu la partie. Du jour au lendemain elle
se retrouvait seule, faible femme et en face d'elle-
même. Elle ne savait point, de sang-froid, avoir du
courage dans la solitude, — solitude bien relative
pourtant ; elle n'avait point cette gaieté intérieure,
cette joie de l'âme, mais d'une âme forte, supérieure
aux événements, qui se rit des mécomptes et des
misères de cette vie, en badine quand ils l'atteignent
et n'a garde surtout d'en pleurer. Elle en pleurait.
Incapable de se suffire à elle-même, de vivre dans
un isolement bien adouci et tout momentané, du
moins pouvait-elle l'espérer, il lui fallait sans cesse
se fuir elle-même, comme ces consciences poursui-
vies par le remords d'un crime ou d'une honte et qui
ne peuvent trouver nulle part la paix et le repos
dont elles ont besoin. Sans ressources intérieures dès
qu'elle était livrée à elle-même, dénuée de cette viri-

lité de l'esprit qu'ont les femmes d'élite, n'ayant jamais « tâché », comme on disait au dix-huitième siècle, occupée seulement de vaines frivolités, sa vie, en somme, ne se composait que du bruit de la vie des autres.

C'est par suite de cette faiblesse d'âme, de ce manque de caractère, que la duchesse de Chevreuse, si fière dans la vie mondaine, ne sut pas le prendre de haut avec l'adversité, adversité bien dorée pourtant et à tout prendre, bien anodine. A force de regretter Paris, elle fut envahie d'un invincible besoin d'y revenir. De Caen, où elle se retira tout d'abord, elle faisait faire mille démarches pour obtenir sa grâce et son retour à Paris. Si elle n'écrivit point de sa main à l'empereur, comme le fit madame de Staël exilée elle aussi en 1803 pour ses intempérances de langue, mais intempérances du génie qui refuse de se laisser rogner les ailes ; si elle ne lui écrivit point comme elle : « Quelle cruelle illustration vous me donnez ! J'aurai donc une ligne dans votre histoire ! » — et, si elle l'avait fait, elle eût peut-être obtenu son pardon — c'est que son orgueil était plus fort que son désir de se revoir à Paris. Son amour-propre eût trop souffert de faire amende honorable, d'avouer ses torts, de reconnaître que sa conduite à la cour avait été par trop inconsidérée, de regretter en somme le passé et d'en implorer l'oubli. Encore, si son orgueil ducal, comme nous l'avons déjà dit, n'avait pas fait une première capitulation en acceptant une place auprès de l'impératrice !... Mais cette capitulation lui avait imposé le devoir de remplir les obligations de son emploi. Elle avait consenti un marché avec l'empereur et lui avait vendu sa liberté. L'empereur s'était attaché à lui adoucir autant qu'il pouvait le chagrin qu'elle avait eu d'entrer en sa cour ; il avait eu pour elle des égards respectueux qu'il n'avait guère pour les autres femmes ; il avait donné plus qu'il n'avait promis dans le marché tacite qui s'était passé entre elle et lui. Son devoir à elle, après avoir trafiqué de sa dignité, était de tenir ses engagements : le traité ne lui garantissait pas son indépendance, puisqu'elle en avait fait argent, mais certains avantages matériels. Le marché accepté, elle devait en remplir loyalement les obligations. L'empereur observa les siennes. La dignité, évidemment, eût été de se refuser net à toute compromission et de ne jamais mettre les pieds aux Tuileries. L'exil prononcé contre la duchesse, alors, eût été odieux, car il devenait un attentat contre la liberté individuelle. Infligé comme punition à une fonctionnaire indisciplinée et, disons le mot, peu loyale, il l'était beaucoup moins.

On n'a pas voulu voir, dans la conduite de madame de Chevreuse, que cette jeune patricienne n'était entrée à la cour que par suite d'une convention, tacite à la vérité, mais liant les deux parties, et à laquelle elle avait manqué. On a parlé de son héroïsme et de sa fière indépendance ; on a porté aux nues sa réponse à l'empereur. Elle était jolie, assurément, superbe, même, mais la duchesse, dans la position qu'elle avait acceptée, n'avait pas le droit de la faire. Comme l'a dit Arnault :

> La tache est tout juste à l'endroit
> Où l'on voit briller la paillette.

Nous avons regret de le dire, mais la tache, sous cette réponse de si belle apparence, existait.

Une fois exilée, il eut été digne à la duchesse de ne rien solliciter de l'empereur. Elle le comprit et ne demanda rien non plus, — du moins par elle-même. Mais, en sous-main, elle faisait demander pour elle. Cela revenait au même, et cette âme, plus orgueilleuse que fière, avait, en moins, le mérite de la franchise. Le silence seul eût été digne. Et si la duchesse de Luynes, qui accompagna sa belle-fille à Caen, avait voulu le rompre, c'était à elle, à l'exilée, de s'opposer à ce qu'elle le fît. On n'implore pas un être de l'arbitraire duquel on a eu à souffrir : on le combat ou l'on se tait.

La duchesse de Luynes avait tenu, en effet, à suivre sa belle-fille en exil. Et pour une femme ancrée comme elle l'était à ses habitudes; pour une femme aux yeux de laquelle l'hôtel où elle vivait et dont elle ne sortait jamais était l'axe de l'univers, cette résolution pouvait véritablement être regardée comme un acte héroïque. Mais son affection pour « sa charmante » avait été plus forte que son attachement à ses habitudes, et, pleurant plus fort qu'elle, elle était montée en voiture et partie avec sa belle-fille.

Cependant madame de Luynes faisait faire des démarches auprès de l'empereur pour obtenir la grâce et le retour de la jeune duchesse. Elle mettait sur le compte de sa mauvaise santé — et le fait est qu'elle n'était pas brillante, la pauvre duchesse! — les impatientées et impatientantes boutades qu'elle s'était permises aux Tuileries : les femmes, d'ordinaire, cherchent si peu à se modérer, à se contenir, à se réprimer au dehors, surtout lorsqu'elles ont été gâtées pendant toute leur jeunesse et que leur santé laisse tant soit peu à désirer!... Car la duchesse de Chevreuse était malade, positivement, et c'est par là surtout que sa belle-mère espérait fléchir la sévérité du souverain justement courroucé.

M. Adrien de Montmorency avait même été envoyé par elle chez la générale Junot, qui allait à ses soirées sous le Consulat, pour la prier d'intervenir auprès de l'empereur en faveur de sa cousine exilée. « Il n'avait pas besoin de m'en parler longtemps pour m'intéresser, a écrit la duchesse d'Abrantès. Je lui promis de faire tout ce que je pourrais, et en effet je fis TOUT ce qui fut en mon pouvoir ; mais partout je trouvai des cœurs durs et des âmes sèches ; partout je trouvai, même parmi ceux qui auraient dû m'entendre, une dureté révoltante. Enfin je fis demander une audience à l'empereur par Duroc, mais j'eus le malheur de dire la raison pour laquelle je voulais le voir, et je ne pus avoir mon audience. »

Devant cet insuccès, la duchesse de Luynes songea, en désespoir de cause, à M. de Talleyrand. C'est lui qui avait négocié l'entrée de la jeune femme dans la maison de l'impératrice, n'était-ce pas à lui que devait revenir le soin de négocier son pardon ? M. de Talleyrand, ministre des relations extérieures, affirme qu'il s'y employa. Il est probable qu'en effet il toucha auprès de l'empereur quelques mots de la faiblesse de santé de l'exilée, de sa nervosité maladive et qu'il plaida l'irresponsabilité. Il est probable également que, toujours dans son désir aussi sincère que politique de se concilier le faubourg Saint-Germain, Napoléon eût pardonné, quitte à rencontrer une ingratitude absolue, si la duchesse lui avait écrit de sa main pour faire appel à sa bienveillante indulgence et solliciter sa grâce. Mais, de ses légèretés de parole, de ses « impertinences », jamais elle n'eût consenti à convenir, jamais elle n'eût consenti à plier son orgueil jusqu'à implorer celui qui l'avait punie, et les choses en restèrent là.

La duchesse de Chevreuse vivait assez tranquille à Caen, et, à Paris, où l'on oublie si vite les disparus et surtout les disgraciés, soit du pouvoir soit de la fortune, on ne parlait plus d'elle. Seuls, quelques amis, quelques parents même se rappelaient qu'elle était encore de ce monde. Mais y était-elle encore pour longtemps? On en pouvait douter, car ceux qui l'avaient vue se disaient tout bas que sa santé était fort ébranlée. « J'ai vu Brétigny, écrivait le 24 juin 1811 la comtesse de Boigne à madame Récamier, — une exilée elle aussi ; — j'ai vu Brétigny qui m'a fort alarmée pour madame de Chevreuse ; il la croit attaquée de la poitrine : elle met tout son courage à mourir ; il lui paraît plus facile de renoncer à la vie qu'à Paris. Si elle n'a pas d'autre chagrin que celui de l'exil, je ne la conçois pas. Je ne vois que des chagrins de cœur qui puissent dégoûter à ce point de l'existence... »

Des chagrins de cœur, la duchesse en avait-elle? Ce n'est pas probable. Ces natures frivoles, tout en dehors, qui ne vivent que du monde et pour le monde, ne sont guère susceptibles de s'attacher sérieusement, — à moins qu'elles ne recherchent le monde pour s'étourdir sur de douloureuses blessures du cœur. Mais, la plupart du temps, ces sortes de natures n'aiment qu'elles-mêmes. Peut-être Ermesinde eût-elle pris un peu de gravité si elle était devenue mère ; mais ce n'est pas probable. Dans le grand monde d'alors, suite et fin de ce monde factice du dix-huitième siècle dont Chamfort, de sa plume corrosive, a si bien flétri les mœurs et les brillantes pourritures, les sentiments naturels avaient été chassés, malgré une mode contraire très passagère due aux écrits de Rousseau, et la famille était à peu près abolie : il n'était resté que l'amour immodéré des plaisirs et le culte de l'argent, parce qu'avec lui on se les peut tous procurer et qu'il permet de tenir un état de maison qui assure le rang et la splendeur du nom. Une femme de beaucoup d'esprit, madame Victorine de Chastenay, ne croit pas que la duchesse de Chevreuse ait eu un cœur bien capable de sentir et d'éprouver de l'affection. « Je ne sais pas, dit-elle dans ses jolis *Mémoires*, à quel point elle eût été sensible, mais, il faut l'avouer, les coquetteries du monde ne sont rien du tout pour le cœur et assez peu pour l'esprit. » Eh bien ! les coquetteries du monde, ces pauvretés, ces riens étaient tout pour la duchesse de Chevreuse ; elles satisfaisaient à la fois son cœur et son esprit, mais à ce point que la privation lui en paraissait insupportable. Elle en était malheureuse au delà de ce qu'on peut croire, et cela, parce que sa pensée était incapable de s'élever au-dessus des élégantes frivolités et des gentils commérages de salon. Son âme, qui avait pu paraître trempée pour la lutte lorsqu'elle répondait des insolences à celui devant qui l'Europe entière tremblait, n'était décidément trempée que pour la vanité et la gloriole. Loin de son cercle d'admirateurs, quand elle n'était plus en spectacle, qu'elle n'était plus éperonnée par le désir de parader devant la *galerie*, elle perdait toute sa fermeté d'emprunt. Rendue à elle-même, elle n'était plus rien, étant de ces êtres qui n'ont guère d'autre valeur que celle que leur prête leur rang ou leur cadre, et d'autres mérites que ceux que leur décernent la bienveillance admirative ou l'indulgence convenue de leurs entours. L'isolement et le malheur, ces grands maîtres des grandes âmes — isolement et malheur bien relatifs pourtant que ceux de madame de Chevreuse! — ne pouvaient rien sur cette femme qui, loin de son cercle, n'avait pas plus d'âme qu'une poupée.

L'éloignement de Paris, la privation de ses succès de salon accablaient la malheureuse exilée au delà de toute expression et aggravaient son malaise, de jour en jour plus inquiétant; et, comme elle n'avait pas une force de caractère capable de réagir contre ses privations, bien insignifiantes à tout prendre, elle devint malade pour tout de bon. Et rien, en ce moment, ne laissait espérer que l'empereur fit bientôt cesser son exil. Le 28 mars 1811, M. Adrien de Montmorency, cousin du beau-frère de madame de Chevreuse écrivait à madame Récamier qu'il avait la certitude que l'empereur « serait à jamais inexorable pour elle », bien qu'elle fût « mourante à Caen ». Sa santé, assez délicate autrefois, était maintenant en effet fort défaillante. Celle qui avait été la sémillante, l'endiablée et même un peu folle Ermesinde s'en allait lentement d'ennui et surtout de consomption. La poitrine était atteinte. « Il n'y a pas d'espérance pour elle, disait M. de Montmorency ; elle mourra là ou ailleurs, et bientôt, mais elle n'ira pas à Orléans, elle ne sera pas rapprochée de vingt lieues comme le souhaite sa malheureuse belle-mère qui la voit mourir sous ses yeux. *Lasciate ogni speranza*, voilà les paroles infernales qu'il faut lui dire. »

La duchesse de Luynes, qui avait, comme on le sait, la plus tendre affection pour sa belle-fille, avait, on se le rappelle aussi, voulu partager son exil. Elle l'entourait des soins affectueux et dévoués d'une vraie mère. De son côté Ermesinde l'aimait, pour ses bontés peut-être, mais surtout pour l'admiration qu'elle professait à son égard et les compliments qu'elle lui faisait. Voyant avec douleur décliner la santé de sa belle-fille, madame de Luynes faisait faire de nouvelles démarches auprès de l'empereur pour lui arracher son pardon. Mais Napoléon, en sévissant contre l'indisciplinée dame du palais, s'était promis d'être inflexible et, comme ce n'était pas elle-même qui demandait sa grâce, comme elle ne faisait pas d'excuses, il demeura inexorable. Il avait beaucoup supporté avant de se décider à punir, et il fallait, répondait il à toutes les instances, un exemple sévère qui épargnât le besoin de le répéter

sur d'autres. « C'était là, dit M. de Las Cases dans le
Mémorial de Sainte-Hélène un de ses grands
principes. »

Après tout, quand on a condamné comme elle le
mérite la mesure arbitraire prise par Napoléon
contre madame de Chevreuse, il faut bien reconnaître que ce demi-exil, à quarante lieues de Paris,
n'était pas, ainsi qu'on se plaisait à le dire dans les
salons, où l'on exagère toujours sans mesure le bien
ou le mal de certaines personnalités à la mode, une
torture épouvantable. C'était une vexation, que la
jeune femme s'était attirée par sa faute, et pas autre
chose. Il était désagréable pour elle, il est vrai, de se
voir sous la surveillance des autorités, de savoir
qu'on signalait à la police le nom des personnes
qu'elle recevait, qu'on ouvrait ses lettres... mais
c'étaient là des procédés empruntés à l'ancien régime qu'elle aimait tant. Moins que d'autres, elle
avait le droit de s'en plaindre. Mais, comme l'a
observé Montaigne, « à qui il grêle sur la tête, tout
l'hémisphère semble être en tempête et orage. »
Avec les cinq cent mille francs de rente qu'elle avait,
la jeune femme, puisqu'elle n'était pas chassée de
France, de sa patrie, pouvait vivre heureuse dans
n'importe quelle ville ou campagne où il lui aurait
plu de s'établir, à quarante lieues au moins de
Paris. Sa belle-mère était auprès d'elle et l'adorait
plus que jamais. Avec son nom, avec sa fortune, elle
aurait eu autant d'amis qu'elle aurait voulu. D'ailleurs ceux qui l'aimaient ou qu'elle aimait venaient
la voir. Son mari ne vint point. Il est vrai qu'on ne

peut le classer parmi ceux-là. Car, il faut bien le
dire, la duchesse, qui était si peu épouse, — en
avait-elle le temps avec ses *devoirs* mondains et ses
dissipations continuelles? — n'a jamais paru s'apercevoir des qualités de M. de Chevreuse. Voilà un
point qu'il ne faudrait peut-être pas trop approfon-
dir : sa vie, ici, paraît avoir un pli fâcheux. La jeune
femme « a fort accusé son mari », dit la duchesse
d'Abrantès, « et bien injustement ». Contrairement
aux autres femmes qui, en pareil cas, font le possible
pour paraître irréprochables et attirer sur elles la
bienveillance du monde, madame de Chevreuse avait
le tort très grave, doublé d'un mauvais goût qu'on
ne peut non plus pardonner, de laisser railler son
mari devant elle par le troupeau de ses adorateurs.
Et cela, pourquoi? Parce qu'il était un homme sensé
et raisonnable et qu' « il ne partageait pas ses folies. » Ce n'est pas là le fait d'un cœur bon ni d'une
âme délicate. On voit que la femme qui s'est rendue
coupable de ce manque de « tact », dirai-je pour
être indulgent, a déjà transigé avec la dignité. Elle
« n'était pas bien » pour son mari? Raison de plus
pour le respecter devant le monde, le faire respecter
devant elle et ne pas tolérer le moindre sourire sur
lui. Ce sourire, ne fût-ce que par orgueil du nom,
aurait dû la faire rougir de colère, sinon de honte.
Même quand on se représente et qu'on invoque, pour
son excuse, la morale excessivement relâchée du
dix-huitième siècle, qui était encore un peu celle du
commencement du dix-neuvième, on ne peut s'empêcher de condamner la duchesse pour cet acte tout

au moins de mauvais ton. Qu'une femme délaisse son mari, rien de mieux : c'était admis, bien vu même, dans ces mœurs de grande compagnie ; mais, pour Dieu ! qu'elle n'aille pas se moquer de lui avec les témoins ou les confidents — je ne dis pas les complices — de ses inconséquences. Voilà ce qui choque au dernier point et ne donne pas une haute idée de la délicatesse d'âme de celle qui s'en rend coupable. On peut pardonner une infidélité quand elle est faite par entraînement irrésistible, par passion... Mais qu'on ne se vante pas de ce manquement au devoir et à son serment comme d'une chose méritoire ! Les femmes du dix-septième siècle, qui, non plus que celles du dix-huitième, non plus que celles d'à présent n'étaient toutes des saintes, expiaient leurs entraînements irréfléchis de jeunesse en s'enfermant dans la piété, et non pas en se parant de leurs défaillances comme de vertus rares et sublimes, et en sollicitant l'approbation de ceux qui, on le sait, applaudiront toujours à ces choses-là. Madame de Chevreuse aima trop les applaudissements pour se priver de cet impardonnable plaisir aussi dénué de bon sens que de sens moral.

Il est de fait qu'à Paris la jeune femme avait complètement délaissé son mari. Et pour qui ?... Cela, la duchesse d'Abrantès ne pouvait ni se l'expliquer ni le lui pardonner. « Elle avait pour ami, dit-elle, l'homme le plus bête et le plus ridiculisé de Paris. » C'était dans l'ordre. Balzac a très bien observé que les femmes ont une prédilection marquée pour les sots. Elles ont eu de tout temps une grande tendance à prendre certaines apparences pour des réalités, le plaqué pour de l'or, un aplomb bavard pour les plus hautes facultés, et un imbécile pour un homme d'esprit. Ne les critiquons pas trop : les hommes ne sont pas autrement vis-à-vis des femmes et se laissent plus facilement encore prendre à des apparences. Encore y en a-t-il qui tombent au piège sans même avoir trouvé l'apparence de ces apparences : connaissez-vous beaucoup d'hommes intelligents qui aient une femme à peu près « possible? »

La duchesse de Luynes, avec son inconcevable aveuglement pour une belle-fille qui, depuis son mariage, ne faisait pas précisément le bonheur de son fils, avait toujours approuvé d'enthousiasme les fredaines de sa bien-aimée Ermesinde. Dans sa béate admiration, elle ne chercha jamais à donner à ce petit cheval échappé, une direction, des conseils dont son cœur et son esprit, plus faussés que faux, auraient eu grand besoin et auraient certainement profité. Elle subissait toutes ses fantaisies et y applaudissait sans avoir même la pensée qu'elles pouvaient être déraisonnables.

Mais hélas ! les fantaisies, mêmes les plus déraisonnables, n'étaient plus maintenant le fait de la pauvre Ermesinde. Pour s'y livrer, encore est-il besoin d'un certain ressort : depuis qu'elle avait quitté Paris, elle ne l'avait plus. Elle se laissait complètement aller au découragement et ne faisait rien pour réagir. On eût dit qu'elle avait peur de se fatiguer. Dans son perpétuel ennui de femme désœuvrée et malade, loin de son cercle d'amis qui lui manquaient,

mais auxquels elle ne manquait pas puisqu'ils aimaient mieux la plaindre, la regretter, porter son
deuil, l'oublier même, que la suivre — car il est
de fait que pas un n'eut le dévouement d'aller auprès
d'elle partager son exil ; — loin de ce monde parisien, dont elle s'était fait une habitude et un véritable besoin, la duchesse de Chevreuse ne tarda pas
à ne pouvoir plus se voir à Caen. Elle prit cette ville
en une aversion amère, insurmontable et alla, avec
sa belle-mère, à Orléans. Elle y avait été enfin autorisée. L'ennui l'y suivit. En Touraine également
où elle eut quelque velléité de se fixer. Il devait la
suivre partout. Pour le fuir, elle essaya des voyages.
Elle partit pour le Midi de la France avec l'intention
d'entrer en Italie et de pousser jusqu'à Rome, peut-
être même jusqu'à Naples, si le pays lui plaisait et
si elle se trouvait bien de ce climat. La duchesse de
Luynes, de plus en plus attachée à sa malade, ne la
quittait pas. Le comte de Las Cases, se rendant en
Illyrie, les rencontra de nuit, dans une auberge, au
pied du Simplon. « Ce fut pour elles une véritable
joie, a-t-il écrit, une bonne fortune inattendue que de
pouvoir se procurer au milieu du désert les plus petits détails de Paris et de la cour : c'était l'avidité de
Fouquet aux récits de Lauzun, car l'éloignement de
la Capitale était devenu pour elles une véritable
mort, et elles en étaient au désespoir. » Pour comble
de disgrâce, elles ne recevaient guère de lettres :
toutes celles qu'on leur adressait à leur nom étaient
enlevées par le zèle de l'administration des postes, à
laquelle l'empereur avait fait reprendre les odieuses

habitudes des temps de la monarchie. Aussi, en fait de nouvelles, les pauvres femmes, qui n'étaient pas de celles dont le malheur forme et élève le caractère, en étaient réduites à faire leur pâture des commérages que leur apportait de temps à autre quelque ami de Paris.

Elles n'allèrent point en Italie. Le climat du Dauphiné les retint quelque temps et il semblait qu'en effet la santé de madame de Chevreuse se trouvait bien de ce séjour. Mais l'amélioration ne se maintint pas. Très sérieusement atteinte, la pauvre femme avait besoin de repos et ne pouvait tenir en place. De Grenoble elle poussa une pointe à Montpellier et revint à Grenoble. Ces déplacements continuels usaient peu à peu ses forces. A Grenoble comme ailleurs, découragée, elle était indifférente à tout, non pas de cette indifférence superbe qui domine choses et gens et dont elle savait jadis se faire un ornement dans le monde, mais de cette lassitude désabusée des vaincus de la vie, de ceux qui ont trop et trop longtemps souffert et à qui désormais tout est égal; elle était incapable aussi de s'imposer la moindre contrainte et de lutter par une occupation, par un travail quelconque contre la lassante continuité du « rien faire »; incapable de se supporter elle-même, elle se dévorait d'un mortel ennui. Dénuée de volonté, pareille à un ressort trop longtemps plié et ne peut plus se redresser, son âme, trop longtemps affaissée, ne se relevait pas. Elle laissait trop son souvenir se reporter à ses triomphants succès de jadis, elle pensait trop à ce passé frivole si brillant, à ces plaisirs factices qui avaient été toute sa vie et elle ne pouvait triompher des grisailles du temps présent ; elle ne se doutait pas que la nature réserve d'immenses et toujours renouvelées jouissances à ceux qui l'aiment et ont recours à elle, que la campagne leur rend la santé s'ils daignent quitter la ville pour elle, prendre le plaisir d'y aller vivre, et y travailler un peu de leurs jambes et de leurs bras. Mais ces choses-là sont à la portée de tout le monde, et, comme elles ne s'achètent pas, il n'en était point question pour l'opulente malade. D'ailleurs elle était déjà mortellement atteinte.

Espérant trouver dans une grande ville les distractions mondaines dont elle s'était fait une nécessité, plus que les soins qui lui auraient été nécessaires, madame de Chevreuse, dont l'âme ne parvenait pas à se hausser à la Plutarque, se décida, en désespoir de cause, à aller à Lyon. Le séjour de la seconde ville de France la consolerait peut-être de ne pouvoir plus habiter la première, mais lui ferait-il oublier les hommages de ses anciens adorateurs et ses distractions aimées de la Capitale ?

Elle descendit à l'*hôtel de l'Europe*. Elle y trouva madame Récamier qui expiait dans un exil en province le tort d'être demeurée l'amie de madame de Staël et peut-être celui, bien plus grave, de n'avoir pas voulu devenir celle de l'empereur. Les deux jeunes femmes, que le hasard et un sort commun rapprochaient, se lièrent bien vite. Elles s'étaient d'ailleurs déjà si non connues, du moins rencontrées souvent à Paris, et la duchesse savait que ses cousins de Montmorency étaient au premier rang des amis de madame Récamier. Elle prit une loge au Grand-Théâtre. Sa charmante amie la partageait souvent avec elle et Camille Jordan, avec cet aimable tour d'esprit qui lui était habituel, y venait égayer de sa conversation enjouée l'exil un moment amusé de ces malheureuses millionnaires. Il les réconfortait aussi par la fermeté de son caractère et la vivacité saine de son esprit. Adrien et Mathieu de Montmorency écrivaient à leur cousine et belle-sœur chaque fois qu'une personne sûre partait pour Lyon : ils donnaient à celle-ci leurs lettres et la chargeaient aussi de mille petits souvenirs pour elle et pour son amie.

Mais madame Récamier s'absentait quelquefois ; elle allait chez des parents qui habitaient à quelque distance de Lyon ; elle allait à Coppet, chez madame de Staël, et finit par se rendre en Italie, au commencement de l'année 1813.

Si madame de Chevreuse n'avait plus madame Récamier auprès d'elle pour la distraire par ses amabilités, celle-ci n'était pas femme à oublier une duchesse. Que dis-je? Deux duchesses! Car on se rappelle que madame de Luynes ne quittait pas « sa charmante. » Elle se souvint que celle-ci était souffrante. Aussi écrivait-elle de Rome à Camille Jordan, le 21 avril 1813 : « Pourquoi ne me donnez-vous pas des nouvelles de madame de Luynes et de madame de Chevreuse? Je suis inquiète de cette dernière, et je vous demande d'aller de ma part savoir de ses nouvelles... » Et à sa belle sœur, madame Delphin, à Lyon, elle mandait : « Je suis affligée de ce que vous me dites de l'état de madame de Chevreuse.

Comment se trouve-t-elle de M. Suquet? Je suis surprise et attristée de n'avoir point de lettres de madame de Luynes depuis celle qu'elle a eu la bonté de m'écrire à Turin. Elle a été si bonne et si aimable pour moi que j'espère bien qu'elle ne m'a pas encore oubliée. Soyez assez bonne pour la voir avant de m'écrire et pour me donner de ses nouvelles et de celles de madame de Chevreuse. »

La duchesse de Luynes commençait à se rendre compte que le dépérissement de sa belle-fille n'était pas uniquement l'œuvre de l'exil et de l'ennui. Les réticences des médecins l'inquiétaient bien un peu, mais elle ne pensait pas qu'Ermesinde était atteinte gravement, aux sources mêmes de la vie. Elle avait la ferme et sincère conviction, tant on est porté à croire ce qu'on désire ! que la force de la jeunesse allait bientôt prendre le dessus et qu'elle verrait de nouveau « sa charmante » aussi vive et aussi pétulante que par le passé.

Ce temps, hélas! ne devait jamais venir. La pauvre Ermesinde était frappée trop profondément. Elle-même pourtant s'illusionnait comme sa belle-mère sur son état réel. Elle faisait des projets d'avenir et, en attendant, se dépensait aussi imprudemment que dans le passé, — ce passé si brillant qui ne se représentait pourtant plus à elle que tout mouillé de larmes. Les médecins la laissaient faire : pourquoi chagriner cette pauvre femme en lui imposant la sévérité d'un régime qui ne ferait que la tourmenter et ne pouvait plus la sauver? Pourquoi lui dire qu'elle était perdue, irrémédiablement perdue, et la réduire au désespoir? Car la pauvrette n'avait plus que très peu de mois, que très peu de jours peut-être à vivre, et ne valait-il pas mieux qu'elle ne connût point toute la gravité de son état? Ce n'est qu'aux hommes, à ceux qui sont vraiment dignes de ce nom, que les médecins doivent la vérité tout entière sur leur état, même et surtout lorsque cet état est désespéré. Quant aux femmes, il vaut mieux en épargner la douleur à leur faiblesse. On prétend cependant qu'elles sont, en général, plus courageuses que les hommes devant la mort.

Les personnes qui venaient voir la duchesse de Chevreuse étaient frappées de sa pâleur. Mais, comme elle ne maigrissait pas encore, on mettait cette pâleur sur le compte d'une fatigue passagère et des ennuis de la vie de province. Ces ennuis, la pauvre femme cherchait à les combattre en allant au théâtre, en recevant des visites, en écrivant à ses amis. Voici deux lettres bien aimables, cueillies dans les *Souvenirs et correspondance de madame Récamier*, qu'elle envoyait à sa gracieuse amie :

« 1812

» Je vous remercie de tout mon cœur de votre aimable attention. Je suis restée un quart d'heure durant à regarder ma jolie corbeille : ce n'est pas pour rien que j'aimais tant les lis, puisque vous deviez un jour m'en donner une couronne, et cela augmentera ma passion. J'ai bien reconnu ces vers italiens que vous me disiez une fois au spectacle, et je les ai vus là avec bien du plaisir. En tout, ce petit présent est plein de grâce comme tout ce que vous faites, et j'en suis ravie.

» Louise dit que vous souffrez : je voudrais bien vous guérir et que vous ne souffriez plus du tout. J'irais de bon cœur pour cela vous chercher, comme faisaient ces princesses, une plante tout au haut d'un mont, quand même il faudrait me lever au milieu de ma fièvre. Faites-moi le plaisir de croire que je vous aime; jamais je n'ai rien demandé avec plus de désir de l'obtenir.

» Adieu, madame; dormez bien, et que je vous voie bientôt, je vous en prie. Ma belle-mère trouve sa tasse charmante ; l'anglais ne lui a pas été peu sensible, c'est moi qui le lui ai dit. »

« 1813.

» Ne vous tourmentez donc pas, madame, pour cet amusement que vous m'avez donné hier; ce serait bien joli, parce que vous êtes bonne et complaisante, d'aller vous faire de la peine! n'ayez aucune espèce de souci là-dessus.

» Et moi aussi je suis fâchée de vous quitter lorsque vous commenciez à vous faire à nous. Je regrette de n'avoir pas été un peu de vos amies à Paris, j'aurais pu alors vous être ici de quelque ressource. Véritablement je vous dirais comme Saint-Augustin au bon Dieu : « Charmante beauté, je vous ai vue trop tôt sans » vous connaître et je vous ai connue trop tard. »

» Excusez ce petit transport qui me donne assez

l'air d'un de vos correspondants, et dites-vous que nous vous aimons beaucoup toutes deux. Adieu, madame, dormez bien ce soir. »

Lorsqu'elle écrivait cette dernière lettre, la pauvre Ermesinde ne se doutait probablement pas, en disant à madame Récamier : « Je vous ai connue trop tard », qu'elle disait la vérité et que son exil était bien près de se terminer, mais hélas ! par l'inexorable mort. Ses illusions, si elle en avait encore, ne devaient plus être de longue durée. Celles de sa belle-mère s'étaient brusquement évanouies : le voile s'était déchiré et elle voyait maintenant « sa charmante » à peu près telle qu'elle était. Et elle était bien mal, la pauvre enfant ! Elle ne mangeait plus qu'à force de supplications et maigrissait à présent d'une façon désolante. Un rien la fatiguait. Elle ne se levait plus tous les jours, l'état de ses forces ne le lui permettait pas, et on la voyait demeurer des heures et des heures dans un mutisme complet, obstiné, lamentablement triste. Elle n'en sortait que pour laisser échapper quelque plainte plus triste, plus lamentable encore, avec un accent qui vous déchirait le cœur. Couchée dans un flot de dentelles, le visage creusé, les traits accentués par leur maigreur même et déjà noyés dans cette teinte jaunie que donnent les siècles aux vieux ivoires vénitiens et qui est, chez les malades, comme une prise de possession de la mort, la pauvre duchesse de Chevreuse pressait de temps en temps sur ses lèvres, de sa main de malade, enflée à ne pouvoir presque plier les doigts et terreuse comme son visage, un mouchoir de dentelle qui se tachait d'une matière verdâtre — son sang! — à mesure qu'une affreuse toux, sonnant le creux, la secouait d'accès convulsifs à faire croire que chacun allait être le dernier et lui déchirait, dans la poitrine, ce qui pouvait lui rester de poumons.

Ces spasmes l'anéantissaient. Peu à peu, cependant, le calme revenait, et la malade, grâce à ce répit, pouvait, en ces quelques moments de repos, recouvrer un peu de force pour souffrir encore et reprendre sa lutte contre la mort. Son visage rapetissé, pas plus grand que le visage d'une enfant de douze ans, exprimait un abattement profond, cette mélancolie découragée, indifférente à tout plutôt, qui montre qu'on a perdu la partie qu'on se sent vaincu : état plus navrant à voir que le combat contre l'envahissement du mal et de la destruction. Enfin un pâle sourire — mais combien rare! — un de ces sourires résignés de mourant, sourire d'adieu, sourire à faire pleurer, venait éclore parfois, comme une fleur dans la neige, sur ses lèvres décolorées et consolait momentanément sa belle-mère, qui n'était que trop portée à prendre un sourire pour un gage d'espérance.

La pauvre duchesse de Luynes, il faut le dire, était tout entière à son œuvre d'affection et de dévouement. Jamais garde-malade ne fut plus digne de tous les éloges. Les femmes sont admirables dans les soins qu'elles donnent à un malade aimé : elles trouvent spontanément dans leur cœur les mots qui consolent, qui réconfortent, ces mots d'enfant — et un malade n'est-il pas un enfant? — qui font oublier les souffrances, qui mettent du miel sur l'amertume des

regrets et font fleurir un sourire sur ces lèvres déjà
bleuies du baiser de l'horrible mort. Madame de
Luynes faisait tout ce qu'un vrai cœur de mère peut
suggérer pour adoucir les derniers jours de sa chère
Ermesinde. Assise à son chevet et ne pensant plus
aux choses de cette vie, elle était mise le plus bur-
lesquement du monde malgré la solennité du moment. Mais elle ne s'occupait plus de ces détails de
toilette et ne se doutait nullement qu'elle était vêtue à
contre-mode : coiffée en caricature, elle avait toujours sur la tête un petit bonnet monté, comme lorsqu'elle donnait à danser et à jouer dans son hôtel,
aux heureux temps du Consulat. Ce bonnet, à peu
près semblable au bonnet à bec qu'avait adopté dans
sa vieillesse la marquise de Créqui, la vieillissait au
moins de dix ans. Mais depuis longtemps, on le sait,
elle avait mis tout souci d'élégance de côté. Et puis,
si l'on se fait coquet soi-même devant sa propre
mort, on ne peut le devenir devant la mort d'un être
qu'on adore. Elle était pourtant encore presque jeune
et, sauf quelques vestiges fâcheux de petite vérole,
elle eût été fort bien si elle avait daigné prendre la
peine de s'arranger un peu. Mais, pour cela, il eût
fallu au moins quelques minutes et la brave femme
ne voulait, ni pour elle ni pour sa malade, distraire
une seconde seulement des heures, si limitées hélas !
qu'il leur restait encore à passer l'une près de l'autre.

Laissons-lui raconter, dans ses lettres à madame
Récamier, les derniers jours de l'ancienne dame du
palais de l'impératrice Joséphine. Voici ce qu'elle lui
écrivait de Lyon, le 10 juin 1813 :

« ... Depuis six semaines, la maladie de ma pauvre charmante a fait les progrès les plus alarmants. Dans l'intervalle, elle a voulu impérativement faire ce maudit voyage de Grenoble ; on a donc cédé à sa volonté. La route, quoiqu'avec deux repos, l'a fort fatiguée. Nous y avons loué deux appartements, nous nous y sommes établies, elle y a reçu cette compagnie qu'elle aime, qui était à ses ordres et qui lui montrait amitié et intérêt : elle se levait à sept heures pour la recevoir à huit, jusqu'à neuf heures et demie. Elle était extrêmement faible, les crachements de sang sont survenus, nous n'avions de ressources ni en médecin ni en apothicaire ; elle a voulu s'en aller et se remettre sous la direction de M. Suquet.

» Nous sommes revenues ici le 5 mai. J'ai eu le bonheur de trouver un logement près de la maison où nous étions. Mais ma pauvre malade est plus souffrante que jamais ; tout lui déplaît ; il faut lui pardonner, car elle est bien à plaindre : elle crache le pus et a un commencement d'enflure aux pieds et aux mains. Elle voit son état sous les couleurs les plus noires ; je crains qu'elle n'ait raison : je suis bien malheureuse. Elle a désiré voir ma fille (1), je l'ai mandée, elle sera ici à la fin de la semaine prochaine ; elle la distraira peut-être, je ne puis en venir à bout. Ce qui me fait plaisir, c'est que ces Lyonnais, dont elle a dit tant de mal, viennent la voir tous les jours de huit heures jusqu'à neuf. »

Moins d'un mois après, l'état déjà si précaire de la

____

(1) Madame la vicomtesse Mathieu de Montmorency.

duchesse de Chevreuse s'était terriblement aggravé. Madame de Luynes écrivait le 3 juillet à madame Récamier :

« S'il était possible que l'intérêt et l'amitié d'une personne aussi aimable que vous pussent consoler, ma belle, d'un malheur dont je suis menacée tous les jours, j'éprouverais cette consolation. Votre lettre du 25, qui m'est arrivée hier, m'a fait un vrai plaisir. Venons aux tristes détails de l'état de mon intéressante malade. Figurez-vous que cette figure, cet éclat, cette beauté est enveloppée du voile de la... je ne puis écrire ce mot. Elle est enflée depuis les pieds jusqu'à la ceinture ; les mains, jusqu'en haut du bras, le sont de même ; elle avale encore, mais parfois avec difficulté ; elle souffre peu, elle a toute sa tête. Heureusement pour elle, elle a une insensibilité absolue pour tout ce qui l'entoure ; son frère, qui est ici, est pour elle un objet d'indifférence ; elle me supporte, mais pas plus. C'est une horrible maladie que celle qui brise des liens qui devraient presque vous survivre : je suis au désespoir. J'ai toute la journée le spectacle le plus déchirant, je la vois s'affaiblir tous les jours. Martin tous les jours prononce l'arrêt le plus funeste. Voilà près d'un mois que le danger existe ; le voyage de Grenoble l'a tuée. Ma fille m'est d'un grand allègement : je lui parle, au moins, cela me soulage. Je ne sais plus quand je vous verrai, cette idée m'afflige.

» Adieu, ma belle ; plaignez-moi et aimez-moi comme je vous aime. Je vous embrasse de tout mon cœur. »

Enfin, le 6 juillet 1813, la malheureuse Ermesinde quittait ce monde qu'elle avait tant aimé.

« Elle était quelques jours avant le dernier, a encore écrit la duchesse de Luynes à madame Récamier, d'un changement à faire peur, décrépite et l'œil hagard. »

Malgré cela, la frivolité, une frivolité incurable qui fut, on peut le dire, à peu près la seule pensée et la seule occupation de la vie de la duchesse de Chevreuse, ne la quitta même pas au seuil de la mort. Dans ces quelques moments de calme qui espacent en général l'agonie et la fin de tout, et qui sont chez les êtres d'élite des moments de recueillement et de lucidité suprême, à « l'heure de Dieu » pour employer la grande expression de Bossuet, une pensée futile vint seule s'emparer de l'âme de la mourante. Songeant peut-être, comme l'illustre duchesse de Chevreuse du temps du Cardinal, qu'elle allait retrouver ses amis au-delà de la tombe et causer avec eux, elle ne pensa qu'à une chose : empêcher qu'on pût dire d'elle, et sur cette terre et aux Champs-Élysées des âmes, qu'elle avait eu les cheveux roux. De même que sa rivale de l'époque du Consulat, la princesse Pauline Borghèse, devait, avant de se rendre à l'appel de la mort, demander un miroir pour s'assurer — suprême coquetterie et suprême consolation de cette tête légère ! — qu'elle était toujours belle (1), la duchesse de Chevreuse, avec un désespoir qui avait lui aussi sa coquetterie, crai-

____

(1) Voir notre ouvrage sur *Les sœurs de Napoléon*.

gnit de laisser après elle la réputation d'avoir été
rousse. Elle fit couper sa chevelure, qui avait re -
poussé pendant ses derniers mois de maladie; elle la
fit raser au rasoir et exigea qu'on jetât devant elle -
dans la cheminée et qu'on brûlât sous ses yeux cette
chevelure abhorrée qui, plus que Napoléon peut-
être, avait fait le malheur de sa vie.

C'était là une faiblesse, et bien enfantine. On ne
peut qu'en avoir pitié. Il semble qu'arrivée à ce dernier tournant de la vie où chacun jette un regard en
arrière sur son passé, qu'arrivée à ce moment so-
lennel où l'âme, prête à se détacher du corps comme
une bulle de savon, après quelques hésitations, se détache de la paille qui lui a donné la vie, il semble que
la jeune mourante aurait dû élever ses pensées vers
des choses moins frivoles. La mémoire qu'une femme
doit ambitionner de laisser de son passage sur terre,
surtout quand elle a été, comme la duchesse de Chevreuse, une des personnes les plus en vue de son
temps, devrait être d'une nature plus haute. Le meilleur souvenir qu'elle peut léguer aux vivants, en les
quittant, est d'avoir fait le bien, d'avoir fait le plus de
bien possible. Y a-t-il une plus grande consolation,
avant de sortir de cette vie, que de pouvoir se dire :
« Si j'ai souffert, j'ai, dans la mesure de mes moyens
et de mes forces, empêché les autres de souffrir ; si
j'ai eu un peu de bonheur, j'ai fait tout ce qu'il m'a été
possible pour en procurer à de plus malheureux que
moi. » La duchesse de Chevreuse avait fait assurément quelque bien, mais il est curieux de remarquer
que, mourante, elle ne songea qu'à empêcher, après

sa mort, qu'on sût qu'elle avait eu les cheveux d'une couleur qui ne lui plaisait pas.

L'histoire, jusqu'ici, n'avait point considéré la duchesse comme une fonctionnaire indocile qui, pour plaire à la coterie politique dont elle était la reine et recueillir ses applaudissements, fut envoyée en province par mesure disciplinaire. Ne devait-elle pas être punie pour son refus d'obéissance en service commandé, et cela dans un emploi qu'elle avait accepté? C'est cependant le seul point de vue auquel l'histoire se doit placer pour la juger. Mais, l'esprit de parti s'en mêlant, on a agrandi sa cause. On l'a regardée comme une femme qui, s'enfermant dans son droit à la liberté, refusa de s'incliner devant la tyrannie et fut à la fois une héroïne de la liberté et une victime du despotisme. On a vu que la duchesse de Chevreuse fut à peine la moitié de tout cela. Son âme personnelle et à peu près uniquement occupée des intérêts de sa fortune et de sa royauté de salon, n'était pas capable de se placer à un point de vue aussi élevé. Voilà pour l' « héroïne ». Quant à la « martyre », ses privations — privations de millionnaire! — et ses souffrances ne méritent pas qu'on s'y arrête un seul instant. Car il faut bien reconnaître que si l'infortunée n'avait pas quitté Paris, elle eût succombé tout aussi vite à la maladie dont elle avait le germe et qui suivit son cours à Caen, à Tours, à Grenoble et à Lyon comme elle l'eût suivi à Paris.

Après avoir étudié la vie tout d'abord si brillante de la duchesse de Chevreuse, après avoir vu sa rapide fortune si tôt suivie de la disgrâce, de l'exil, de la maladie et de la mort, tout ce naufrage de belles espérances qui est aujourd'hui la partie la plus précieuse de sa vie, parce qu'elle en est la plus touchante, nous remplit pour elle d'une immense pitié. Elle mourut trop jeune. Si elle avait vécu quelques années encore, il faut croire que la maturité de l'âge et l'expérience de la vie auraient détruit en elle une certaine sécheresse de cœur, fruit de son éducation d'enfant gâtée et de sa vie de jeune femme trop adulée par les siens et par le monde. Et puisqu'elle aimait les folies, elle eût alors achevé d'acquérir cette « folie sainte », cette vertu sublime que ses belles aumônes faisaient pressentir chez elle, cette vertu qui est la plus précieuse de toutes parce qu'elle est tout amour : la charité.

FIN

TABLE DES MATIÈRES